중국철학이

등장할 때가

되었는가?

該中國哲學登場了?

Copyright ⓒ Li Zehou
Simplified Chinese Edition Copyright ⓒ Shanghai Translation Publishing House
Korean Translation Copyright ⓒ 2013 by Geulhangari Publishing Co.
This translation is published by arrangement with Shanghai Translation Publishing
House through SilkRoad Agency, Seoul, Korea.
All rights reserved.

이 책의 한국어판 저작권은 실크로드 에이전시를 통한 Shanghai Translation Publishing House와의 독점계약으로 (주)글항아리에 있습니다. 저작권법에 의해 한국 내에서 보호를 받는 저작물이므로 무단전재와 복제를 금합니다.

리쩌허우와의
담화록

중국철학이 등장할 때가 되었는가?

리쩌허우 지음 | 류쉬위안 외 엮음 | 이유진 옮김

글항아리

일러두기

― 책명·신문·잡지는 『 』, 편명·논문·그림·극작품은 「 」, 영화·TV프로그램은 〈 〉로 표시했다.

― 한자는 처음 나올 때 한 차례만 병기하는 것을 원칙으로 하되, 필요한 경우에는 중복 병기했다.

― 인명은 몰년을 기준으로 신해혁명(1911) 이전의 인물은 우리 한자음으로 표기하고 그 이후 시대의 인물은 현대 중국어 발음을 따랐다.

― '편집자 주'라고 표기된 부분의 내용은 원서의 편집자가 작성한 것이다.

책머리에

또 이렇게 부랴부랴 만든 책을 내놓게 되었다. 2010년 10월 18일 상하이의 류쉬위안 선생이 특별히 베이징으로 나를 만나러 와서 세 차례에 걸쳐 긴 담화를 나누었다. 그가 담화를 정리해서 이 책을 완성했다. 10월 27일 쑤저우의 휴양지 환슈샤오주에서 원고를 수정했는데, 이곳에는 무성한 대숲이 있어 청아하고 마음에 든다. 아쉽게도 시간이 사흘밖에 없고 참고할 책도 없는 탓에 실수와 누락을 피할 수 없다. 독자 여러분이 원하고 이 몸이 여전히 살아 있다면, 내용을 보충하고 오류를 수정하게 될 날이 있을런지도 모르겠다. 뒤에 실린 부록[1]은 친구들의 건의로 덧붙인 것이다.

리쩌허우
2010년 11월 4일, 상하이 신진장 호텔에서

다시 한번 수정과 증보를 했음에도 여전히 시간에 쫓기는 바람에 하고 싶은 말을 다 하기에는 한참 부족하다. 게다가 말과 글이 뒤섞여서 대담이 아닌 것처럼 되었다. 여기서 그만 손을 떼기로 한다.

11월 13일, 파재波齋에서

차례

책머리에 _005

제1부 새로운 철학 시대의 개막

1장 / 현대철학에 아직 무엇이 남아 있는가? _015

광의의 형이상학과 협의의 형이상학
이념에서 생활로, 해체로
중국의 하이데거 전문가 두 명의 말이 마음에 든다
무사 전통과 '위왕선구'
'정 본체'와 철학

2장 / 나의 학술 사상의 세 단계 _029

혼자서 학습하려면 판단에 능해야 한다
책 읽기는 좋아하지만 책을 쓰는 건 좋아하지 않는다
그 당시에 겨우 이십대였는데 어떻게 감히 일파를 자처했겠는가?
칸트에 대해 쓰면서 사실은 자신의 철학을 나타냈다
문체로 보자면 『기묘오설』이 가장 훌륭하다
운명·정감·인성·우연

3장 / 몇 권의 책에 대해 이야기하다 _057

『비판철학의 비판』 제6판에는 '독일 사상사의 엄중한 교훈'을 보충했다
그 당시 문예비평에 있어서 영혼과 같았던 인물
'철학 연구'와 '철학 창작'
구망이 계몽을 압도했다는 주장이 처음 출현한 건 『중국근대사상사론』에서다
천인커가 역사 연구에 사용한 자료 역시 많지 않다
『미의 역정』의 모든 장과 절에 새로운 내용이 담겼다
문예비평을 하려면 주로 감각에 의지해야 한다
학문을 하려면, 누구든 죽도록 노력해야 한다
「만술장선」을 발표한 이후 첸쉐썬이 특별히 방문하다
당시 '문화열'은 모두 반전통이었다
첸무와 량수밍은 중국 문화의 급소를 파악했다
짧은 굶주림은 참을 수 있으나 오랜 굶주림은 견딜 수 없다
역사의 '누적-침전'은 내 모든 연구를 둘러싸고 있는 '동심원'의 중심이다

4장 / '정 본체'에 관하여 _111

철학은 무엇을 연구하는가?
'외계인'에 관한 삼단논법
1960년대의 철학은 이미 개체를 주목했다
'정 본체'는 수천 년의 전통 철학을 전복시켰다
'정 본체'는 중국 전통을 기초로 삼지만 세계의 시각이다

5장 / 한자와 역사 경험 _139

'매듭 기록'은 최초의 역사 기록이다
명명: 역사 경험을 향해 나아가다
'도'는 경험적인 것으로, 인류의 생존과 직접적으로 관련되어 있다
칸트 연구의 새로운 동향

6장 / 『홍루몽』과 '낙감문화' _157

두 종류의 『홍루몽』이 있을 수 있다
소설 읽기 속의 문화-심리 구조
소소한 일상의 디테일과 '낙감문화'

7장 / '정 본체'가 기독교 정신과 대면하다 _167

'인간중심설'은 서양의 전통이다
중국은 어떤 현대성을 필요로 하는가?
인간은 신앙을 찾아야 한다

8장 / 인성능력·인성정감·선악 관념 _179

정치·군사·문화는 우연으로 가득하지만 경제에는 모종의 '필연'이 있다
도덕의 이분: 사회적 도덕과 종교적 도덕
도덕 행위는 인성능력·인성정감·선악 관념으로 구성된다
칸트가 흄보다 낫다
칸트의 이성의 명령과 기독교의 하느님의 사랑
심리 본체: 이성의 내적 구조(인식), 이성의 응집(도덕), 이성의 융화(심미)

9장 / 문장에서 추구하는 것과 그 밖의 것들 _195

뜻을 표현해서 남이 쉽게 이해하도록 한다
새로운 견해가 없다면 글을 쓰지 마라
교육의 최종 목적은 인간을 전면적으로 발전시키는 것이다,
    여기에는 독특한 잠재능력을 집중적으로 발전시키는 것도 포함된다
생물과학이 발전하지 않으면 미감에 대해 확실히 말할 수 없다
자기가 한 말에는 책임을 져야 한다

제2부
팔순의 리쩌허우: 적막한 선지자

1장 / 시대와 그 시대의 리쩌허우 · 「남방인물주간」 편집부 _211

2장 / 적막한 사상가 · 웨이이 _217

먹고살 만하게 지내다가 생계 곤란에 빠지고,
　사범학교를 나와 베이징 대학에 들어가다
지진 대비용 임시 천막에서 칸트에 대한 서술과 평론을 탈고하다
이상한 시험 문제, 호쾌한 스승
『혁명과 고별하다』는 누군가의 비위를 맞추려는 게 아니다
나는 상상했던 것보다 이미 훨씬 오래 살았다

3장 / 나는 지금 조용히 살고 있고, 또 조용히 죽어가려 한다 · 웨이이·스위화 _239

어떤 사람은 '계몽을 뒤집으면서' 계몽했던 것을 다시 몽매로 만들려고 한다
'반동 학술 권위'라고 하기엔 임금이 무척 낮았다
입당 신청서를 썼다가 되찾아오다
정치 민주화는 당장 실현해야만 하는 게 아니다
뇌과학이 신비 체험의 문제를 해결할 수 있다
미국에는 나를 아는 사람이 없다
나는 장래에 뇌를 냉동시킬 작정이다

4장 / 민족주의와 포퓰리즘의 합류를 경계한다 · 이중톈 _265

리쩌허우와의 세 번째 만남
고독을 말하다 – 무리 짓는 것을 좋아하지 않는다
철학을 말하다 – 학자에게는 책임감이 있어야 한다
사상을 말하다 – 민족주의와 포퓰리즘을 경계한다
법치를 말하다 – 천부인권은 이론적으로 틀렸다
대학을 말하다 – 상아탑을 다시 세워야만 한다
개혁을 말하다 – 한결같은 '신중한 낙관'
국학을 말하다 – '문화상대주의'는 착오다

5장 / 개량은 투항이 아니다, 계몽의 완성은 아직 한참 멀었다 · 샤오쌴짜 _285

유가: 정치는 정치이고 윤리는 윤리다
이론과 실천에 있어서 나는 자유주의와 다르다
지금은 주로 봉건주의에 반대해야 한다
계몽이 참된 건설로 나아가려면 법치가 먼저다
자유주의와 신좌파는 함께 가기 어렵다
중산층은 관료에게 종속된 채 독립성이 전혀 없다
개량은 투항이 아니다
절대 권위는 일시적으로 유지할 수 있을 뿐 마구 부르짖어서는 안 된다
역사는 비극 속에서 전진하지만 비극은 되도록 줄여야 한다
나의 새 책은 한 번 읽어서는 안 읽은 것과 마찬가지다
학술계는 지금 죄다 남을 따라하고 있다
고통을 다시 회상하고 싶진 않다

주註 _309
리쩌허우 저서 목록 _342
옮긴이의 말 / 파재破災를 꿈꾸는 파재波齋에서의 철학 _344
찾아보기 _349

제1부

새로운 철학 시대의 개막

1장

현대철학에

아직 무엇이

남아 있는가?

광의의 형이상학과
협의의 형이상학

류쉬위안(이하 '류')_____ 최근에 왕쯔쑹汪子嵩 선생이 『문회보文
匯報』와의 인터뷰1에서 이렇게 말씀하셨지요. 고대철학의 많은 문
제는 이미 각각의 구체적인 과학을 통해 정확하게 연구되었기 때
문에 철학은 점차 이 영역에서 퇴출될 것이다. 소위 철학(지혜)이라
는 것에 아직 무엇이 남아 있는가?2 그분은 중요한 것이 바로 방법
이라고 하셨는데, 선생님께서도 이런 생각에 동의하시는지요?
    리쩌허우(이하 '리')_____ 그것도 한창 유행하고 있는 문제죠.
'철학의 종말'이라는 문제예요. 사실 옛날에 엥겔스가 이렇게 말한
적이 있답니다. 현대철학에는 형식논리와 변증법만 남았고 다른 것
들은 각각의 구체적인 과학에 의해 대체될 것이다. 물론 이 말은
사실이 아니지요. 철학은 그 뒤에도 계속 발전하면서 이것을 증명
했답니다. 니체, 비트겐슈타인, 하이데거가 출현했지요. 다들 철학
에 큰 공헌을 한 중요한 철학자들이에요.
    류_____ 물론이죠. 왕쯔쑹 선생이 말한 방법이 가리키는 것은
서로 다른 철학적 사고입니다. 예를 들면 이성적 방법, 경험적 방
법, 분석적 방법, 변증적 방법, 해석적 방법 같은 것들이죠. 하지만

철학이 단지 이처럼 서로 다른 방법에 불과한 것만은 아닌 듯한데요. 이런 방법들과 관련해서 굉장히 방대한 내용이 있잖아요.

리____ 맞습니다. 가장 근본적인 광의의 형이상학이 아직 남아 있지요. 광의의 형이상학은 인류의 마음이 영원히 추구하는 것이자 인생의 의의, 삶의 가치, 우주의 근원에 대한 이해이며 질문이에요. 또한 정감의 추구이기도 하지요.

하이데거가 '철학의 종말'을 제기하면서 말한 것은 그리스 철학을 표본으로 삼은 거였어요. 저는 그것을 '협의'의 형이상학의 종결이라고 부르겠습니다. 고대 그리스에서부터 이어져온 철학의 본체론 내지 존재론, 그러니까 사변의 방식으로 존재^{Being}를 탐색한 이성적 추구의 '종결'이지요. 하이데거는 플라톤에서 니체에 이르기까지가 죄다 형이상학이며 모두 내던져야 한다고 여겼어요. 그래서 그는 철학의 종결과 새로운 사유에 대해 말했던 겁니다. 그는 자신이 철학자가 아닌 사상가라고 말했어요. 그는 전통 형이상학은 종말을 고했다고 봤지요. 이건 모두 협의의 형이상학을 가리키는 거예요. 후설과 하이데거는 그리스 철학만을 철학이라 생각했죠. 하이데거는 심지어 독일어만이 철학을 논하기에 적절한 언어라고 말하기도 했어요. 이건 모두 경험을 넘어선 순수 사변을 가리키는 겁니다.

이념에서 생활로, 해체로

리___ 사실 헤겔 이후로 사변적 이성철학은 각종 도전에 부딪히게 되었답니다. 전에도 말한 적이 있는데, 그 가운데 하나는 바로 포이어바흐에서 마르크스에 이르는 이들의 도전이었죠. 다들 잘 아는 대가들이죠. 그리고 니체에서 하이데거에 이르는 이들의 도전이 있었어요. 물론 이밖에 헤겔에서 듀이에 이르는 이들의 도전도 있었고요. 듀이의 사상 역시 사실은 헤겔주의에서 나온 것이죠. 다들 이성적·사변적·절대적인 것에서 '생활'과 '생명'으로 시선을 전환했답니다.

그들은 모두 현실생활이 칸트와 헤겔의 선험이성과 절대정신보다 더 근본적이라고 생각했지요. 니체가 지금까지도 왜 그렇게 인기가 있을까요? 신은 죽었고, 신의 세계, 절대적인 세계는 사라졌다고 말했기 때문이죠. 플라톤부터 시작해서 철학자는 현실세계와 이념세계(기독교와 결합한 뒤로는 하느님의 세계)를 두 세계로 나누었어요. 그리고 이념의 비현실 세계야말로 더 근본적이고 본질적이라고 생각했지요. 현실세계는 이념세계의 모방에 불과하며, 진정한 진리와 로고스는 이념세계에 있다고 생각했어요. 이런 관념이 근대까지 계속 유지되어온 거죠. 칸트의 선험이성, 헤겔의 절대정신은 모두 이성적인 겁니다. 과거의 논법에 따르자면, 바로 제1원리인 거죠. 하지만 마르크스, 듀이, 니체에 이르러서는 이 모든 게 뒤집힙니다. 비트겐슈타인과 하이데거에 이르러서도 그랬어요. 그들은 우리의 이 생활세계와 현실세계를 강조했지요. 하이데거와 사르트르 모두 이렇게 강조했죠. 존재는 본질에 앞선다. 즉 이 세계의 인간의 현존재가 본질에 앞선다고 말이죠. 그리고 비트겐슈타인은 언어의 형식은 생활에서 비롯된다고 했답니다.

데카르트는 근대철학이고, 니체 이후는 포스트모던 철학이에요. 이 변화는 굉장히 의미 있고 근본적인 겁니다. 그러니까 협의의 형이상학을 추구하던 사변적 지혜가 이제 지나갔다는 거죠.

포스트모던 사상가인 데리다는 헤겔의 사숙私淑 제자라고 할 수 있지요. 데리다는 헤겔이 '존재'니 '본유本有'니 하는 실재적이고 거대한 것을 강조한다고 생각했어요. 그는 철저한 해체를 추진했지요. 세계에는 확정된 것이 없다는 겁니다. 푸코와 데리다의 반이성을 따르는 포스트모던의 특징은 모든 것을 해체하자는 거죠. 불확정성을 강조하고 본질적인 존재를 인정하지 않아요. 모든 것은 현상現象이고 파편이며 비연속이라는 겁니다. 자아 역시 파편인 거죠. 거대서사에 반대하고 총체성에 반대하지요. 모든 것이 부분적이고 다원적이며 상대적이고 표층적이며 어지럽게 뒤섞여서, 규칙을 찾을 수도 찾을 필요도 없어요. 이렇게 이성에서 감성(실천·경험·생명)으로 그리고 다시 감성 개체(죽음·현존재)로, 또 철저한 허무(포스트모던의 '뭐든지 괜찮다')로 이행한 겁니다. 왕쉬王朔의 소설 『실컷 즐기고 죽자過把癮就死』와도 연결되는 것이겠죠. 과거와 미래가 없으니 지금이야말로 모든 것이고, 절대적인 것도 없고 본질과 깊이도 없는 거예요. 하이데거는 그래도 기본적인 본체론을 추구했지만 데리다에 이르러서는 모든 게 사라졌죠. 철학이라고 할 만한 게 없어졌어요. 이렇게 말하는 게 물론 아주 단순하고 거칠고 단편적이고, 굉장히 '부정확'할뿐더러 심지어는 엄청난 '오류'이긴

합니다. 하지만 이건 대중적인 대담인 데다 저는 대체로 이렇게 생각하거든요. 다만 제 개인적인 의견일 뿐입니다. 물론 다른 견해와 의견이 있을 수 있겠지요.

중국의 하이데거 전문가 두 명의 말이 마음에 든다

리____ 이런 상황에서, 저는 지금이야말로 중국 철학이 자신의 견해를 꺼내야 할 때라고 생각합니다. 속된 말로 "실컷 즐기고 죽자"고 하지만 정말로 죽지는 않을 거라 생각해요. 실제로는 "실컷 즐기고도 여전히 살아가는" 거죠. 그렇다면 어떻게 살아갈 건가요? 인간은 계속해서 살아가야 합니다. 모든 것을 해체하고 본질·규칙·거대서사 이 모든 것을 원하지 않는다면, 따를 수 있고 또 반드시 따라야 할 공동의 도리와 규범과 약속이 인간에게 없는 거예요. 그렇다면 인간은 어떻게 살아가나요? 그래서 다시 근본적인 문제로 돌아오게 된 겁니다. 이게 바로 제가 "인류는 어떻게 가능한가?"라는 문제를 제기한 이유예요. 사실 이건 인간이 어떻게 살아나왔는가에 대한 대답이기도 하지요. 바로 이 지점에서 중국 '철학'이 서양 철학과 확실히 다른 거죠.

저는 중국의 하이데거 전문가 두 명의 말이 아주 마음에 듭니다. 여기서 인용해보도록 하지요.

나는 무기분無氣分을 현존재의 가장 기본적인 구조로 보는 하이데거에 찬성하지 않는다. 나는 다음과 같은 막스 셸러의 통찰에 더 마음이 기운다. '사랑과 긴밀한 유대감', 서로 공감하며 손을 잡고 함께 나아가는 것이야말로 인간이 이 세상에 살아가는 데 있어서 가장 깊이 있는 기본 구조다.[3]

사람들이 모두 아는 하이데거라는 '심연'의 가장자리에서 내가 비틀거리고 있을 때, 그녀[4]가 때로는 걱정과 기쁨의 표정을 통해 때로는 탄식을 통해, 나의 삶에서 진정으로 중요한 것을 일깨워 주었다.[5]

각각 역자 후기와 저자 후기에 있는 이 말들은, 이론적 논의도 없고 마치 대수롭지 않은 말처럼 보이지만(게다가 하나는 외국인의 말을 인용했다), 그리고 원래의 의미에 부합하지 않을 수도 있지만, 그럼에도 저는 이 말들이 중국인으로서 하이데거를 탐구한 뒤 '깨달은' 마음의 소리라고 생각해요. 하이데거 이후 이제 중국 철학이 등장해서 역할을 해야 할 때입니다. 전에도 말했지만, 비록 하이데거가 노자老子를 좋아하긴 했으나 노자를 억지로 갖다 붙여서 비교하며 논의해서는 안 됩니다. 공자, 그러니까 중국의 전통으로 하이데거를 소화해야 해요. 지금이 바로 그때인 것 같지 않나요? 아직은 좀 이른가요? 어쩌면 필요한 건 서양 철학의 추상적 담론일지도 모르겠군요. 그게 아니면 '철학'으로 쳐주지 않으니까요. 그런가요, 아닌가요? 저도 잘 모르겠군요. 제가 말하려는 건, 이런 것들과 상관없이 철학의 주제를 세상의 인간과 인간의 정감 속으로 돌아오게 하자는 겁니다. 철학의 형식을 일상생활 속으로 돌아오게 하자는 겁니다. 그리움·아낌·감상感傷·깨달음으로 공허하고도 해결할 수 없는 '두려움'과 '번민'을 대체하고, 두려움과 번민에서 야기된 포스트모던의 '파편'과 '순간'을 대체하자는 거죠. 모든 것이 이미 파편화된 순간적 진실, 말로 표현할 수 없는 존재의 신비, 절대명령인 하느님, 이런 것들이 아닌 인간 자신의 실존이 우주와 협동하고 공존하는 것이야말로 근본이 존재하는 곳이에요. 하이데거의 다자인Dasein은 '현존재'로 번역할 수 있습니다. 중국의 해석학에 따른다면 바로 '살아감'이지요. 그리고 제가 말하는 '인간이 살아가는 것'이기도 하고요.

무사 전통과 '위왕선구'

리_____ 제가 '무사巫史 전통'에 대해 말한 적이 있지요? 모든 원시민족에게는 무巫의 단계가 있었답니다. 그런데 고대 서양에서는 무술巫術이 분화되어서, 한편으로는 과학이 되고 다른 한편으로는 종교가 되었지요. 중세의 마녀witch 같은 건 제가 말하는 무가 아니에요. 고대 그리스에서 근대까지, 철학적 사변思辨은 늘 자연과학과 결합되어 있었지요. 철학자 데카르트와 라이프니츠는 수학자였어요. 칸트 역시 자연과학을 연구했지요. 유명한 '칸트-라플라스 성운설星雲說'이 있잖아요? 이렇게 그들은 사변적 측면을 충분히 발전시켰어요. 게다가 고대 그리스 이래로 논리학이 매우 발달했기 때문에 사변의 심도와 강도가 더욱 깊어졌지요. 그래서 하이데거가

'시詩적인 거주'를 제기하자, 중국학자들이 매우 흥분해서 곳곳에 다 인용했던 거죠. 우리가 배웠던 서양 철학에는 시의詩意라는 게 이미 사라지고 죄다 이성적·사변적·추리적인 것으로 변했기 때문이에요. 서양 철학이 추구하는 진리는 딱딱하게 굳은 이성적인 추상으로 변했고, 철학에 있어야만 하는 시의를 잊어버렸어요. 사실 존재의 비밀은 바로 시적인 생존에 있답니다. 이게 중국의 전통이기도 하고요.

류_____ 선생님께서는 중국의 '무사 전통'이 중국과 서양의 구별을 가져왔다고 생각하시나요?

리_____ 그렇습니다. 중국의 '무사 전통'으로 인해 중국 문화 속의 정감과 이성, 종교와 과학은 뚜렷이 나뉘지 않았던 겁니다. 중국에서는 공자든 맹자든, 한대漢代의 천인합일이든, 송명이학宋明理學의 심성 수양이든, 일종의 신앙이고 감성적인 거예요. 동시에 이성적 추리와 논증이기도 하고요. 신앙과 정감이 이성적 사변과 한데 섞여 있는 거죠. 중국 유가儒家에서 말하는 '인仁' '성誠' '덕德' '정精' '신독愼獨' 그리고 후대의 '공안낙처孔顏樂處'[6], 도가道家의 '좌망坐忘' '심재心齋', 이 모든 것에 하늘과 인간이 통하는 무술 의례의 신비한 정감이 잔존하거나 보존되어 있답니다. 어떤 젊은 학자가 아주 잘 말했더군요. "성인聖人의 신비한 지혜의 획득과 예禮는 불가분의 관계다"[7]라고 말이죠. 조상을 제사지내는 의례 형식은 바로 신과 인간의 소통이에요. 이성과 정감의 성질을 아우르고 있지요. 인仁은 예에서 생겨난 동시에 예를 촉진합니다. '예'와 '인'은 인륜관계를 확인함으로써 하늘과 서로 통하고 신과 공존하도록 하는 것이지요. 신에 대한 추상적 사변이나 광적인 정감과는 거리가 멀어요. 또 '중용中庸'의 '용庸'자의 기원은 천즈陳致의 연구8에 따르면, 상고시대 은殷나라 사람들의 제례용 악기와 악무樂舞이지요. '중中' 은 가운데로 모으고 신명神明과 통하는 것이에요. 요컨대 중국 고대의 기본적인 '철학' 범주와 개념은 무술 의례의 심신활동에서 나온 것이지요. 추상적 사변의 산물이 아니에요. 이것이 바로 무사 전통입니다. 송명이학도 그런 맥락에서 봐야 해요. 머우쭝싼牟宗三이 말한 것처럼 그저 심체心體와 성체性體만을 논한 추상적 사변이 아니에요. '하루의 반은 마음을 가라앉히고 조용히 앉아서半日靜坐' 이성과 정감이 어우러진 인생의 경지를 추구하는 것, 이것이 바로 앞서 말씀드린 '공안낙처'지요.

데리다가 몇 년 전에 중국에 왔을 때, 중국에는 철학이 없다고 했죠. 그러자 많은 중국인이 굉장히 분개했는데, 사실 데리다는 중국을 추앙하고 있었어요. 데리다는 그들 자신이 철학에서 헤어 나와야 한다고 생각했죠. 그가 말한 철학은 바로 방금 말씀드린, 지혜를 추구하는 사변적이고 이성적인 고대 그리스의 형이상학이에요. 그런데 중국에는 그런 게 없어요. 그런 협의의 형이상학은 중국에 없어요. 하지만 중국에는 광의의 형이상학이 있답니다. 바로 인간의 생활의 가치와 의의를 추구하는 것이지요. 이건 중국에 늘 있었던 거예요. 서양에서는 항상 형이상학을 순수 사변적인 언어 속에서 다룹니다. 하지만 언어와 단어의 보편적 의미는 대체 어디에 있는가, 번역의 가능성은 어디서 유래하는 것인가, 이 역시 철학적 문제가 되었지요. 중국에는 엄격한 논리를 따르는 추상적 사변이 모자랍니다. 플라톤이 세운 그리스의 아카데미 입구에는 "기하학을 모르는 자는 들어오지 말라"는 문구가 걸려 있었어요. 중국에는 이런 전통이 없지요. 물론 이건 큰 결점입니다. 하지만 장점도 있어요. 오늘날 서양의 소위 '후철학後哲學'9은 바로 사변적인 협의의 형이상학으로부터 생활을 기초로 하는 철학으로의 전환이라고 생각합니다. 중국에 철학이 있나요, 없나요? 있지요. 중국 철학은 바로 이런 '후철학'이에요. 생활이 언어보다 크고 기하학보다도 크지요. 언어의 보편적 의미와 번역의 가능성은 인류의 의·식·주·행行의 보편성에서 생겨나는 겁니다. 그래서 저는 중국 철학이 포스트모던 철학과 연결될 수 있다고 봅니다.

저는 포스트모던이 데리다에 이르러서 이미 그 정점에 이르렀다고 생각해요. 마땅히 중국 철학이 등장할 때입니다. 물론 아직은 조금 이르지만, 제기할 수는 있죠. 제가 먼저 주제넘게 목소리를 냈습니다. 뜻이 있는 사람, 후속 세대가 때에 맞춰 분발해 나서서 새로운 사상을 창조하고 탁월하게 일가를 이루고 세계로 나아가길 바랍니다. 그렇게 된다면 20여 년 전에 제가 『중국고대사상사론中國古代思想史論』(1985) 후기에서 말했던 "위왕선구爲王先驅(왕을 위해 앞장서겠다)"10의 바람이 실현되는 거죠. 큰 희망을 걸고 있어요. 이건 저의 철학을 이야기하는 데 있어서 전주 내지는 서두입니다.

류_____ 제가 한 말씀 드리겠는데요. 시난렌허西南聯合 대학의 진웨린金岳霖 선생이 『홍루몽紅樓夢』 강의를 하셨을 때, 어떤 학생이 그분에게 『홍루몽』의 철학에 대해 말씀해주십사 했죠. 그분이 한동안 생각하더니, 『홍루몽』에는 별다른 철학이 없다고 대답하셨답니다.

리_____ 그렇겠죠. 그분은 서양 철학의 규범에 근거했던 만큼, 『홍루몽』에 어떤 철학사상이 있을 거라고 생각하지 않은 것도 당연해요.

류____ 사실 『홍루몽』 안에는 선생님께서 말씀하신 '후철학'이 들어 있어요. 본래 이건 '전철학前哲學'인데, 지금 마침 그것을 가져다가 포스트모던 철학과 연결한 것이지요.

리____ '전철학'이 아니라, 서양의 협의의 형이상학이 없는 철학이지요. 서양 철학과 대등하면서 공통성과 독특성을 지닌 '중국 철학'이에요. 보편성으로 말하자면 '철학이 중국에 있다'는 것이고, 특수성으로 말하자면 '중국의 철학'이지요. 따라서 '메타피직스 metaphysics'나 '온톨로지ontology'를 '형이상학'이라는 용어로 번역하는 것은 아주 좋습니다. "형이상形而上을 도道라고 한다"[11]는 말이 있으니까요. 이것이 70년 전에 진웨린 선생이 펑유란馮友蘭 선생에게 제기했던 문제[12]에 대한 답이 될 수 있을지도 모르겠네요.

'정 본체'와 철학

류____ 선생님께서 예전에 말씀하시길, 철학은 시각을 제공하는 것이라고 하셨지요. 그리고 철학이 제기한 문제는 이후의 과학 연구를 통해 해결해야 한다고도 하셨지요. 여기서 철학은 인간의 지혜와 어느 정도 유사한 추단 내지 추측이고요. 또 말씀하시길, 철학의 쓰임새 가운데 하나는 인간이 문제를 제기하는 것을 좋아하게 하고 문제를 발견할 수 있게 하고 캐묻는 것을 습득할 수 있게 하는 거라고 하셨지요. 그런데 이건 모두 일반적인 철학 애호가를 대상으로 하신 말씀이고요. 선생님 본인으로 말하자면, 선생님의 철학 연구는 제 생각엔 심원한 목표가 있을 것 같은데요. '정情본체'를 제시하신 것도, 단지 사람들에게 방법상의 시사점을 제공하거나 사람들이 캐묻는 것을 습득할 수 있도록 하기 위해서만은 아니겠지요.

리____ 저는 다만 그런 시각과 개념을 제공한 겁니다. '정 본체'는 근원적인 것이지요. 광의의 형이상학이에요. 물론 정감과 신앙의 측면을 포괄하고요.

10여 년 전에 철학연구소의 동료가 저한테서 '정 본체'에 대해 듣고 나서 한다는 말이, 제가 말한 정감이 철학이라고 할 수 있느냐는 거였어요. 확실히 서양 철학은 정감을 논하지 않지요. 하지만 중국 철학 혹은 중국 사상은 다릅니다. 굳이 철학이라고 부르지 않아도 괜찮아요. 사상이라고 불러도 좋아요. 그래서 제가 쓴 세 권의 사상사론을 철학사라고 하지 않은 겁니다. 어쨌든 중국 사상의 특징은 정감을 중요시한다는 거죠. 최근 십몇 년 사이에 큰일이 있었는데, 바로 궈뎬郭店에서 죽간竹簡이 출토된 것이지요. 저는 몹시 기뻐요. 죽간에는 그런 방면의 내용이 아주 많거든요. "도道는 정에서 비롯된다" "예는 정에서 비롯된다" "예는 사람의 정에 근거하여 이루어진다" 등13은 제가 말한 것을 증명해주지요. 제가 정감을 말한 건 궈뎬 죽간이 출토되기 전이었답니다. 궈뎬 죽간이 나온 뒤에 팡푸龐朴가 제게 말하길, 그것이야말로 '정감주의'라고 하더군요.

저는 포스트모던 철학이 지금 인류생활의 곤경을 표현한 거라고 생각해요. 모든 게 찢기고 모든 규칙이 타파되었습니다. 니체는 신이 죽었다고 했고, 푸코는 인간도 죽었다고 했지요.[14] 총체로서의 인류나 총체로서의 개체는 없고, 자아조차 없어졌어요. 그렇다면 대체 어떻게 살아가야 할까요? 자신의 운명을 어떻게 대해야 할까요? 개체뿐만 아니라 인류와 민족은 어떻게 자신의 운명을 대해야 할까요? 이들 모두가 대답을 필요로 하는 문제에요. 이것은 바로 '정 본체'를 제기하게 된 전제이자 배경이기도 하지요. 이것은 현실 생활이며 또한 철학 자체입니다.

2장

나의 학술 사상의 세 단계

혼자서 학습하려면
판단에 능해야 한다

류_____ 선생님의 학문 여정을 풀어놓는 방식으로, '정 본체'가 어떻게 나오게 되었는지 찬찬히 알려주시는 게 어떨까요?

리_____ 대학에 응시하던 때부터 말씀드리지요. 왜 문과에, 그것도 철학과에 지원했을까요? 저는 이과 관련 과목을 잘했고 시험 성적도 아주 좋았어요. 제가 철학과에 지원했다고 하니까 다들 의아해하더군요.

저는 1950년에 대학에 응시했어요. 1948년에 후난湖南 제1사범학교를 졸업했지요. 그 당시 규정에 의하면, 2년 동안 소학교에서 교편생활을 해야만 졸업증서를 받을 수 있고 대학 시험을 치를 수 있었답니다. 저는 두 군데에 응시했는데, 베이징北京 대학 철학과와 우한武漢 대학 철학과였어요. 두 곳에서 모두 높은 점수를 받았지요. 당시에는 학생들 전부가 1학년 국문, 1학년 영문을 수강해야 했는데 저는 두 과목 모두 수강을 면제받았답니다.

1949년 이전에 이미 철학서를 읽었어요. 아이쓰치艾思奇의 『대중철학大衆哲學』, 젠보짠翦伯贊의 『역사철학교정歷史哲學教程』, 거밍중葛名中의 『과학의 철학科學的哲學』 같은 책들이었죠. 그중에 저우젠런周建

씨이 편역한 『신철학 노트新哲學手冊』에는 마르크스의 글을 발췌 번역한 게 있었어요. 『독일 이데올로기』 제1장이었던 것 같은데 정확히 기억나진 않네요. 읽기가 아주 어려웠는데도 눈 딱 감고 무작정 읽었어요. 저에게 큰 영향을 주었던 책이랍니다. 아마도 그 책이 제가 마르크스를 받아들이게 된 출발점이었을 거예요. 방금 말씀드린 책들은 다 제가 골라서 본 거죠. 중화인민공화국이 성립되기 이전이었어요. 베이징 대학에 입학한 뒤로는 주로 독학을 했답니다. 중국 철학사 수업을 수강한 적이 없어요. 당시에는 펑유란 선생에게 사상을 개조하라고 하면서 강의를 개설하지 못하게 했답니다. 제가 가장 많이 들었던 강의는 소련 공산당사였는데, 2년을 수강했어요. 그리고 린지위任繼愈 선생의 강의를 반년 동안 들었지요. 당시 선생님 네 분이 한 강의를 담당했는데, 직접 교재도 만드셨어요. 두 분은 서양 근대철학을 가르치시고, 두 분은 중국 근대철학을 가르치셨죠. 린지위 선생과 주보쿤朱伯崑 선생이 중국 관련 강의를 하셨는데, 주로 린지위 선생님이 맡으셨어요. 그때의 강의 개요는 지금도 도서관에서 찾을 수 있어요. 정식으로 출판되었으니까요.

당시 저는 혼자서 책을 많이 읽었지요. 서양 철학을 포함해서 말이지요. 제 가장 큰 단점 중 하나가 질문하는 걸 싫어하는 거랍니다. 늘 혼자서 모색하면서 수많은 길을 빙 둘러갔지요. 선생님한테 질문하지 않았어요. 학문이란 건 배우고 묻는 것이니, 잘 물어야 해요! 그런데 저는 지금껏 묻지 않았어요. 지금까지 쭉 그랬답니다. 선생님한테 가르침을 청하는 걸 그다지 좋아하지 않았어요. 늘 혼자서 책을 찾아서 봤답니다. 사실 이건 큰 잘못이에요. 손실도 크고요. 저는 대략의 뜻만 파악하는 속독을 늘 주장합니다. 이건 옳은 거죠. 속독을 하면 시간을 많이 절약할 수 있어요. 속독은 마음대로 읽는 게 아니라 고전처럼 반드시 읽어야 하는 책을 빨리 읽는 것이지요. 독서에는 두 종류가 있답니다. 하나는 뚜렷한 목적이 있는 독서, 다른 하나는 무목적의 합목적성을 지닌 독서지요. 둘 다 중요해요. 1950년에 필명으로 아주 짧은 글을 발표한 적이 있는데요. 「책장의 귀를 접고 밑줄을 그으며 학습하라學習折角劃線」는 글입니다. 책과 문장의 관건과 핵심을 파악하려면 몸소 체험하고 힘써 실천해야 한다는 의미예요. 저는 항상 시간을 아주 소중히 여긴답니다. 중학생이었을 때부터 사람들과 잡담한 적이 없어요. 인간관계가 좋지 않았던 원인 가운데 하나가 바로 이것이겠죠. 볼 가치가 없는 책을 보고 나서는 엄청 후회하면서 시간을 낭비했다고 느껴요. 시간은 바로 생명 자체이지요. 정말로 천천히 숙독하고 정독해야 하는 책은 결코 많지 않다고 생각해요. 물론 있긴 하죠. 마르크스의 『파리 수고手稿』 가운데 일부가 그렇지요. 아주 자세히 읽었답니다. 속독을 통해 많이 읽으면서 판단해야 하지요. 누가 맞고 누가 틀린지, 얼마나 맞고 어디서 틀렸는지 등을 판단하는 게 무엇보다 중요하다고 생각해요. 독서하면서 판단하는 건 아주 중요합니다. 독서는 단순히 지식을 획득하는 게 아니라 자신의 식별 및 평가 수준과 능력을 길러내고 단련하는 것이니까요. 독서하면서 제대로 판단해야만, 각종 문제를 대하는 자신을 더 예리하고 뚜렷하며 좀 더 이성적으로 변화시켜서 권위의 노예나 유행의 노예가 되지 않을 수 있답니다. 많은 학자가 평생 판단능력을 결여한 채로 살아가죠. 누가 맞고 누가 틀린지, 누가 낫고 누가 수준이 떨어지는지 제대로 구분하지 못한 채 늘 조류와 유행을 좇기에 바빠요.

칸트가 판단력을 그토록 중시한 것도 당연해요. 제가 예전에 레닌과 스탈린의 책을 많이 있었을 때의 일인데요. 스탈린의 책을 두 가지 판본으로 본 적이 있답니다. 아, 그런데 전에 나온 판본에 있던 인명이 나중에 나온 판본에서는 사라졌지 뭡니까. 고쳐놓은 거예요! 사람이 타도되니, 책 안에 있는 인명과 사적도 삭제된 것이지요. 중국도 마찬가지였어요. 가오강高崗[1]을 타도하자, 가오강의 이름도 사라졌어요. 이건 모두 제가 책을 보고서 알아낸 겁니다. 발견하긴 했어도 물론 다른 사람한테 말하진 않았지요. 그것이 금기라는 걸 알았으니까요. 1951년에는 레닌의 유언을 읽은 적이 있는데, 나중에 알고 보니, 삼팔식三八式 간부[2] 연구원조차도 이 문건에 대해서 전혀 모르고 있지 뭡니까. 이 일로 인해 많은 걸 깨달았지요. 어쨌든 스스로 독서하면서 능력을 배양하고 문제를 발견하는 거죠. 이런 생각을 해보셨는지 모르겠는데요. 그러니까 독서하지 않으면 읽을 만한 책이 없는 것처럼 느껴지고, 독서하면 할수록 읽어야 할 책이 더 많은 것처럼 느껴지지요. 그리고 원작을 읽는 게 이류나 삼류 해설서를 읽는 것보다 힘들긴 해도 훨씬 유익하답니다. 이건 저의 독서 경험이니, 일방적인 면이 있을 수도 있겠죠.

랑게[3]의 『유물론의 역사』를 읽었을 때, 가장 잘 쓴 책이라는 생각이 들었는데요. 그런데 정말 이상하게도 이 책이 다시 출판된 적이 없답니다. 제가 본 건 중문본인데, 1930년대에 번역된 거였죠. 번역서도 훌륭했어요. 『유물론의 역사』의 저자는, 미학을 연구한 수잔 랭어[4]가 아니라 엥겔스와 동시대 사람인 랑게입니다. 랑게는 엥겔스로부터 호된 비판을 받았지요. 하지만 『유물론의 역사』는 아주 훌륭해요. 확실히 대가의 글이에요. 특히 그리스에 관한 부분이 뛰어나죠. 저는 철학사를 읽을 때 동시에 여러 권을 봤답니다. 플라톤을 읽으면서 스테이스Stace, 틸리, 베버, 랑게가 한 말도 같이 봤어요. 한 사람에 대해 읽으면서 네 사람이 한 말을 보려고 했지요. 누가 가장 훌륭하게 말했는지, 우열을 비교해가면서 말이지요. 아리스토텔레스를 읽을 때도 그랬지요. 서양 철학사는 이런 식으로 공부했답니다. 물론 원저도 골라서 봤어요. 서양 철학사는 철학을 '배우는' 기본기이고, 중국 철학사와 철학개론은 그렇지 않다고 생각했죠.

당시 제가 가장 많은 영향을 받았던 철학자가 누구일지 한번 생각해보세요. 흄, 칸트, 라이프니츠, 버클리 등이에요. 버클리의 책은 보기 아주 좋았어요. 재미있고 얇았지요. 흄의 책 중에서는 방대하고 복잡한『인성론』은 읽지 않았어요.『인간 이해력 탐구』『인간 오성 탐구』를 읽었지요. 전부 번역본이 있었답니다. 포이어바흐의『미래 철학의 원리』역시 아주 자세히 읽었어요. 헤겔의『소논리학』과『역사철학』은 저에게 큰 영향을 주었지요.『역사철학』은 상하이의 왕짜오스王造時가 번역했는데, 그는 나중에 우파로 몰렸지요.『소논리학』은 허린賀麟이 옮겼어요.『소논리학』역시 영문본으로 읽었답니다. 그때는 이랬어요. 혼자서 모색하고, 누구의 영향도 받지 않았지요.

류_____ 강의가 있었잖습니까?

리_____ 진도가 몹시 느렸어요. 몇 장 몇 절을 보라고 하는 게 우스웠답니다. 그걸 본다고 해서 전체를 어떻게 제대로 이해할 수 있겠어요? 저는 원저를 볼 때도 단락을 골라서 읽지 않고 몇 권을 골라서 처음부터 끝까지 다 읽었어요. 제가 고른 책들을 보느라 어떤 때는 수업도 빼먹었지요.

류_____ 철학연구소의 선생님 동료들과 대비가 되네요. 선생님 동료 중에는 재능이 뛰어나고 열심히 노력하고 섭렵하고 있는 분야도 넓은 분들이 계신데요. 철학의 각 영역을 차례로 연구하면서 그 분야에 정통하기도 하고, 훌륭한 견해를 발표하기도 하지요. 하지만 진정한 독창성을 지닌 견해는 비교적 적은데요. 선생님처럼 독창성이 충만하고, 사람을 놀라게 할 정도의 새로운 견해를 철학의 각 영역에서 끊임없이 내놓는 사람은 다시없는 것 같아요. 제 생각에는, 선생님이 어려서부터 '남에게 묻지 않고', 스스로 모색하고 판단하면서 스스로 각종 관점과 각종 판본의 책을 비교해 자신의 결론을 찾았던 것과 큰 관계가 있는 듯합니다. 이건 아주 독특한 학습과 사유 습관인데요.

리_____ 물론 학문에는 질문을 잘하는 게 필요하지요. 그렇게 하면 우회로를 줄일 수 있답니다. 하지만 이공계 과정을 제외하고는 대학의 문과에선 주로 자기 학습이 필요하다고 생각해요. 심지어는 오로지 독학에 의지해야 한다고 생각합니다. 그러려면 가장 먼저 자유시간이 있어야 하고, 다음으로는 도서관이 있어야 하지요. 당시 철학과에는 아주 작은 도서관이 있었어요. 기본적인 책들이 있었는데, 마음대로 서가에서 뽑아서 펼쳐볼 수 있었고 빌릴 수도 있었지요. 외국의 크고 작은 도서관은 모두 이렇답니다. 타이완도 마찬가지고요. 도서관에 들어가서 책을 펼쳐보는 게 아주 중요해요. 책은 모두가 볼 수 있어야 하고 그 자리에서 펼쳐볼 수 있어야 해요. 카드를 이용해서 책을 검색하는 건 나쁜 점이 커요. 왜냐하면 마음대로 책을 펼쳐서 읽는 중에 무심코 문제를 발견하거나 생각을 가다듬을 수도 있거든요. 본래는 볼 생각이 없었던 책을 펼쳐보다가 큰 성과를 얻을 수도 있고 시간을 절약할 수도 있답니다. 한 무더기의 책을 그 자리에서 펼쳐보는 건 대출해서 보는 것보다 시간과 수고를 많이 덜 수 있지요. 후성胡繩 선생에게 이에 대해 말씀드린 적이 있는데 동의하시더군요. 하지만 도서관 측에서 이렇게 하도록 하는 건 어려운 것 같더라고요. 그때 그분은 원장이었는데도 말이지요.5 물론 지금이야 컴퓨터도 있고 상황이 이미 많이 달라졌지요. 독서나 자료를 조사하는 방식도 달라졌고요.

책 읽기는 좋아하지만
책을 쓰는 건 좋아하지 않는다

리_____ 대학에 들어간 지 몇 달 되지 않았을 때부터 혼자서 연구하기 시작했답니다. 정말 터무니없는 일이지요. 아주 일찌감치 연구하다보니, 경험도 없고 지도해줄 사람도 없어서 연구 대상을 잘못 골랐어요. 그때의 교훈에 대해서는 이미 여러 번 이야기한 적이 있는데요. 당시 담사동譚嗣同의 『인학仁學』이 분량도 적고 해서 연구하기에 좋을 것 같아 거기에 매진했지요. 그런데 결과적으로 엄청나게 고생했답니다. 왜냐하면 담사동의 사상은 성숙하지 않은 탓에 관점도 모순되고 이것저것 뒤섞여서 파악하기가 정말 어려웠거든요. 나중에 캉유웨이康有爲를 연구하게 되었는데 훨씬 쉬웠어요. 캉유웨이의 저서가 많긴 하지만, 사상이 성숙하고 자신만의 온전한 체계를 갖추고 있어서 조리가 분명하기 때문에 제대로 파악할 수 있었거든요. 그래서 담사동에 관한 글은 졸업 때까지 다섯 번이나 원고를 고친 뒤에 완성했답니다. 1954년에 졸업하고 이듬해에 그 글을 발표했지요. 캉유웨이는 1952년에 연구하기 시작해서 1955년에 먼저 발표했답니다. 제가 최초로 발표한 학술 논문이지요. 이 글은 지금 봐도 설득력이 있어요.

류＿＿＿ 담사동에 관한 글의 영향력이 더 컸던 것 같은데요. 왕위안화王元化 선생은 그 글을 언급할 때마다 거듭 칭찬하셨거든요.

리＿＿＿ 그 글은 아주 치밀하게 분석했지요. 엄청난 공을 들였어요. 그 글을 발표한 뒤에 영향력을 발휘하긴 했지요. 20여 년 전에 하버드 대의 독일 출신 박사과정 대학원생이 영어로 번역했는데, 출판되진 않았고 하버드 대학 도서관에 소장되어 있어요. 그가 저에게 한 부 부쳐줬는데, 어디로 갔는지 모르겠군요. 그때 그가 말하길, 저의 세밀한 분석에 감탄했다면서 제가 분명히 분석철학 연구자일 거라고 생각했다더군요. 당시에는 분석철학이 철학의 주류였지요. 그가 저의 『비판철학의 비판批判哲學的批判』을 번역하고 싶다고 했는데, 제가 아직 더 수정해야 하니까 재판이 나오면 그때 다시 의논하자고 했어요. 그런데 나중에 그 사람은 아마도 사업을 하게 되었을 거예요. 저 역시 그 뒤로는 그 사람과 연락하지 않았고요. 지금 생각해보면 조금 후회가 됩니다.

류＿＿＿ 어떻게 사상사를 연구하게 되셨는지요?

리＿＿＿ 중고등학교 시절부터 역사에 흥미를 느꼈던 것과 관계가 있지요.

류＿＿＿ 미학을 연구하시게 된 건 이해가 갑니다. 그 당시에 미학 토론이 있었으니까요.

리_____ 미학 토론이 있기 전부터 미학을 좋아했어요. 대학 1학년 때 영문으로 된 미학책을 혼자서 읽었지요. 중학교 때부터 문학예술 애호가였거든요. 그 뒤에 철학에 흥미를 가졌고 심리학도 좋아했지요. 그리고 이 셋을 미학 안에다 한데 결합시켰답니다. 대학 응시원서를 쓸 때 제1지망은 철학이고 제2지망은 역사였어요. 중문과는 고려한 적이 없답니다. 하하. 그래도 문학에 흥미가 있긴 했지요. 그 당시에 외국 소설, 특히 러시아 소설을 많이 읽었어요. 저는 지금도 여전히 러시아 소설이 다른 나라 소설보다 낫다고 생각한답니다. 아마도 이건 우리 세대 사람들의 편애이자 편견이겠죠? 아마 왕멍王蒙도 그럴 거예요.

류_____ 당시 사상사를 연구하시게 된 계기가 있는지요?

리_____ 제가 담사동을 연구하고 있던 시기에 마침 항미원조抗美援朝전쟁6이 일어났는데, 다들 전쟁에 뭔가를 일조해야 했어요.7 이것이 외재적 원인이랍니다. 내재적 원인은 역사와 철학에 대한 흥미가 사상사로 기울게 된 것이지요. 담사동을 연구한 뒤로 멈출 수가 없었답니다.

제가 본래 쓰고 싶었던 건 '가경에서 건륭까지從嘉慶到乾隆'라는 제목의 글인데, 여태 쓰지 못했어요. 제 글은 죄다 논강論綱 형식이지요. 대부분 거기에다 내용을 좀 더 보충해서 발표했답니다. 문화대혁명 시기에는 9가지의 논강을 썼는데, 본래는 책으로 만들고 싶었지만 결국 논강으로 끝나고 말았지요. 주객관적 원인들로 인해서 책으로 만들지 못했답니다. 정말 부끄럽고 유감스러운 일이에요. 책 읽는 건 좋아해도 책 쓰는 건 좋아하지 않으니까요.

류_____ 그야 선생님의 생각이 많고 생각의 속도 역시 빠른데,

그걸 하나하나 정리해서 구체적인 글로 만들 시간이 없어서겠죠. 선생님의 생각이 약동한다는 걸 말해주는 거예요. 생각이 펜보다 빠르신 거죠.

리____ 전에 말한 적이 있는데, 저는 혈액형이 A형이에요. 글의 윤곽을 잡는 건 굉장히 신속해요. 그건 저만의 '새로운 구상'이니까요. 하지만 그걸 문장으로 풀어쓰고 자료를 대조하고 논증하는 건 그다지 즐거운 작업이 아니에요. 특히 많은 말을 늘어놓는 건 정말 내키지 않아요. 그래서 늘 변변치 못한 대로 간신히 써낸답니다. 죄다 논강 형식이에요. 책에서 여러 번 이렇게 고백하면서 저의 부끄러운 부분을 변명하고자 했답니다. 펑유란 선생처럼 날마다 반드시 글을 쓰는 사람이 정말 부러워요. 그런데 저는 그렇게 하지 못해요.

그 당시에 겨우 이십대였는데
어떻게 감히 일파를 자처했겠는가?

류____ 미학 토론이 벌어졌을 때의 상황을 말씀해주시죠.
리____ 대학에 다니던 몇 년 동안 오롯이 사상사를 공부했답니다. 캉유웨이와 담사동에 대해서 쓰던 때에 1840년에서 1949년까지의 사상사를 쓰고 싶다는 생각이 들었지요. 자료도 많이 수집했고 논강도 썼어요. 나중에 미학 토론이 시작되었을 때, 미학과 관련된 글을 한 편 썼지요. 당시에는 이미 대학을 졸업했을 때였답니다. 사실 제가 미학에 대해 쓴 글은 많지 않아요. 작가출판사에서 나온 6권짜리 『미학문제토론집美學問題討論集』에는 많은 글이 수록되어 있는데, 그중에 제 글은 다 합해서 네다섯 편밖에 없답니다.

　제일 처음에는 주광첸朱光潛 선생이 『문예보文藝報』에 「나의 문예사상의 반동성我的文藝思想的反動性」이라는 글을 발표했지요. 자아비판의 글이었답니다. 1956년에 발표되었지요. 마오쩌둥이 '백가쟁명'을 부르짖을 때였어요. 저우양周揚이 미학도 학술 논쟁을 할 수 있다고 말했지요. 그 뒤에 황야오몐黃藥眠이 『인민일보人民日報』에 주광첸을 비판하는 글을 썼어요. 「이익을 취하는 자의 미학에 대해 논하다論食利者的美學」라는 제목이었는데, 주광첸의 미학이 착취계급의 미학이라는 의미지요. 그 뒤에 차이이蔡儀가 황야오몐을 비판하는 글을 썼어요. 황야오몐 역시 주관유심주의라는 거였지요. 그 글의 제목은 기억나지 않는군요.⁸ 이어서 주광첸의 글이 발표되었는데, 차이이를 비평하면서 미학은 유물적이고 변증적인 것이라고 했어요. 당시에는 주광첸을 비판하는 글이 아주 많았어요. 미학 토론은 대부분 주광첸을 비판하는 거였답니다. 그가 유심주의라는 거였죠. 저도 글을 한 편 썼어요. 당시 저는 이미 철학연구소로 왔을 때였는데, 주광첸 선생이 제 글을 보고는 자신을 비판한 글 가운데 가장 훌륭하다고 말하더군요. 그 글은 『철학연구哲學研究』(1956년 제5기)에 발표했는데, 『인민일보』에서도 싣고 싶다고 전화가 왔어요. 그런데 분량이 많으니 줄여달라고 하더군요. 나중에 저는 따로 한 편을 써서 1957년 1월에 발표했어요. 결국 4편의 글이 3개의 유파가 되었답니다.⁹ 바로 주광첸, 차이이 그리고 저였지요. 이건 주광첸 선생이 1962년에 미학 토론을 총괄하면서 한 말입니다. 그가 삼파三派라고 했어요. 제가 말한 게 아니에요. 그때 저는 겨우 이십대에 조교 신분이었는데, 어떻게 감히 일파를 자처했겠어요? 저에게 동의하는 사람이 많다는 건 알고 있었지만, 저는 그분들과 달랐지요. 차이이는 원로 당원이자 연구원**10**이었어요. 주광첸은 물론 더 권위가 있었답니다.

미학 토론의 장점은 정치 비판으로 변질되지 않았다는 거죠. 나중에 있었던 모든 학술논쟁은 문예이론에서 있었던 것까지도 포함해서 죄다 정치적으로 변했거든요. 하지만 미학은 한결같이 3개의 유파가 존재했고, 누구를 비판해서 무너뜨리거나 설복시키려 하지는 않았답니다. 정치인 역시 누가 그르다고 말하지 않았어요. 정말로 장기간 공존하면서 학술 토론이 이루어졌지요. 그래도 꼬리표를 붙이긴 했어요. 수정주의니, 유심론이니, 형이상학이니 하는 꼬리표요. 주광첸 선생도 다른 사람에게 꼬리표를 붙이기는 마찬가지였어요. 쭝바이화宗白華 선생은 가오얼타이高爾泰를 유심론이라고 비판했고요. '유심론'은 당시 아무도 달고 싶어하지 않은 꼬리표였답니다. 그건 엄청난 잘못이 있다는 것과 마찬가지였으니까요. 지금의 젊은이들은 이해하기 어려울 거예요.

제 사상이 발전한 과정을 말하자면 아주 간단합니다. 철학의 측면에서 말하자면, 1950년대부터 「미학의 3가지 논제美學三題議」를 발표한 1962년까지가 1단계라고 할 수 있지요.

류_____ 미학 토론에 참가하시기 전에 이미 칸트의 『판단력비판』을 읽으셨나요?

리_____ 1950년대에 칸트를 읽었지요. 미학에 관해서는 대학 1학년 때 읽었고요. 그때는 영문 미학서도 많지 않았답니다. 별로 두

껍지 않은 낡은 미학사 책 두 권을 읽었던 걸로 기억해요. 헌책방에서 구입한 뒤로 계속 보관하고 있었는데, 나중에 어디에 뒀는지 보이지 않더군요. 보즌켓의 『미학사』도 중국어로 된 게 없어서 읽기가 어려웠지만 그래도 읽었어요. 『판단력비판』은 당시 가장 중요한 읽을거리였지요. 분량이 많지 않은데도 아주 깊이가 있었어요. 그때 눈앞이 밝아지는 느낌이 들었던 걸 아직도 기억합니다. 사실 그 책 후반부의 일부는 더 중요하고 더 뛰어나지요. 안타깝게도 국내외에서 주목한 사람이 많지 않았어요. 헤겔의 『미학』은 별로 보지 않았어요. 책이 몹시 두껍고 읽기에 벅찼답니다.

류_____ 미美의 '무목적의 합목적성' 등에 대해서는 그때 제기하신 건가요?

리_____ 그건 「미학의 3가지 논제」에서 제기한 거죠. 1962년이었어요.

류_____ 그럼 미학 토론 이후인가요? 거기에는 칸트의 그림자가 뚜렷하게 드리워져 있는데요.

리_____ 그렇다고 할 수 있죠. 미학 토론은 1964년 '사청四淸'[11] 기간에야 완전히 끝났어요. 지금까지도 저는 그때의 관점을 변함없이 견지하고 있답니다.

류_____ 네. 그래서 선생님은 왕위안화 선생과 다르다고 제가 말씀드리는 겁니다. 왕위안화 선생은 늘 되돌아보시는데, 선생님은 자신의 관점을 늘 견지하고 발전시키시죠.

또 여쭙고 싶은 게 있는데요. 왕자오원王朝聞 선생이 『미학개론美學槪論』[12]의 책임편집을 맡고 있을 때 선생님도 참가하셨지요? 그 당시 상황이 어땠나요?

리＿＿＿ 저도 함께했죠. 1960년대 초에 저우양의 제안으로 편찬게 된 책이지요. 왕자오원 선생의 예술 감각은 탁월했답니다. 그분의 책들 가운데 아직까지도 기억나는 제목이 있네요. 『일이당십一以當十』『희문낙견喜聞樂見』, 영향력이 아주 컸던 책들이지요. 그런데 이론이라고 할 만한 건 없었어요. 당시 주광첸 선생에게 단독으로 『서방미학사西方美學史』를 저술하게 했고, 왕자오원 선생한테는 『미학개론』의 책임편집을 맡겼지요.13 왕자오원 선생은 『미학개론』 편찬에 적합한 사람들을 찾았어요. 편찬 작업을 위해 중앙당교中央黨校에 머물면서 오갔던 사람이 열 몇 명쯤 되지요. 베이징 대의 양신楊辛과 간린甘霖을 비롯해서 저우라이샹周來祥, 예슈산葉秀山, 주디朱狄, 류닝劉寧, 위안전민袁振民, 톈딩田丁, 차오징위안曹景元 그리고 저와 류강지劉綱紀가 참가했답니다. 리싱천李醒塵, 예랑葉朗, 홍이란洪毅然 등도 얼마간 함께했고요. 왕자오원 선생이 가장 의지했던 사람은 저우라이샹이에요. 제가 함께한 뒤로는 저한테 의지했고 제일 나중에는 류강지한테 의지하셨지요.

저는 주로 심미의식에 관한 장을 집필했답니다. 마지막 정리 단계에는 참가하지 않았어요. 류강지는 문화대혁명 이후에 이루어진 원고의 최종 교정에도 함께했지요. 문화대혁명 전에 이미 활자본까지 있었지만, 문화대혁명이 일어나면서 출판이 무산되었답니다. 한참 뒤에야 정식으로 출판되었는데, 거기엔 제가 관여하지 않아서 내막을 잘 몰라요.14

그때 저는 현대 외국의 자료를 책임지고 있으면서 개황에 대한 해설을 한 편 썼지요.15 그 글은 나중에 『미학논집美學論集』에 수록되었어요. 『미학논집』은 1980년에 출판되었지만, 그 글은 1962년에 쓴 것 그대로랍니다. 현대 영국과 미국의 미학에 관한 글이지요.

류＿＿＿ 『미학개론』 편찬 작업에 참여하셨던 경험이, 나중에 문화대혁명 이후 '미학역문총서美學譯文叢書'를 주관하시게 되었을 때 아주 좋은 바탕이 되었겠네요.

리＿＿＿ 나중에 잡지 『미학』의 책임편집을 맡았는데, 실제로는 저 혼자 일했어요. 편집부라고 할 만한 것도 없었답니다. 내건 이름도 제 이름이 아니라 중국사회과학원 미학실과 상하이문예출판사였지요. 제가 원고를 의뢰하고 심사하고 마무리지었답니다. 무명이라도 글만 좋으면 채택했어요. 유명한 사람의 글이라고 해서 반드시 실린다는 보장은 없었지요.

칸트에 대해 쓰면서
사실은 자신의 철학을 나타냈다

리＿＿＿ 1962년까지가 제 학술 사상의 제1단계지요. 그리고 문화대혁명 이후부터 중국을 떠나기 전까지가 제2단계라고 할 수 있답니다. 이 시기의 글은 6권으로 된 『리쩌허우 십년집李澤厚十年集 (1979~1989)』에 수록되어 있어요. 이 책이 나오기 전에 출판사에서는 제목을 '십년집'에서 '문집'으로 바꾸자고 했답니다. 당시 '문집'이 들어간 책 제목이 유행했거든요. 저는 '십년집'이라는 세 글자를 바꾼다면 출간하지 않겠다는 답신을 보냈답니다. 결국 출판사가 양보했지요. 제가 바라던 대로 된 거죠. 그 뒤로 1990년대부터 지금까지가 제3단계에요. 이상이 바로 제 학술 사상의 세 단계랍니다.

이제 『비판철학의 비판』에 대해 말씀드리지요. 오늘 처음으로 공개적으로 이야기하는 겁니다. 1980년대에 이 책이 나온 뒤로 지금까지 다들 이 책이 칸트를 연구하고 칸트에 대해 말한 책이라고 생각하는데요. 절반은 맞아요. 이 책은 분명 칸트에 대해 말한 것이니까요. 지금 보기에는 상당히 거칠지만 그래도 전체적으로 그다지 나쁘지 않아요. 오류를 지적하는 사람은 아직 없었어요. 그런데 이 책에 대한 사람들 생각이 절반은 틀렸답니다. 그 절반은 책에는 뚜렷이 나타나지 않지만 저한테는 아주 중요한 거예요. 왜냐하면 이 책은 칸트를 '비판'함으로써 초보적으로나마 제 자신의 철학사상을 나타낸 것이니까요. 당시 제 자신에게 철학사상이 있다고 말할 수는 없었답니다. 오로지 지도자만 철학사상을 가질 수 있었지요. 오직 『모순론矛盾論』만이 철학사상이고, 다른 사람은 철학사상을 지니는 것이 불가능할 뿐만 아니라 허락되지도 않았어요. 『비판철학의 비판』 안에 담긴 기본 명제는 문화대혁명 이전부터 생각했던 거랍니다. 그때부터 지금까지 내내 말해온 "인식은 어떻게 가능한가?" "인류는 어떻게 가능한가?" 등의 명제이죠. 이게 전부터 이미 생각했던 거예요.

여기에 원고가 있어요. 제목은 『적전론 논강積澱論論綱』이랍니다. 1960년대에 쓴 거죠. '실천이성'을 포함해서 많은 표현이 여기에 적혀 있어요. 칸트에 대한 책을 쓰기 이전이죠. '정감-이성 구조情理結構'[16], '실용이성' 등 제 핵심 사상은 사실 기본적으로 1961년에 형성되기 시작했답니다.

류____ 이 원고는 선생님께서 나중에 발표하신 4개의 주체성 논강[17] 가운데 하나인가요?

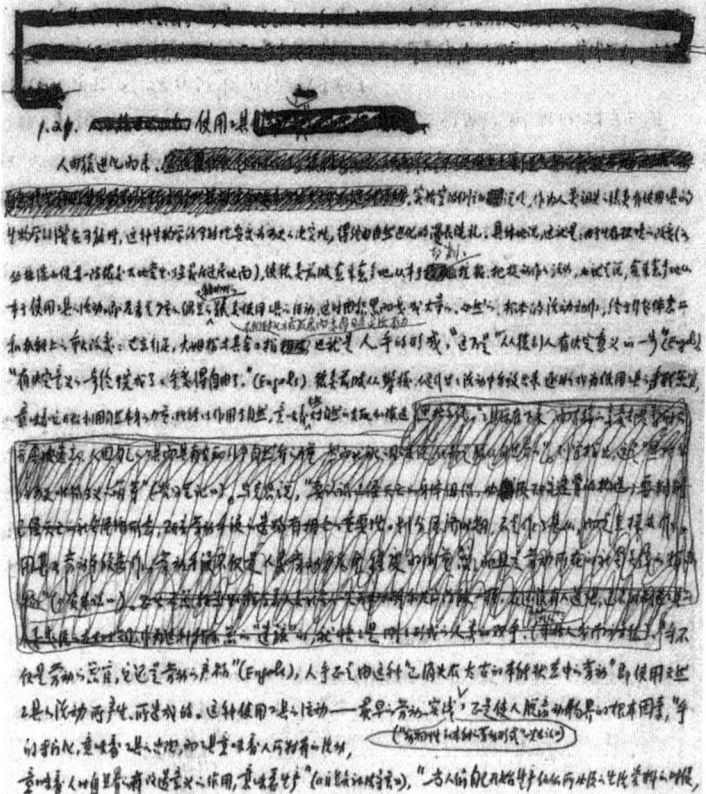

1964년에 쓴 『적전론 논강』(미간행 원고)의 제5쪽. 페이지 위쪽에 연필로 직접 적어둔 문장이 있다. "1960년대에 썼는데 앞의 네 페이지는 사라지고 없다. 정치와 관련된 내용이라서 문화대혁명 기간에 뜯어냈다."

리_____ 아니에요. 그 원고 역시 논강 형식이지만 정말 많은 내용이 담겨 있답니다. 이건 불완전한 원고인데, 앞의 네 페이지가 정치와 관련된 내용이라서 문화대혁명 기간에 제가 뜯어냈거든요. 그래도 나머지는 지금까지 보존하고 있어요. 여태껏 꺼낸 적이 없었답니다.

류_____ (원고를 펼쳐 본다) 정말 대단합니다. 참으로 귀중한 거네요!

리_____ 기존에 발표한 것과 다른 내용이죠. 하지만 이제는 발표할 가치가 이미 없어졌답니다.

류_____ 이 원고는 선생님의 친구이신 자오쑹광趙宋光과 관계가 있는지요?

리_____ 처음엔 그와 인류의 기원에 대해 토론했지요. 그때 토론에 그다지 풍부한 내용은 없었어요. 이건 나중에 쓴 거고, 그는 모릅니다. 이건 모두 제 기본 관점의 일부이지요. 세기가 교차하는 시점에 발표했던 『역사본체론歷史本體論』도 이 원고의 내용을 전개시킨 것일 따름이죠.

류_____ 여기서 잠깐 한 말씀 드리겠습니다. 선생님께서 중국을 떠나신 뒤에 저는 좀 걱정이 되었어요. 고민되는 일이 하나 있었거든요. 선생님께서 전에 말씀하시길 자신의 철학 구상을 내놓을 거라고 하셨는데, 상황이 안 좋아졌으니 이제 그건 글렀다는 생각이 들었답니다. 나중에 선생님의 『미학사강美學四講』이 나왔을 때 저는 좀 실망했어요. 본래는 버젓한 미학 전문 저서를 쓰겠노라 하셨는데, 그건 그저 몇 편의 글을 한데 모아놓은 거였거든요. 그러다가 2001년에 『역사본체론』이 나온 거죠! 그때 저는 그걸 아주 커다란 일로 생각했답니다. 제가 산 책 위에다 밑줄을 가득 그었지요. '간단한 책이긴 하지만 결국 내놓으셨구나!' 하고 생각했답니다.

리_____『기묘오설己卯五說』이 본래는 다섯 권의 책으로 내놓을 것이었는데, 나중에 다섯 편의 글로 변했다고 말씀드린 적이 있지요. 하하, 저는 늘 그저 논강만 쓰지, 책을 쓰는 건 두렵다니까요.

문체로 보자면 『기묘오설』이 가장 훌륭하다

류_____『기묘오설』에 대해서는 잠시 뒤에 이야기를 나눌 텐데요. 일단 먼저 한 말씀 드린다면, 제 생각에 문체와 문장 풍격으로 보자면 『기묘오설』이 가장 훌륭합니다. 쓸데없는 구절이 하나도 없고 극단적으로 간결하지요. 자신이 나타내려는 사상을 가장 간단명료한 방식으로 말한다는 건 정말 최고의 경지인데요.

리_____ 천만의 말씀입니다. 『기묘오설』이 가장 훌륭하다고는 전혀 생각지 않아요. 여러 사람이 제 책을 보고는, 한 번 봐서는 무슨 말인지 알 수가 없고 여러 번 읽은 다음에야 제가 말하려는 게 뭔지 알겠다고 하더군요. 아마 그럴 거예요. 몇 년 전에 제가 천라이陳來에게도 말했지요. 제 책을 한 번 읽는 건 읽지 않은 것과 마찬가지라고요. 『기묘오설』은 논강 형식이니 더 그렇겠지요.

류_____『기묘오설』에서 전달하시려는 내용이 정말 많은데요. 글의 구상이 뚜렷해서 처음 한 번 읽고 바로 사로잡히게 됩니다. 대강 보면 평이한 것 같지만 자세히 보면 간단하지 않다는 걸 비로소 알게 되지요. 음미하면 할수록 더 많이 이해할 수 있답니다. 서둘러 읽으면 당장 소화가 되지 않아 얹히지요. 보기엔 평이하지만 사실은 만만치가 않아요. 반드시 자세히 천천히 읽어야만 하지요.

한 말씀 더 드리자면, 장아이링張愛玲의 작품, 특히 그녀의 후기 작품도 똑같은 특징이 있답니다.

리_____ 하하, 류 선생은 영락없는 문학 연구자이시군요! 장아이링을 언급하는 걸 보니 말이죠. 그런데 저는 장아이링을 유달리 좋아하진 않아요.

류_____ 천라이는 『기묘오설』에 대해 어떻게 생각하는지요? 특히 「무사 전통을 말하다說巫史傳統」에 대해서요.

리_____ 천라이는 자신이 쓴 『고대 종교와 윤리古代宗敎與倫理』와 제가 쓴 글의 내용에 별 차이가 없는 것 같다고 생각하더군요. 그는 무술이 종교로 전화되었다고 생각하는데, 저는 중국에서는 그렇지 않았다고 생각합니다. 천라이는 무술이 그저 하나의 단계라고 했지만, 저는 중국의 무巫는 결코 사라지지 않았다고 생각해요. 중국에서는 유일한 인격신에 대한 숭배가 여태 없었어요. 그래서 저는 중국에서 '천天'은 '천주天主, God'가 아닌 '천도天道'라고 말하지요. 저는 중국의 무술은 형식 방면에서는 도교道敎의 소전통小傳統이 되었고, 정신 방면에서는 중국 고유의 예교禮敎 전통으로 전화되었다고 생각한답니다. 무술의 특징은 예제禮制와 예교에 여전히 보존되었고 종교로 변하지 않았어요. 그래서 중국에서는 기독교나 이슬람교 같은 종교가 생겨나지 않았을뿐더러 그런 종교를 받아들이기도 어려운 것이지요. 특히 상층사회에서요. 「무사 전통을 말하다」에서 말하려는 내용이 주로 이겁니다. 물론 지금 중국 철학사

연구 영역에서 천라이가 가장 치밀하고 수준 있는 연구자이긴 하죠. 이공계 출신의 강점을 갖고 있어요.

운명·정감·인성·우연

류_____ 선생님의 3단계 본체론 연구에서 주가 되는 것은 '정본체'인데요. 지금부터 그것을 주제로 삼아 말씀을 나눠보도록 하겠습니다.

리_____ 좋습니다. 정감은 운명·인성·우연과 함께 제기한 것이지요. 일단 그 셋에 대해 이야기하도록 하겠습니다.

우연에 대해서는 포스트모던 철학에서 충분히 다루었으니, 저는 더 이야기하지 않기로 하지요. 그냥 간단히 몇 마디 하는 걸로 대신하겠습니다. 『비판철학의 비판』과 몇 편의 주체성 논강에서는, 우연으로써 그 당시에 극찬하던 필연성과 결정성에 대항할 것을 강조했지요. 자연 영역에서 어떤 사람은 양자量子에도 '자유의지'가 있다고 허튼소리를 하는데, 사실 그건 '우연'이라고 해야 하지요. 양자역학은 기계역학과 전통적인 결정론으로는 해석할 수 없어요. 그런데 우연이라고 해서 아무런 인과나 질서가 없는 건 아니랍니다. 양자역학에도 확률적 규칙이 있어요. 심미審美와 예술은 자유성과 우연성이 가장 큰 영역이지요. 일찍이 저는 DNA를 가지고 그것의 다양·복잡·변이를 비유한 적이 있답니다. 그래도 찾을 수 있는 질서가 여전히 존재하지요. 최근에 나온 인식론과 관련된 답문答問의 글**18**에서도 질서와 질서감의 중요성을 강조했지요. "천지가 지니고 있는 생生의 덕"인 "생생불이生生不已(끊임없이 생기고 변화하다)"는 바로 질서에 의지해서 유지되는 것으로 "해와 달이 거기서 운행하고" "만물이 거기서 생겨난다" "천지는 커다란 미大美를 지니고 있되 말하지 않고, 사시四時는 분명한 법칙明法을 지니고 있되 따지지 않는다"19고 할 때, 이 '생生'과 '법法'과 '미美'가 바로 질서예요. 그러나 또 변화무쌍한 우연으로 가득하지요. 그래서 "미로써 선을 쌓고以美儲善" "미로써 진을 여는以美啓眞" 것입니다. '정 본체' 철학이 지향하는 것은 신비한 우주의 존재와 그것의 질서와 우연성입니다. 그렇기 때문에 인식론은 단지 논리학이 아니에요. 단지 심리학인 것도 아니고요.

역사는 우연으로 가득합니다. 100년 전 신해혁명辛亥革命으로 시선을 돌리면, 아마도 한바탕 떠들썩하게 경축하겠지요. 그런데 신해혁명의 성공은 결코 필연이 아니에요. 청淸나라 말의 신정新政은 성공 가능성이 컸어요. 그랬다면 중국에 더 좋았을 겁니다. 제가 전에 말한 적이 있는데, 만약 자희慈禧가 10년만 늦게 사망했다면, 헌정憲政이 일찌감치 실현되어서 수십 년 이어졌을 겁니다. 많은 우연성 가운데서도 여전히 모종의 질서가 드러나지요. 인간은 생존하기 위해, 끊임없는 변화와 발생에 존재하는 질서를 추구합니다. 변화무궁하다 하더라도 정해진 공식이 없는 건 아니에요. 1979년에 출판된 『중국근대사상사론中國近代思想史論』에서 언급하길, 각종 사건에 있어서 우연과 필연의 관계와 비중을 연구하는 것이 역사학의 중심점이라고 했답니다.

이어서 운명에 대해 말씀드리지요.

오늘날 인류는 역사상 미증유의 무시무시한 우연에 직면해 있습니다. 인류 전체를 괴멸시킬 수도 있는 시대에까지 이르렀어요. 과거에는 냉병기冷兵器 시대와 화기火器 시대를 막론하고 이런 적이 없었어요. 이건 현대 첨단과학기술이 급격히 발전한 결과에요. 서양에서는 과학기술에 반대하는 목소리가 왜 그토록 강할까요? 하이데거를 비롯한 많은 사람이 왜 그토록 큰 목소리로 과학기술에 대한 반대를 부르짖었을까요? 현대 과학기술이 인류 자체의 생존을 명백하게 위협하고 있기 때문이죠. 핵전쟁에 대한 우려가 한 예에요. 이 문제에 대해 철학이 반드시 고민해야 합니다. 이것 역시 "하늘과 인간의 관계를 탐구"[20]하는 것이지요. 인류가 장차 자신을 소멸시킨다면, 그건 우연일까요 아니면 필연일까요? 당연히 그건 우연이지, 바꿀 수 없는 '필연'이 결코 아닙니다.

정감에 대해서는 어차피 이야기할 테니까 여기서는 제 연구의 출발점, 그러니까 인성과 관련된 인간과 동물의 구분에 대해서 잠시 말씀드리도록 하지요. 인간이 어떻게 비롯되었는지에 대해 서양에서는 어떻게 바라보는지 개괄적으로 말씀드리자면, 두 가지 대답이 있습니다. 하나는 신이 인간을 만들었다는 것으로, 이건 물론 문제가 되지 않아요. 논쟁할 수가 없거든요. 그건 신앙이니까요. 또 다른 하나는 원숭이에서 진화되었다는 건데, 인간이 동물과 아무런 구별이 없다는 거죠. 사회생물학파는 인간의 모든 것이 동물에게도 있다고 봅니다. 동물한테도 행위규범이 있고 나름의 '윤리학'이 있다는 거죠. 인간과 동물의 구별에 있어서는, 지금까지도 명백히 밝혀지지 않은 문제가 아주 많답니다. 인간에게는 왜 털이 없을까요? 어떤 사람은 인간이 해양동물에서 진화했기 때문에 털이 없는 거라고 하지요. 또 어떤 사람은 사냥하면서 뛰어다니느라 땀이 나기 때문에 진화한 거라고 해요. 인간은 직립할 수 있는데 동물 중에도 직립할 수 있는 동물이 있다고 말하는 사람도 있지요. 또 인간에게 언어가 있는데 동물 중에도 언어를 지닌 동물이 있다고도 하지요. 도구 사용에 대해 말하자면, 어떤 동물은 도구를 사용할 뿐만 아니라 심지어 도구를 '제작'할 수도 있다고 해요. 그런데 저는 그럼에도 인간과 동물의 차이는, 인류가 '보편 필연'적으로 도구를 사용하고 제작하는 데 관건이 있다고 생각합니다. 도구가 없으면 생존할 수가 없지요. 도구가 없으면 생존할 수 없는 동물이 어떤 것이죠? 인간입니다.

마르크스와는 어떤 점이 다를까요?

마르크스가 도구를 생산력과 연결지은 것에는 저도 찬성합니다. 그런데 그가 생산력에서 생산관계에 관한 연구로 방향을 바꾸고 다시 상부구조로 전환한 것은, 외재적 혹은 인문적 방면에서의 연구예요.

제가 역점을 두고 연구한 것은, 도구의 사용과 도구의 제작이 인류의 심리 구조에 어떤 영향을 끼쳤는가 하는 겁니다. 그러니까 도구의 사용과 제작으로 인해 형성된 문화-심리 구조, 즉 인성 문제이자 '누적-침전積澱'21에 대한 연구예요. 누적-침전은 인간을 다른 동물과 구별해주는 심리 형식이지요. 제가 연구한 건 내재적 인성의 측면이랍니다. 마르크스는 인문에 중점을 두었고, 저는 인성에 중점을 두었지요.

칸트가 말한 '선험적 이성'은 인간 특유의 지각과 인식의 형식이에요. 그것들은 어디서 비롯되는 걸까요? 칸트는 이에 대해서는 말하지 않았어요. 다만 '선험'이 경험에 앞선다고 말했지요. 저는 "인류는 어떻게 가능한가?"라는 것으로 칸트의 "인식은 어떻게 가능한가?"에 회답했어요. 즉 경험이 선험으로 바뀐 것이고, 개체의 선험적 인식 형식은 경험을 통해 역사적으로 누적-침전되어 형성된 것이라고 제시한 겁니다. 이건 바로 제가 말한 '문화-심리 구조'이기도 하지요. 고대 그리스에서는 "인간은 이성을 지닌 동물"이라고 했고, 프랭클린은 "인간은 도구를 제작하는 동물"이라고 했지요. 저는 이 두 정의를 결합하고자 했어요. 즉 인간이 '도구를 제작하는 동물'에서 어떻게 '이성을 지닌 동물'로 변화했는지 연구했지요. 칸트의 유명한, 감성과 지성의 알 수 없는 공동 근원을 하이데거는 선험적 상상력이라고 보았답니다. 저는 그 근원이 도구를 사용하고 제작하는 생산 및 생활의 실천이라고 생각해요. 감성은 개체의 실천에서 유래하는 감각 경험이고, 지성은 인류의 실천에서 유래하는 심리 형식이지요.

바로 이것이 인식 방면에 나타나게 되는데요. 인류에게는 물질 도구가 있고 또 논리나 수학 등의 상징 도구가 있지요. 상징 도구에는 윤리학과 심미 방면이 포함되어 있어요. 중국의 윤리학이 인간의 동물적 본능을 윤리로 끌어올리고 경험을 선험으로 변화시킨 점은 특히 뚜렷하게 드러납니다. 암탉이 병아리를 보호하는 것은 동물적인 것이지요. 하지만 인간이 그것을 윤리규범으로 변화시키고 이성적인 정감과 정감적인 이성으로 변화시킨 것은 동물성을 승화시킨 것입니다. 예를 들면 '효孝'는 아마도 인간의 포유 기간이 길기 때문에 감정이 기억에 오래도록 남게 되는 생물학적 요인과 관련이 있을 겁니다. 그리고 포유 기간이 긴 것은 수렵과 육식으로 인해 생활이 비교적 안정되었던 것과 관련이 있을 겁니다.

하지만 이 모든 것이 이성화를 거쳐 윤리적 명령으로 바뀜으로써 인간이 동물과 크게 달라지는 것이지요. '효'는 바로 이렇습니다. '제悌' 역시 침팬지가 어린 동생을 돌보는 것과 같은 생물적 기초를 갖고 있어요. 어쨌든 저는 생물적 기초를 중시하되, 이성화와 승화를 더 강조하지요. 이에 대해서는 윤리학에 관한 답문에서도 여러 번 말했으니, 여기서는 더 말하지 않겠습니다.

이처럼 인간은 이성적인 존재인 동시에 동물이지요. 어떤 사람은 인간이 이성적이라 생각하면서 동물적인 측면을 인정하지 않아요. 또 어떤 사람은 정반대로 동물성을 강조하지요. 사실 인간에게는 두 측면이 모두 있습니다. 그래야 인간이지요. 원숭이는 과일을 주워 먹어요. 자기 혼자 줍고 혼자 배부르면 그만이지요. 하지만 인간은 집단으로 사냥해야 하는데, 사냥하다보니 반드시 따라야 하는 공동의 행위규범이 요구되면서 그 규범이 점차 형성되었답니다. 상호주관성22을 말하는 사람도 있지요. 상호주관성을 말하는 게 주체성을 말하는 것보다 훌륭하다고 생각하지만, 사실 주체는 상호주관성을 포괄하는 거예요. 인간 자체가 바로 집단 속에 있잖아요. 상호주관성이란 바로 집단과 개체, 이성과 본능의 관계랍니다.

류_____ 선생님께서 인간의 이성을 말씀하시긴 했지만 사실은 정감을 말씀하신 거죠. 중국인의 이성은 바로 정감에서 발전한 것이니까요. 정에서 나와 이理로 들어간 것이지요. 반면에 서양은 이에서 나와 정으로 들어갔으니, 정 역시 이에서 출발한 것이지요. 선생님께서는 중국 전통을 바탕으로 '정 본체'라는 철학 구상을 발전시키신 거죠?

리_____ 일리 있는 말씀이군요. "도道는 정에서 비롯된다" "예는 정에서 생겨난다"는 중국 전통은 이理와 욕慾의 관계를 조정하고 구축하기 위한 것이지요. 즉 정이 욕에서 생겨난 것이지만 정을 욕과는 다르게 만드는 것이랍니다. 또 정에는 이가 있긴 하지만 이와 같은 건 아니지요. 그리고 이로써 욕을 없앨 수 없는 동시에 이에 반하여 욕만 좇는 것도 아니에요. 최대한으로 이를 정과 아울러서, 정으로 욕을 변화시켜 '도'와 '예'가 되도록 하는 거랍니다. 물론 어느 정도 이상화된 면이 있긴 하지만 철학 유산으로서는 매우 가치 있는 것이지요.

3장

몇 권의 책에 대해 이야기하다

『비판철학의 비판』 제6판에는
'독일 사상사의 엄중한 교훈'을 보충했다

류_____ 선생님의 초기 저작에 대해 말씀해주시겠습니까? 중년 이상의 독자라면 선생님의 상황을 비교적 잘 알겠지만, 젊은 대학원생들은 선생님의 초기 저작에 대해 잘 모를 겁니다. 미국에서 대학원에 다니는 어떤 친구는 선생님 팬이라면서도 정작 읽은 책은 『논어금독論語今讀』뿐이지 뭡니까.

리_____ 그렇다면 『비판철학의 비판』부터 읽어야겠군요.

류_____ 선생님의 첫 번째 저서는 무엇인지요? 『캉유웨이·담사동 사상 연구康有爲譚嗣同思想研究』인가요?

리_____ 아니에요. 제 첫 번째 저서는 『문외집門外集』입니다. 미학에 관한 글이 수록되었는데, 1957년에 장강문예출판사에서 출간되었죠. 그런데 표지 인쇄가 아주 엉망인 데다 '감사의 글'은 글 자체가 무척 커서 꼴불견이라 단 한 권도 다른 사람한테 주지 않았답니다. 저도 아직까지 다시 보거나 언급한 적이 없으니, 다들 모르는 게 당연하지요. 『문외집』은 겸손하게 아직까지 문밖門外에 있답니다.

류_____ 거기에 실렸던 글들은 나중에 다 『미학논집』에 실렸지요?

리_____ 대부분은요. 그다음이 1958년의 『캉유웨이·담사동 사상 연구』입니다. 상하이인민출판사에서 나왔죠.

류_____ 그 책의 내용은 나중에 『중국근대사상사론』에도 실렸죠. 『중국근대사상사론』과 『비판철학의 비판』 중 어떤 것이 먼저인지요?

리_____ 같은 해에 출판되었어요. 1979년이죠. 『비판철학의 비판』이 몇 달 먼저 나왔어요. 『비판철학의 비판』은 1976년에 탈고했답니다. 문화대혁명 기간에 쓴 거죠. '사인방四人幇'이 와해되었을 때, 저는 지진 대비용 임시 천막1에서 마지막 장章의 수정을 끝냈답니다. 저한테는 아주 자랑스러운 일이에요. 만약 '사인방'이 조금 더 늦게 와해되었다면 책이 더 두꺼워졌을 겁니다. 생각할 시간이 훨씬 많았을 테니까요. 『비판철학의 비판』을 내놓자 많은 사람이 깜짝 놀랐지요. 제가 이런 책을 쓸 수 있을 거라고는 그때까지 다들 생각지도 않았거든요. 다들 제가 미학과 중국 근대사상사를 연구하는 줄로만 알았지요. 게다가 저는 독일어를 몰라요.

류_____ 사회과학원 동료들은 어떤가요? 예를 들면 예슈산이라든가. 독일어를 잘하는지요?

리_____ 예슈산은 주로 혼자서 독일어를 익혔어요. 물론 저보다는 훨씬 잘하지요. 우리는 동시에 독일어를 배우기 시작했어요. 1956년이었죠. 그때 어떤 독일인이 우리를 가르쳤답니다. 저는 언어를 비교적 빨리 배웠어요. 독일인한테 배우면서 혼자서 더 공부했지요. 엥겔스도 어느 정도 읽을 수 있게 되었는데, 나중에는 죄다 잊었어요. 그때 조금 배운 것 말고도 대학에서도 배웠던 적이 있는데, 결국 다 중간에 그만뒀지요. 예슈산은 계속 공부했어요.

가장 잘 견지해나간 사람은 량즈쉐梁志學랍니다. 그래서 우리는 농담 삼아 이렇게 말했지요. 그 반에서 키워낸 사람이 량즈쉐 한 명이라고 말이죠.

『비판철학의 비판』이 나오고 나서 독일어에 정통한 칸트 연구자들에게 그걸 보여줬답니다. 량즈쉐, 왕주싱王玖興 선생, 먀오리톈苗力田 선생한테 두 권씩 보냈어요. 두 권 중 한 권은 틀린 부분을 표시해달라는 용도였지요. 고칠 것 없이 그냥 틀린 부분 아래에 밑줄만 그어서 나중에 돌려달라고 부탁했어요. 재판을 찍을 때 교정하려고 했던 거죠. 그런데 나중에 찾아갔는데 다들 돌려주지 않았어요. 틀린 데를 찾지 못했다고 하더군요. 예의상 하는 말일 거라고 생각했어요. 그때 저는 정말로 진지했답니다. 머우쭝싼이 칸트를 연구한 것에는 잘못된 부분이 있었거든요. 머우쭝싼이 3대 비판²을 번역하긴 했지만 기본 정신을 파악하는 데는 오류가 있었어요. 예를 들면 '내재적 초월' 같은 건데, 칸트에게는 그런 사상이 없어요. '지적 직관'의 경우, 머우쭝싼은 그것을 인식론에서 윤리학으로 옮겨놓고서 신비 경험과 연결시켰지요. 하지만 칸트는 신비주의에 반대했어요. 머우쭝싼은 영문으로 칸트를 읽었지요. 그런데 그가 칸트를 잘못 독해한 것은 영문으로 읽은 것과는 관계가 없어요.

『비판철학의 비판』 제1판에는 '소련 수정주의'를 비판하는 글을 첨부했지요. 그것과 경계선을 확실히 긋기 위해서였어요. 나중에 재판을 찍으면서 그 글은 삭제했답니다. 제1판의 부록에는 연표도 있는데, 그건 제가 작성한 게 아니라 상무인서관의 학형學兄이 만든 거였지요. 나중에는 그것도 싣지 않았답니다. 그건 다른 사람의 노동 성과니까요.

『비판철학의 비판』은 판을 새로 찍을 때마다 수정을 했답니다. 수정의 정도는 그때마다 달랐는데, 어떤 때는 몇 글자를 고치는 정도였지요. 그래도 아주 중요한 거였어요. 현재 제6판까지 나왔답니다. 제6판은 변동이 비교적 커요. 그리고 381쪽에 한 단락을 첨가했지요. 독일 사상이 주는 교훈에 주의를 기울여야 한다고 말했는데, 어느 정도 시사성이 있답니다.

토론해볼 만한 문제가 있다. 독일 사상은 거대한 성과를 거두었음에도 칸트나 괴테와는 달리, 피히테·셸링·헤겔에서부터 니체와 베버에 이르기까지 그리고 하이데거와 슈미트에 이르기까지의 사상가들과 한 시대에 명성을 떨쳤던 각종 낭만파는, 이 책의 제1장에서 말했듯이 독일이 분산되고 낙후되고 연약한 상태에서 통일되고 강대하고 풍족해지는 과정에서 영국과 프랑스로 대표되는 자본체제와 범용한 세속에 대한 불만과 분노로 인해, 민족문화의 특수성으로 현실생활의 보편성에 대항하고 '초월'하고자 하다가 결국 최후에는 반이성적인 광적인 길을 걸어갔다는 것이다. 히틀러의 출현과 그가 '전 국민(하이데거, 하이젠베르크, 슈미트 등을 포함한 다수의 지식 엘리트를 포함)의 추대'를 받은 것은 결코 우연이 아니다. 나는 이것이 소홀히 해서는 안 될 독일 사상사의 엄중한 교훈이라고 생각한다.

류_____ 그 단락의 말은 정말로 중요합니다. 현실에 대한 선생님의 우려를 엿볼 수 있네요. 그러니까 선생님께서 논한 것은 칸트이지만, 밝히고자 한 것은 자신의 철학적 견해군요. 순수 철학을 연구하시는 한편 현실의 민족과 인류의 운명을 걱정하셨네요.

리_____ 제 생각에는 민족주의를 선전하는 것이 나라가 가난하고 약할 때는 장점이 있어요. 사람들을 진작시킬 수 있으니까요. 하지만 나라가 강대해지기 시작할 때 민족주의를 마구 선양하는 것은 아주 위험합니다. 독일의 역사가 교훈이죠. 제가 보기엔 지금 일부 지식 엘리트에게 그런 경향이 있어요. 그 당시 독일 사상계 역시 범용한 현실을 부정했답니다. 자본주의는 확실히 아주 범용하고 상업적이고 이기적이고 세속적이기 때문에 그것을 경멸하면서 민족정신으로 그것을 '초월'하고 반대하고 배척하고 싶었으나, 그 결과는 아주 무시무시하고 위험했지요.

민족주의와 국가주의는 아주 쉽게 사람의 감정을 선동합니다. 무시무시한 맹종을 매우 쉽게 만들어내요. 히틀러의 유대인 학살에 대해서 많은 사람이 내막을 알고 있었는데도 당시 독일 민중은 일반적으로 히틀러를 지지했어요.

류_____ 방금 그 단락에서 가장 핵심을 찌르는 부분은 다음 구절이라고 생각하는데요. "영국과 프랑스로 대표되는 자본체제와 범용한 세속에 대한 불만과 분노로 인해, 민족문화의 특수성으로 현실생활의 보편성에 대항하고 '초월'하고자 하다가 결국 최후에는 반이성적인 광적인 길을 걸어갔다." 여기서는 상식과 평범함에 대한 인정을 강조하고 있지요. 그것에 불만을 품을 수 있고 그것을 변화시키고자 할 수는 있지만 그것을 깔보아서는 안 되고 그 존재의 합리성을 부인해서도 안 된다는 것인데요. 이런 사상은 사실 저우쭤런周作人이 많이 이야기했어요. 아주 깊이 있는 내용이면서도 보편적 가치를 지니고 있다고 생각합니다. 맹목적으로 스스로를 대단하다고 여기면서 상식에 반항하다간 맨 나중에 재난을 초래하니까요. 간혹 반항이 잠깐의 성공을 거두기도 하지요. 그렇게 되면 더 스스로를 대단히 여기게 되고 더 맹목적으로 되어서 마지막에는 재난 역시 더 엄중해지지요. 저는 상식과 상리常理를 근본적으로 존중하는 사유야말로 중국 사상의 특징을 농후하게 지니고 있다고 생각합니다. 이건 전 세계와 아울러 현대인에게 아주 귀중한 것이지요.

리_____ 그래서 제가 오랜 세월 부르짖었던 겁니다. 천박하고 범용하게 보이지만 굉장히 이성적인reasonable 영국과 미국의 경험론과 상식 철학을 중시해야 한다고 말이죠. 그건 아주 심오하고 흡인력이 상당한, 이성적 혹은 반이성적인 철학이 아니에요.3

그 당시 문예비평에 있어서
영혼과 같았던 인물

류_____ 선생님의 책에 대해 말하자면 언급하지 않을 수 없는 게 있는데요. 이전에, 그러니까 주로 1980년대에 선생님 책은 정말로 인기가 있었어요. 그때 이런 말이 있을 정도였으니까요. 모든 대학원생 숙사에는 선생님의 책이 있다고 말이죠. 아마도 허튼소리가 아니라 사실이었을 겁니다.

리_____ 그런 상황에 대해서는 사실 잘 몰랐어요. 나중에 제가 비판을 받을 때야 알게 되었는데, 당시에는 별 느낌이 없었어요. 저는 여태 모든 것에 의심을 품었답니다. 그때 제 영향력이 얼마나 큰지에 대해서도 의심을 품었지요. 그런데 요즘 류 선생 연배의 많은 사람이 저를 보면 그렇게 말해주더군요. 게다가 저한테 정말 잘해줘서 감동한답니다. 그래서 저도 믿게 되었지요. 외지에서 일부러 저를 보러 오는 이들도 있답니다. 그런데 1980년대에는 저 혼자만이 아니었잖아요? 명성이 대단했던 작가와 이론가가 많았지요. 다만 그들의 영향력은 단기간이었고 영향을 끼친 대상이 한정되어 있었을 뿐이에요.

류_____ 그때 선생님은 정말 대단했답니다. 선생님의 『나 자신의 길을 간다走我自己的路』를 보면 회상하실 수 있을 거예요. 무용가협회에서 활동이 있으면 선생님께 서문을 부탁드렸고, 서예가협회에서 회의를 열면 선생님께 축사를 부탁드렸지요. 드라마 토론이나 공예미술 토론도 선생님께 부탁드렸고요. 선생님은 또 류강지 선생과 함께 내신 『중국미학사中國美學史』의 서문을 쓰셨지요. 곳곳에서 선생님의 목소리와 관점을 만날 수 있었답니다. 이건 그 당시 문학의 사회적 지위가 높았던 것과도 관계가 있는데요. 선생님의 미학사상은 문예이론계에 영향을 주었답니다. 문예이론가와 문학비평가 중에서 정말로 활력 넘치는 많은 사람이 선생님의 관점을 무기로 삼았고 선생님의 관점을 취했지요. 그때도 미학열美學熱이 일었는데, 인문사회과학을 공부하는 사람이면 죄다 미학에 관심을 가졌답니다.

리_____ 그 당시 미학열에는 사회·정치적 함의가 있었지요.

류_____ 미학에 대해 토론하다보면, 인간에 대해 토론하게 되고 인성 문제를 건드리게 되지요.

리_____ 미학은 아주 많은 근본적인 문제와 관련 있어요. 제가 미학을 '제1철학'이라고 하는 것도 바로 이런 의미에서지요. 당시 미학은 사회 소생의 상징이었다고 할 수 있어요. 동시에 아주 현실적이기도 했고요. 여자의 긴 머리가 아름다운가, 청바지가 아름다운가 하는 것들이었지요. 이건 아주 현실적인 일상생활에서의 중요한 문제였답니다.

류_____ 그래서 그때 미학은 사상 해방의 상징이었지요. 현실과 동떨어진 서재의 논문이 아니라 말이죠. 그 당시에는 문학 역시 사상 해방을 이끌었어요. 아주 중대한 많은 문제 제기가 문학에서 시작되었지요. 소설, 시, 혹은 연극에서 그런 문제가 제기되어 사람들을 뒤흔들어 깨웠어요. 그때는 문예비평도 아주 활발했죠. 사실 선생님도 그 분야의 핵심 인물이었고요.

리_____ 아, 류짜이푸劉再復가 그때 이런 말을 하긴 했어요. 자신의 주체성 사상은 저한테서 온 거라더군요. 하지만 저는 버젓한 문예비평 글을 쓴 적이 없답니다. 쓰려고 했던 글이 있긴 했어요. 제목도 생각나는군요. 「아름다운 여성 회랑美麗的女性走廊」이라는 글이지요. 저는 당시 문학작품 가운데 여성들의 형상이 아주 특색 있게 그려졌다고 생각했어요. 문화대혁명 기간의 여성 지식 청년은 순결한 마음을 갖고 있었지만 가장 큰 심신의 박해를 받았거든요. 결국 그 글을 그때 못 썼고 이제는 잊었네요.

늘 저를 비평하는 사람이 있었답니다. 제가 지나치게 많은 영역에 발을 들여놓고 있다고 말이죠. 미학·철학·사상사, 게다가 고대와 현대. 하지만 칸트, 헤겔, 막스 베버 등도 그렇지 않았나요? 애석하게도 저는 전문 저작을 쓸 시간이 없었고 상황도 여의치 않았답니다.

류＿＿＿ 그때는 선생님도 어쩔 수 없으셨을 겁니다. 곳곳에서 선생님을 찾았으니까요. 다들 선생님의 의견과 견해를 듣고 싶어했지요.

리＿＿＿ 이미 많은 것에서 손을 뗐어요. 흥미가 광범위했던 거죠.

류＿＿＿ 듣자 하니, 많은 사람이 선생님한테 불만이 상당했다는데요.

리＿＿＿ 그럴 거예요. 불만이 있었을 겁니다. 많은 사람의 미움을 샀지요. 그래도 어쩔 수 없었어요. 저라는 사람이 원래 그러니까요. 지금까지도 그렇답니다.

류＿＿＿ 당시 선생님께서는 극도로 예민하셨지요. 1980년대 중반에 상하이 룽바이 호텔에서 열린 회의에 선생님이 참석하러 가셨을 때 일이 기억나는데요. 우리가 선생님이 묵으신 방으로 찾아 뵈러 갔을 때 전화가 왔지요. 중요한 인물이 선생님을 찾았는데, 선생님은 가시지 않았어요. 방에 젊은이들이 있어서 방을 떠날 수가 없다고 하셨지요. 그때 우리는 선생님께 질문을 했는데, 선생님도 우리에게 질문하시고 우리 견해를 물으셨답니다. 선생님은 정말로 활력이 충만하셨어요! 그때가 류쒀라劉素拉가 『너에겐 다른 선택이 없다你別無選擇』라는 작품을 막 발표했을 때인데, 선생님께서 그에 대한 글을 바로 써서 말씀하시길 중국의 첫 번째 현대파 소설이라고 하셨던 걸로 기억합니다. 그날 선생님은 다들 문학이 사회의 속박에서 벗어나길 바라는 게 걱정스럽다고 하셨어요. 하지만 정말로 현실에서 멀어지면 문학은 쇠락한다고 하셨죠. 이 문제에 대해 연구한 적이 있다고 하시면서, 육조六朝 시대의 문학이 바로 그 교훈이라고 하셨어요. 우리는 그때 선생님을 숭배하고 있었는데, 그 말씀을 듣고는 선생님이 연로하셔서 문학의 새로운 발전을 따라가지 못하시는 게 아닌가 하는 생각이 들었답니다. 그런데 지금 와서 그때 말씀을 돌이켜보면, 다 맞는 말씀이에요. 그 뒤로 문학이 전개된 양상이 그걸 증명해주지요.

'철학 연구'와 '철학 창작'

리_____ 아마도 제가 어떤 일들에 좀 예민했을 겁니다. 자부하는 건, 오랫동안 정치와 경제의 크고 작은 국면에 대한 제 판단이 비교적 정확했다는 거죠.

류_____ 비교적 예민하고 멀리 내다보면서 사상 역시 깊이 있는 사람은 중국에 아주 많습니다. 왕위안화, 구준顧准 같은 분들이 그렇지요. 그들에 대한 선생님의 평가에 대해서도 알고 있는데, 이건 차차 말씀 나누기로 하고요. 지금 제가 말씀드리고 싶은 건, 그들의 큰 공로를 가볍게 보아서는 안 된다는 겁니다. 그들은 중국이 안고 있는 문제를 발견하고 서양의 사상을 들여와서 자신의 독특한 사고를 펼쳐나갔어요. 그들이 천명한 이론은 중국의 문제를 해결하는 데 아주 중요한 거였죠. 모두가 그들을 존중하는 것도 바로 그 때문이고요. 하지만 그들은 아주 독창적으로 자신의 철학과 미학이론을 내놓진 않았어요. 그런데 선생님은 서양에는 없는 이론을 내놓으셨지요. 물론 이것이 여느 사람들과 다른 점이고요.

리_____ 저도 그들을 매우 존중합니다. 그들의 공헌을 부정하지 않아요. 그런데 저를 독창적이라고 생각하는 사람은 많지 않아요.

류_____ 『남방인물주간南方人物週刊』의 올해(2010) 제20기에 실린 편집부 글에서 선생님을 이렇게 소개했어요. "그는 정말 중국에서 손꼽을 정도의 오리지널형 사상가다. 서양 학문도 익히 알고 본토의 자원 및 정신과도 내재적으로 연결되어 있다." 제가 여기 오기 전에 저장浙江의 출판사 부사장도 저에게 이렇게 말하더군요. "부디 이야기를 잘 나누시길 바랍니다. 리쩌허우 선생은 오리지널형 이론가에요. 중국 이론계에서 그런 분은 정말 드물지요."

리_____ 그리고 보니, 류 선생이 몸담고 있는 『문회보』에서 '노턴 선집'4과 관련해서 그 점을 언급하긴 했군요. 서양에서 『미학사강』에 나오는 글을 선택한 것도 독창성 때문이겠지요.5

류_____ 방금 전에 제가 선생님과 동료분들을 비교해서 말씀드렸는데요. 다들 중국 학계에서 걸출한 인물로, 그들의 학술적 성취를 누구나 알고 있습니다. 진정으로 '철학 연구'에 종사하고 있는 이들이라고 할 수 있지요. 상세히 설명하거나 비평하거나 번역을 합니다. 선생님은 그들과 다르죠. 저는 선생님이 '문학 창작'에 종사한다고 생각합니다. 칸트에 대해 쓴다 하더라도 사실은 자신의 견해를 나타내는 거죠. 그래서 사상사론과 미학에 관한 글에 독창적인 내용이 그토록 많을 수 있는 거겠죠. 나중에 제기하신 '정 본체'는 더 말할 것도 없고요.

리_____ 아주 새로운 견해군요.

류_____ 당시 선생님의 영향력은 정말 컸답니다. 외국으로 건너가신 뒤로 영향력이 조금씩 줄어들었죠. 지금 생각해보면, 만약 중국을 떠나시지 않았다면 그렇게 되지 않았을 거예요.

리＿＿＿ 그래도 마찬가지였을 겁니다. 형세가 달라졌으니까요. 이론과 학술은 죄다 주변화되었어요. 상업의 조류가 밀어닥쳤지요.

류＿＿＿ 그래도 중국에 계셨다면 아무래도 달랐을 겁니다. 왕위안화 선생은 나중에 영향력이 갈수록 커지지 않았습니까?

리＿＿＿ 그야 그분의 이름이 모종의 상징이니까요. 게다가 그분은 상하이에 있었잖아요. 만약 베이징에 있었다면 상황이 달랐을 겁니다. 온갖 원인이 있으니까요.

류＿＿＿ 그야 물론이죠. 설령 영향력이 있었다 하더라도 주로 학술계와 문화계 안에서였을 테고, 사회적 영향력은 그만큼 크지 않았을 겁니다.

구망이 계몽을 압도했다는 주장이 처음 출현한 건 『중국근대사상사론』에서다

리＿＿＿ 1979년에 두 권의 책을 냈는데요. 하나가 『비판철학의 비판』이고, 다른 하나가 바로 『중국근대사상사론』이지요. 『비판철학의 비판』 제1판은 3만 부를 찍었어요. 저는 그게 끝이고 재판을 찍을 기회가 없어서 수정할 수 없을 거라고 생각했답니다. 그런데 뜻밖에도 단숨에 죄다 팔렸지요. 아, 『비판철학의 비판』과 관련해 에피소드가 하나 있는데 말씀드린 적이 없군요. 원래는 원고를 상무인서관에 넘겼어요. 1976년의 일이었는데, 상무인서관에서는 시간을 오래 끌면서 출간할 기미조차 없었지요. 큰 출판사라서 멋대로 하는 것 같아 화난 김에 원고를 돌려받았어요. 그리고 인민출판사에 넘겼지요. 그때 상무인서관 측에서는 깜짝 놀랐지요. 여태 그렇게 한 사람이 없었으니까요. 결과적으로 인민출판사에서 책이 빨리 나오게 되었어요. 상무인서관에서 제 책을 책임지고 있던 담당자가 나중에 집으로 찾아와서는 제 책을 내지 않았던 걸 아주 후회한다고 말하더군요. 그리고 다른 책을 한 권 써달라고 했어요. 헤겔에 관한 책을요. 결국 쓰진 않았지만 마음이 움직이긴 했어요. 정말 제가 헤겔에 관한 책을 쓴다면 형편없진 않을 거라고 생각했지요. 하지만 제가 더 쓰고 싶었던 건 하이데거였답니다. 그런데 저는 독일어를 몰라요. 하이데거에 대해 쓰면서 독일어를 모른다는 건 말이 안 되지요. 칸트랑은 달라요. 독일 학생이 칸트를 읽는데도 차라리 영문본으로 보는 게 비교적 이해하기 쉽다고들 하지요. 이런 말이 확실한지는 모르겠지만요. 어쨌든 칸트의 영문 번역본은 여러 권이 있으니 참조해서 볼 수 있답니다.

류＿＿＿ 선생님의 사상사 관련 세 권의 책에 대해 말씀해주십시오.

리＿＿＿ 그 세 권의 사상사 책에 대한 평론은 제각각이에요. 어떤 사람은 이 책이 좋다 하고, 또 다른 사람은 저 책이 좋다고 한답니다. 왕위안화 선생은 『중국근대사상사론』을 좋아했지요. 영향력이 제일 컸던 책이기도 하고요. 『중국현대사상사론中國現代思想史論』의 영향력이 가장 크다고 생각하는 사람들도 많지요. "구망救亡이 계몽을 압도했다"라는 내용 때문인데, 비판도 가장 크게 받았답니다. 저 개인적으로는 『중국고대사상사론』을 좋아합니다.

『중국현대사상사론』과 『중국근대사상사론』의 관점은 지금 보기에는 상식인 것 같지만 당시로서는 상당히 선선하고 첨예한 것이었어요. "구망이 계몽을 압도했다"는 견해를 『중국현대사상사론』에서 내놓았다고 다들 생각하지요. 그리고 이 견해는 나중에 가장 많은 비판을 받기도 했어요. 그런데 사실 이 견해는 『중국근대사상사론』에서 내놓은 거랍니다. 신해혁명 사상의 '역사적 교훈' 그리고 추용鄒容과 진천화陳天華를 이야기한 데서 말이죠. 추용의 「혁명군革命軍」은 계몽을 선전했고, 진천화의 『맹회두猛回頭』는 구망을 강조했지요. 진천화가 스스로 바다에 투신한 목적은 민중에게 구망의 의식을 불러일으키고자 하는 거였어요. 그 뒤에 특히 일본의 침략이 날로 긴박해지자 구망이 '주선율'이 되었고, 추용은 잊히고 말았지요. 추용은 쑨중산孫中山에 의해 '대장군'으로 봉해졌답니다.

류_____ 그나마 계몽가들에게는 위로가 되었겠군요.

리_____ 신해혁명 사상을 논한 「20세기 초 자산계급 혁명파 사상 논강」6이라는 글에서 이미 반제구국反帝救國, 즉 구망이 계몽을 압도했다는 견해를 제기하면서 "구망이 모든 것을 압도했다"고 말했지요. '압도'라는 두 글자도 있었어요.7

그래서 저는 「계몽과 구망의 이중 변주啓蒙與救亡的雙重變奏」라는 글이 왜 그렇게 영향력이 컸는지 아주 이상하게 생각돼요. 사실은 일찌감치 그런 생각을 분명히 밝혔는데 말이죠. 제가 『중국현대사상사론』에서 중요하다고 생각하는 글은 오히려 다른 글이에요. 「중국에서의 마르크스주의에 대해 이야기하다試談馬克思想主義在中國」나 「현대 신유가 약론略論現代新儒家」 같은 글이랍니다. 「계몽과 구망의 이중 변주」가 그토록 큰 영향력을 상당히 지속적으로 가지리라고는 전혀 생각지도 못했어요. 아마도 현실적인 요구 때문이었겠죠.

류_____ 선생님께서 최초에 "구망이 계몽을 압도했다"는 견해를 제기했을 때, 그 당시를 겨냥하신 거였나요?

리____ 역사를 정리하기 위해서였죠. 역사는 왜 정리해야 하느냐, 현재를 위해서죠.

천인커가 역사 연구에 사용한 자료 역시 많지 않다

리____ 『중국근대사상사론』은 크게 두 부분으로 나뉘는데, 하나는 1950년대에 쓴 것이고 다른 하나는 1970년대 말에 쓴 거랍니다. 1970년대 말에 쓴 건 자료에 있어서 1950년대만큼 많진 않아요. 그래서 어떤 사람은 제가 나중에 쓴 글이 먼저 쓴 글보다 '착실'하지 않다고 생각하지요. 왕위안화 선생도 아마 그렇게 생각했을 겁니다. 이에 대해서 제가 직접 이야기를 나눠본 건 아니지만요. 그런데 현대사상사를 연구하는 진충지金衝及가 당시 저한테 말하길, 최근의 글들이 예전 것보다 낫다고 했어요. 그러니까 자료가 많지 않은 상태로 쓴 글이 더 낫다는 거였죠. 같은 걸 보더라도 사람마다 견해가 다르다니까요. 1970년대에 쓴 글들은 지금 보기에는 상식에 속하죠. 예를 들면 량치차오梁啓超나 왕궈웨이王國維에 대한 평가 같은 건데요. 이게 그 당시에는 사람들이 깜짝 놀랄 만한 전복적인 것이었답니다.

사실 천인커陳寅恪 선생이 역사를 연구할 때 사용한 자료 역시 많지 않았어요. 자료를 아주 많이 그리고 자세히 보되, 그걸 사용할 때는 핵심적인 것 몇 가지만 내보이고 결론을 내렸답니다. 중요한 건 통찰력insight을 갖고 있었다는 거예요. 식견과 역사를 보는 안목이 있었어요. 왕궈웨이·천인커·첸중수錢鍾書, 지금 사람들의 부러움을 사는 이 세 명의 대가는 독서와 자료가 많기로 논하자면, 아마도 왕궈웨이가 천인커보다 못하고 천인커는 첸중수보다 못할 겁니다. 하지만 학술적 업적으로 논하자면, 공교롭게도 순서가 완전히 반대일 겁니다.「은 복사에 보이는 선공과 선왕에 관한 고찰殷卜辭中所見先公先王考」이라는 왕궈웨이의 글 한 편이 여러 권의 책에 상당하지요. 정말 대단해요. 통찰력이 있어요!

류____ 선생님의 비교는 아주 독특하고 예리하네요. 사실 말씀하신 그대로지요. 하지만 그들이 생존했을 당시의 시대를 고려해야 할 것 같은데요. 그 세 명은 연령대가 달랐고, 그들이 안정적으로 학문을 할 수 있었던 시간과 공간이 달랐던 것도 사실이지요.8 그리고 저로서는 조금 의문이 드는 게 있는데 말이죠. 천인커는 자료에 아주 착실히 노력을 기울였잖아요. 때로는 고증학적 자료를 운용하기도 했고요. 그야말로 번거로움을 마다하지 않고 끊임없이 자료를 활용했어요.『유여시 별전柳如是別傳』이 바로 그런 경우지요.

리____ 제가 말한 건『유여시 별전』이 아니에요. 저는 그 책을 그다지 높게 평가하지 않아요. 천인커의 학문 수준과 학문 방법을 진정으로 대표할 수 있는 것은『당대정치사술론고唐代政治史述論稿』나『수당제도연원약론고隋唐制度淵源略論稿』같은 책이지요. 그 책들에 나오는 자료와 관점을 보면 확실히 알 겁니다. 그의 책은 두껍지 않은 게 꽤 있어요. 게다가 그냥 몇 마디 언급한 것 같은 말에도 상당한 식견이 들어 있어서, 한 편의 글이나 한 권의 책에 맞먹을 정도랍니다. 예를 들면 그는 진대秦代의 일련의 것이 공자한테서 비롯되었다고 했지요.9 저는 천인커의 이 말을 자주 인용해요. 사실 그저 한 번 언급한 말일 뿐이고 논증을 한 것도 아니지만, 아주 묵직한 말이랍니다. 전통적인 견해와는 근본부터 달라요. 또 천인커는 유가가 오랫동안 학설이나 사상이 아닌 윤리제도로서 존재했다고 말했지요. 이것 역시 논증을 하진 않았지만 이 간단한 몇 마디 말에 담긴 통찰은 여러 권의 책에 맞먹는다고 생각해요. 천인커는 역사에 대한 식견 역시 왕궈웨이처럼 아주 뛰어나요. 궈모뤄郭沫若나 허우와이루侯外盧의 기계적인 방식에 비하면 유물사관에 훨씬 더 근접해 있고요. 전에도 여러 번 말한 적이 있답니다. 물론 궈모뤄는 역사학에 큰 공헌을 했지요. 예를 들면 갑골문에 관한 연구라든가, 『청동시대靑銅時代』에 나오는 글들 말이죠.

이야기가 샛길로 빠졌는데, 다시 본론으로 돌아갑시다. 1970~1980년대로 돌아가야겠군요. 잡지 『역사연구』의 책임편집은 리주黎澍 선생이 맡고 있었지요. 당시 『역사연구』의 사상은 굉장히 해방적이었어요.10 모범이었다고 할 수 있지요. 그런데 애석하게도 지금은 다들 그를 언급하지 않아요. 리주가 누구인지 많은 사람이 모르지요. 정말 불공평해요.

류_____ 철학과 관련된 선생님의 글은 중국사회과학원의 중점 간행물에 발표된 게 아주 적은데요. 사학 관련 글은 사회과학원의 간행물에 비교적 많이 발표하셨겠지요?

리_____ 중국사회과학원의 중점 간행물이 아니라 『철학연구』11에 발표한 글이 적지요. 제가 그 간행물을 만든 사람들 가운데 한 명이라고 할 수 있는데도 말이죠. 1970~1980년대에 글을 많이 발표했는데, 각종 간행물과 신문에 발표했지요. 하지만 주로 『역사연구』에 발표했어요. 리주 선생은 비교적 일찍 사상이 해방되었지요. 리선즈李愼之12 선생보다도 먼저였어요. 리주 선생은 제 글을 특별히 좋아했답니다. 신해혁명에 대한 제 글을 그가 1면에 실었지요. 제 글이 1면에 실린 일은 거의 없었어요. 그래서 "구망이 모든 것을 압도했다"는 이 글을 아주 똑똑히 기억합니다. 당시 철학연구소 동료가 그 일을 언급해서 저도 아주 기뻤지요. 리주 선생은 나중에 『중국사회과학』 편집도 맡았는데, 중국에서 일등으로 꼽히는 최고의 학술 간행물이지요. 거기에도 제 글을 많이 발표했어요. 첫 번째 발표한 글은 「공자 재평가孔子再平價」랍니다. 본래는 구준 선생의 글과 함께 창간호에 발표하려고 했는데, 나중에 반대하는 사람이 있었지요. 왕밍王明, 룽자오쭈容肇祖, 장다이녠張岱年 등 원로 선생들이 반대했답니다. 유물唯物이니 유심唯心이니 하는 말을 전혀 언급하지 않고 계급투쟁도 언급하지 않았기 때문에 문제가 크다고 했어요. 그래서 창간호(1980년 1월―옮긴이)에 발표하지 못했지요. 제2기에 발표했답니다. 구준 선생의 유문遺文은 나중에도 이 간행물에는 실리지 못했고요.

지금 젊은이들도 아직 저의 『중국근대사상사론』을 보는지 모르겠군요. 세 권의 사상사 책 중에서 『중국근대사상사론』이 요즘 제일 안 읽히는 것 같아요.

류_____ 지금 만청晩淸 시기에 대한 관심이 뜨겁답니다. 다들 만청에 대해 쓰고 만청을 이야기하지요. 선생님의 사상사론을 거치지 않은 채 지나쳐갈 수는 없을 겁니다.

리_____ 앞으로 다들 더 많이 이야기하게 되겠지요. 1986년엔가 1987년엔가에, 남쪽의 어느 신문에서 "신해혁명은 반드시 실패하고 무술변법戊戌變法은 성공했을 것"이라는 제 말을 실은 적이 있답니다.13 저는 여태 신해혁명을 높이 평가하지 않았는데, 이건 온 세상의 비난을 받을 일이었지요. 대륙과 타이완 양쪽에서 욕을 먹을 것이기에 당분간은 더 말하지 않았던 거죠. 제가 개량파를 연구하면서 학문 기반을 닦았고 줄곧 개량에 찬성해오긴 했지만, 그렇다고 해서 혁명을 단번에 말살하려고 한 건 아니에요. 평등이나 사회정의 같은 관념은, 혁명이 있었던 곳에서 그렇지 않은 곳보다 훨씬 강하다고 거듭 강조했지요. 그건 여전히 귀중한 유산이고, 아끼며 지켜나갈 가치가 있답니다.

『미의 역정』의 모든 장과 절에 새로운 내용이 담겼다

리_____ 출간 순서에 따르자면, 『중국근대사상사론』 다음으로 나온 게 『미학논집』이지요. 1980년에 나온 이 책에는 미학과 관련된 1950년대의 글이 모두 수록되어 있습니다.

류_____ 2005년에 선생님께서 상하이에 오셨을 때, 선생님의 가장 중요한 저작들이 무엇인지 누군가 물었지요. 그때 제가 농담 삼아 선생님을 대신해서 대답했는데요. 저는 『중국근대사상사론』 『미학논집』 『역사본체론』을 꼽았지요. 이 세 책이 가장 좋은 게 아닐지도 모르지만 저는 그 책들이 선생님의 세 가지 학술 영역, 그러니까 사상사, 미학, 철학 본체론을 만들어냈다고 생각하거든요.

리_____ 제가 『미학』이라는 잡지를 편집하고 있을 때 『미학논집』을 엮어서 내게 되었어요. 상하이문예출판사의 하오밍젠郝銘鑑 씨가 『미학논집』을 의뢰했는데, 지금은 은퇴했겠지요? 당시는 젊었죠.

『미학논집』에 이어서 나온 게 『미의 역정美的歷程』(1981)이지요. 뜻밖에도 아직까지 그 책이 팔리고 있으니 30년이나 되었군요. 정말 예상외입니다.

류_____ 『미의 역정』은 아마도 선생님 책 중에서 영향력이 가장 큰 책일 겁니다.

리_____ 그랬지요. 타이완을 포함하면 3종의 해적판이 나왔을 정도니까요. 타이완에서도 해적판이 나왔던 건, 중국 대륙의 서적을 출판하는 것이 금지된 때였기 때문이지요. 저자의 이름마저도 '리허우李厚'로 바꿨어요. '해방'은 '점령', '계급투쟁'은 '계급 쟁투', 이런 식으로 다 바꾸었지요.

『미의 역정』이 나온 뒤에 욕을 얻어먹기도 했답니다. 온갖 욕을 다 먹었지요. 수준이 아주 떨어진다고 하는 사람이 있는가 하면, 이런 책은 애초에 출간되면 안 되는 것이었다고 하는 사람도 있었어요. 수백 군데의 오류가 있다고 하는 사람도 있기에, 그 사람한테 물어봤더니 문장 부호와 조판 실수까지도 포함해서 말하더군요. 그래도 수백 군데는 아닐 텐데 말이지요. 어쨌든 많은 사람의 감정을 상하게 했답니다. 저는 전혀 수정하지 않고,14 그렇다면 당신 마음대로 말하라고 했지요. 그런 것이 어느덧 30년이 흘렀어요. 당시 펑유란·후성·류강지·바오쭌신包遵信 그리고 상하이의 장페이헝章培恒은 모두 좋게 말해줬답니다. 하지만 대다수 학자는 침묵을 지켰지요.

류____ 선생님의 논조는 처음부터 명확했지요. 그건 바로 '심미취미사'인데, 욕할 거리가 없는 거죠. 그들 중에는 예술사를 전공하는 사람도 있는데, 예술사는 나름대로 규범적인 방식이 있으니 선생님의 책이 규범에 맞지 않고 그들의 선을 침범했다고 느낀 거겠죠.

리____ 그 책은 예술사가 아니라고 제가 일찌감치 말했답니다. 예술사는 형식을 논해야 하는데, 예술 형식의 구체적인 변천을 논하지 않은 것은 예술사가 아니니까요. 산수화에 대해 논하려면, 화법·풍격·선·필묵 등이 어떻게 변천했는지를 논해야 합니다. 하지만 제 책은 취미사이기 때문에 저는 역사·사회·사조 등의 측면에서 이야기를 풀어나갔던 거죠.

저처럼 문학·미술·고고를 죄다 같이 다룬 사람이 없었던 것은 분명합니다. 문학사와 예술사 등 각 부문의 역사 내지 미학사는 있었지만, 『미의 역정』과 같은 심미취미사는 없었지요.

류____ 지금 회고해보신다면, 그런 구상은 어떻게 하시게 된 건지요? 그런 생각을 어떻게 하실 수 있었는지요?

리____ 저한테 익숙한 건 역시 역사였기 때문이지요. 원대元代를 제외하고는 중국 역대의 황제를 전부 외우고 있었답니다. 중국 역사에서 발생했던 큰 사건들과 여러 인물에 대해서도 잘 알고 있었고, 사회문화의 상황도 잘 이해하고 있었지요. 게다가 문학예술에 대한 흥미도 있었기 때문에 그런 식으로 쓰게 된 거죠. 당시 문학사와 미학사를 많이 읽었지만 만족스럽지 않았답니다. 그래서 이 책의 모든 장과 절에 새로운 내용을 담았지요. 지금이야 이미 상식이 되었지만, 그때만 해도 상식이 아니었답니다. 쓰는 데는 시간이 오래 걸리지 않았지만 상당히 오랫동안 그 기초를 쌓았지요.

류_____ 지금 그렇게 말씀하시니까 저도 생각나는데요. 『미의 역정』에 담긴 관점은 죄다 감각적이고 창조적인 것으로 가득했지요. 단지 이론 연구에만 기대서는 나올 수 없는 것이죠. 당대唐代 문학을 논할 때, 성당지음盛唐之音을 설명하면서 '청춘'이라는 두 글자를 사용하셨는데요. 다들 정말 깜짝 놀랐답니다. 그런데 아주 정확한 표현이지요. 그건 일종의 심미적 판단으로, 도약跳躍으로 충만합니다. 추리에만 기대서는 나올 수 없는 거죠. 이런 것이 책 곳곳에 담겨 있어요. 모든 장에 새로운 의견이 담겨 있어서 의외의 기쁨을 느끼게 하지요. 그 책을 보던 때의 흥분된 감정을 지금까지도 잊지 못한답니다.

여러 글에서 저는 이렇게 말했답니다. 대산문大散文이 언제 시작되었는가? 위추위余秋雨에서 시작된 게 아니라, 『미의 역정』에서 시작된 것이라고요. 『미의 역정』은 진정 대산문입니다. 관점이 있고 창의성이 있으면서도 문학적인 텍스트라서 산문으로 읽을 수 있지요. 그래서 『미의 역정』을 문학으로 보는 사람이 있는가 하면 예술사로 보는 사람도 있고 자료로 보는 사람도 있지요. 이 책의 영향력은 유달리 커서 계속해서 환영받아왔는데요. 이건 내용의 새로움 및 견실함과 더불어서 형식에 있어서도 읽기 좋다는 점, 이론이자 문학이며, 게다가 사상사론과 같은 전문적인 책이 아니라서 일반 독자들도 읽을 수 있다는 점과 관련 있지요. 그러니 이 책이 장수하는 것도 일리가 있답니다.

리_____ 어렸을 때 소설을 쓴 적이 있는데, 선생님께서 굉장히 칭찬해주셨지요. 작가가 되는 것을 고려해본 적이 없는 건 아니지만, 냉정하게 생각해보니 아무래도 능력이 부족하다고 여겨졌어요. 왕궈웨이처럼 개탄했답니다. 문학을 하기에는 능력이 부족하고, 철학을 하기에는 사변思辨이 부족했지요. 살아오는 내내 사람들과 교제하는 것을 좋아하지 않았으니 '삶이 없는데' 소설은 어떻게 쓰겠어요? 살아오는 내내 고심하며 사색하는 것을 좋아하지 않고 치밀하지도 않은데 어떻게 철학을 하겠어요? 본래는 역사를 하고 싶었는데 기회를 놓쳤답니다. 역사를 하려면 대량의 자료와 서적이 있어야 하지요. 그런데 농촌으로 내려가서는 노동하고 '사청'에 참가했고, 농촌에서 돌아온 다음에는 회의會議와 비판으로 20년을 낭비했답니다. 중국을 떠난 뒤로는 중국에서 나온 책을 마음껏 읽을 수가 없는 상태에서 또 20년이 흘렀어요. 이렇게 일생이 지나가버린 거죠.

문예비평을 하려면
주로 감각에 의지해야 한다

류____ 사실 미학이나 문예비평을 하려면 어느 정도의 창작 경험이 필요하지요. 창작 경험이 전혀 없는 상태에서 학교에서 가르쳐준 것에만 의지해서는 제대로 할 수 없거든요.

리____ 문예비평은 주로 감각에 의지해야 합니다. 저는 1956년에 처음으로 쓴 미학 관련 글에서 바로 이 문제를 강조했어요. 평론은 무엇보다도 먼저 감각이 있어야 한다는 것이었지요. 감각도 없이 개념과 이론만을 끌어다 써서는 안 됩니다. 벨린스키가 다른 사람보다 대단한 점은 감각이 있었다는 거죠. 그는 작품의 풍격과 성질, 작가의 재능과 특징을 날카롭고 정확하게 감지한 데다 설명과 논증을 더해 작가와 독자 모두를 유익하게 해주었답니다. 이게 바로 제대로 된 비평이지요. 문학사와 예술사 역시 느낌과 감각이 있어야 해요. 감각이 전혀 없는 사람은 처음부터 끝까지 개념뿐이라서 그가 하는 말은 이치에 맞는 것 같지만 정작 작품이 사람을 감동시키는 정곡이 어디에 있는지는 짚어내지 못하거든요.

예술가는 감각이 있지만 그걸 이성적으로 표현하지는 못해요. 그가 작품을 통해 표현하는 것은 개념 언어로 말할 수 있는 게 아니거든요. 비평가는 이성적인 문자를 써서 이 감각을 표현해야 합니다. 만약 예술가가 이성의 언어로 표현할 수 있다면 그는 좋은 예술가가 되지 못해요. 그래서 아주 분명하고 명석한 사람은 위대한 예술가가 될 수 없다고 하는 겁니다. 위대한 예술가는 똑똑하지 않고 어리벙벙한 게 도리어 좋아요.

감각과 느낌은 문학예술뿐 아니라 자연과학에서도 필요해요. 다만 문학예술에서처럼 강렬하고 필수적인 것은 아니지요. 아인슈타인이 말했듯이, 과학의 발견은 논리적 추리나 경험의 총결이 아닌 자유로운 상상과 직관에 의지해야 합니다.

류_____ 지금 대학에서는 문예이론만 가르치지 이런 감각을 키우지는 않는데요.

리_____ 지금은 인재를 못쓰게 만들고 있어요. 뛰어난 수많은 인재의 재능이 닳아 없어지는 거죠.

류_____ 『미의 역정』을 언제 집필했는지 기억하시는지요?

리_____ '사인방'을 제거한 이후인 1978년에 썼지요. 아주 빨리 썼답니다. 하지만 관점은 일찍감치 성숙한 상태였어요. 예를 들면, 「봄 강의 꽃 핀 달밤春江花月夜」에 관한 견해15는 1960년대 '사청' 때 노동하면서 불현듯 인식하게 된 것이죠. 그리고 책 안의 몇몇 테마는 문화대혁명 시기 간부학교 시절에 생각해낸 거랍니다. 1957년에는 둔황敦煌의 첸포 사千佛寺에서 꼬박 한 달을 머물렀는데, 그때 각 동굴에 대한 간단한 기록과 느낌을 적어두었지요. 당시 둔황에서 첸포 사까지 밤새 소달구지를 타고 갔던 기억이 나네요. 그해에 산시山西 성의 융러궁永樂宮, 룽먼龍門, 마이지산麥積山, 시안西安박물관, 반포半坡 등을 둘러봤지요. 구궁故宮박물관에서 소장하고 있는 「청명상하도淸明上河圖」 같은 명화도 일찍감치 보고서 기록을 남겨두었어요. 중국문학은 중고등학교 때 익숙해진 덕분에 몇몇 견해는 일찍감치 갖게 되었지요. 문화대혁명 기간에는 혼자 취미삼아 간단한 논평을 더해서 시사詩詞 선집을 엮어보려고 한 적도 있답니다. 결국 나중에 포기했지만요. 제가 단번에 그렇게 많은 책을 낸 것에 대해 당시 많은 사람이 이상하게 생각했어요. 게다가 칸트, 사상사, 『미의 역정』 등 서로 관계없는 책들이었으니까요. 사실 관점과 자료는 일찍감치 준비되어 있었던 거예요. 지금 쓰고 있는 글들도 그렇고요. 상당 부분은 다 예전에 생각해둔 겁니다. 계속해서 축적해온 것이지요.

류_____ 그렇게 오랫동안 준비해오신 것은 문학 창작이 지닌 특징인데요.

리_____ 저는 살아오는 내내 심각하게 고심하며 사색해본 적이 없어요. 게다가 글 쓰는 데 부지런하지도 않답니다. 어쩔 수 없는 경우 외엔 평생토록 장문의 편지를 써본 적이 거의 없을 정도니까요. 사촌누이는 제가 쓴 편지가 마치 처방전 같다고 해요. 글씨는 크고 글자 수는 얼마 되지 않아서 한 장이 끝이죠. 정말 그래요. 저는 살아오면서 한 장이 넘어가는 편지를 써본 일이 드물어요. 물론 연애편지는 예외고요. 어쨌든 저는 책읽기는 좋아해도 글쓰기는 좋아하지 않아요.

제가 글쓰기에 들인 시간은 그다지 많지 않아요. 인내심이 있으면 두꺼운 책을 쓸 수도 있을 텐데, 저는 끈기가 별로 없거든요. 며칠을 써도 글이 제대로 써지지 않으면 그냥 던져두는 거죠. 『미의 역정』은 띄엄띄엄 집필했는데, 들인 시간을 합하면 아주 짧아요. 구체적으로 몇 시간이나 걸렸는지는 정확히 기억나지 않지만요.

『미의 역정』에 나오는 자료는 전부 기초 자료예요. 저는 핵심 자료는 몇 개만 있으면 충분하다고 생각해요. 그걸 이용해서 평범한 것도 충분히 탁월하게 만들 수가 있지요. 저는 일부러 다들 잘 알고 있는 자료를 이용하려고 해요. 사람들이 마치 옛 친구를 만난 것 같으면서도 뭔가 새로운 느낌을 갖게 하려는 거죠. 아까도 말씀 드렸지만, 천인커는 정말 많은 책을 읽었어요. 그런데 거기서 몇 가지 자료만으로 핵심을 콕 짚어서 전달했답니다. 칸트의 3대 비판 및 역사·정치 논문 역시 단번에 핵심을 잡아내잖아요. 말을 많이 하지 않아도 충분한 거죠. 그들은 주로 자신의 견해에 의지하는 겁니다. 예를 들어, 천인커는 위징魏徵이 산둥山東 성 호족豪族 집단의 이익을 대표한다고 말했지요. 반드시 맞는 건 아니지만 그래도 이런 방법이 좋아요. 이전의 사학자들이 오로지 인품과 도덕의 측면에서 위징을 찬미했던 것과는 아주 다르지요. 천인커는 비판을 많이 받았는데도 전혀 아랑곳하지 않았어요.

학문을 하려면, 누구든 죽도록 노력해야 한다

류_____ 『미의 역정』에 나오는 자료는 일찌감치 준비해두신 거죠? 그렇다면 애초에 수작업으로 작성했던 카드를 이용하셨는지요?

리_____ 원래 카드는 베이징 대학에 재학 중일 때 대량으로 만들어놓았던 거랍니다. 근현대 사상사를 집필할 때 사용한 게 바로 학생 시절에 비축해두었던 자료지요. 그리고 과학원의 도서관도 이용했답니다.

신해혁명의 경우는, 베이징 대학 도서관의 수많은 잡지를 통해 정보를 얻었어요. 원본 자료를 본 거죠. 『민보民報』 『절강조浙江潮』 『강소江蘇』 『한성漢聲』, 이 모두가 신해혁명 이전의 중요한 간행물이에요.

류_____ 다들 첸중수 선생의 기억력이 좋다고 말하는데, 사실 그분도 엄청난 필기를 하셨지요. 학문을 하려면 누구든 죽도록 노력해야 합니다.

리_____ 그렇죠. 첸중수 선생의 필기노트는 나중에 책으로 나오기도 했어요.

베이징 대학 재학 시절, 린지위 선생이 저한테 참 잘해주셨는데요. 제 첫 번째 학술 논문도 그분이 읽고 난 뒤에 『문사철文史哲』에 보내서 발표하게 된 거랍니다. 그때가 1955년 2월이었어요. 캉유웨이에 관한 글이었는데요. 제가 아직 스물다섯 살이 되기 전이었지요. 그해 6월에는 『광명일보光明日報』에서 간행하는 『문학유산文學遺産』에「중국 고대 서정시의 인민성 문제에 대하여關於中國古代抒情詩中的人民性問題」라는 글을 2회 연속으로 실었답니다. 당시 저에게 가장 영향력이 컸던 글이지요. 사실은 수준이 무척 낮아서 지금 보면 민망해요. 그런데도 거듭해서 언급하는 이유는, 그 글이 제 이름을 알려준 동시에 당시 '사상 개조'를 겪은 이후 원로 교수들의 학술적 곤경을 엿볼 수 있기 때문입니다. 그때 제 글을 본 많은 교수가 제가 대체 누군지 궁금해했지요. 마치 그들의 난제를 해결한 것처럼 여겼던 거죠. 계급성을 대대적으로 논하던 시기였던 만큼, 다들 계급 분석법을 강조하면서 문학작품의 우수성 역시 작자의 계급 성분에 따라 구분했거든요. 고대 시인은 대부분 지주계급이고 지주계급은 반동계급이니, 그들의 시가 어떻게 가치가 있을 수 있겠어요? 소련에서 구 러시아 문학을 해석할 때 사용하던 '인민성' 개념이 있는데, 당시 유궈언游國恩은 굴원屈原의「이소離騷」에서 '민民'이라는 글자를 대량으로 찾아내서 '인민성'을 증명하려고 했어요. 그러니 그때 제 분석은 미증유의 것이었던 셈이죠. 그때 제 글은 『문외집』에 수록되었어요. 나중에는 『미학논집』에도 실렸는데, 생략된 부분이 많아요.

1950년대에는 학술 논문을 발표할 수 있는 데가 얼마 없었어요. 『문사철』 『신건설新建設』 그리고 1954년에 창간된 『역사연구』가 있었지요. 또 『광명일보』의 『문학유산』에 한 주에 한 번 '사학'이라는 코너가 실렸어요. 상하이의 『학술월간學術月刊』은 1950년대 중반 이후에야 창간됐지요? 1957년에 저도 거기에 글을 발표한 적이 있어요. 저는 졸업한 지 얼마 되지 않았을 때였답니다. 그런데 외국인은 제가 교수인 줄 알고 가르침을 청하는 편지를 보내기도 했어요. 사실 저는 '실습 연구원'16, 그러니까 실습 단계에 있던 연구원이었을 뿐인데 말이죠, 하하. 1950년대에 이름이 난 이후로 1980년대까지, 제 임금은 여전히 수십 위안이었답니다. 한 편의 글도 발표하지 않은 동료와 같은 임금을 받았죠. 그런 시대였어요. 여러분은 상상하기 어려울 겁니다. 그래도 원고료가 많았던 덕분에 먹고사는 걱정은 없었죠. 항상 근검절약하며 살았고, 좋은 아내가 있었어요.

류_____ 『미의 역정』과 『중국고대사상사론』은 관점과 자료에 있어서 상호 보완적이지요?

리_____ 『미의 역정』을 탈고한 뒤에 「공자 재평가」를 썼으니, 『미의 역정』과 『중국고대사상사론』은 긴밀히 연결되어 있는 셈이죠. 구상 역시 맞물려 있고요. 「공자 재평가」는 『미의 역정』이 출판되기 전에 발표했어요.

류_____ 선생님의 사상사와 미학 연구는 철학적 구상과 연계되어서 이루어진 것이겠지요? 선생님께서 공자에 대해 말씀하신 게 기억나는데요. 이렇게 말씀하셨지요. "나의 흥미는 주로 2000여 년 동안 중국인의 사상·의식·풍속·습관·행위 속에 녹아든 공자를 탐색하려는 것이다. 그가 중국인에게 어떤 흔적을 남겼는지, 중국 민족의 문화심리 구조에 어떤 장점과 약점을 초래했는지를 보려는 것이다."17 또 이렇게 말씀하셨어요. "자각적으로 의식한 건 아니더라도 혈연의 기초 위에서 인간미(사회성)를 지닌 부모 자식 간의 사랑을 핵심으로 삼아 그것을 사방으로 확장함으로써 밖으로는 인도주의와 안으로는 이상적 인격을 이루는 것이야말로 외부에 기대지 않는 실천적 성격을 지닌 심리 모델을 구성했다. (…) 이는 마침내 한민족漢民族의 집단 무의식을 구성하는 원형이 되었으며 민족적인 문화-심리 구조를 구성했다."[18] 이런 말씀을 통해 보자면, 선생님의 사상사 연구와 나중에 중국 전통을 기초로 구축한 '정 본체'와의 관계를 엿볼 수 있을 듯한데요.

리_____ 그렇습니다.

류_____ 예슈산은 『고대 중국의 노래古中國的歌』 후기에서 이렇게 말했지요. "칸트의 『판단력비판』은 그의 '비판철학' 전체 체계에서 단지 '과도기의 일환'이라는 역할에 머무는 것이 아니라 기초이자 근거지라고 이해할 수 있다. 후세에 미친 영향을 통해 볼 때 그 의의는 다른 두 가지 비판[19]보다 덜하지 않다. 이런 각도에서 고찰한다면, 『판단력비판』은 아마도 가장 기본적이고 가장 시원적이다." 선생님의 견해와 매우 비슷하지요?

리_____ 그건 저의 일관된 견해에요. 저는 『비판철학의 비판』에서 칸트의 미학, 그러니까 제3비판[20]에 대해 이렇게 말했답니다. "이 '비판'[21]은 칸트의 전체 철학체계에서 관건이다. 이는 루소와 헤겔의 가운데에 자리하며, 모든 칸트 철학의 진정한 핵심이자 출발점이자 기초는 바로 사회적인 '인간'이다." 칸트는 인간이 감성적 개체로서의 자연적 존재임을 강조했지요. 인간은 감성과 욕망을 지닌 존재이지, 순전히 이성적인 '천사'가 아님을 강조했어요. 그래서 제3비판에서는 '인간'을 중심으로 하는 특징이 가장 뚜렷하고도 심각하게 전개되었지요. 칸트는 만년에 "인간이란 무엇인가?"라는 물음을 제기했는데, 그에 대한 답은 사실 바로 제3비판에 담겨 있어요.

류_____ 칸트의 3대 비판, 그러니까 인식론·윤리학·미학에 대해서 선생님은 과거의 연구 전통과는 달리 미학을 부각시켜서 미학을 '제1철학'으로 끌어올리셨는데요. 이건 바로 선생님의 칸트 연구와 미학 연구가 나중에 선생님께서 제시하신 '정 본체'로 연결되는 큰길을 연 것이 아닌지요?

리_____ "미학은 제1철학"이라는 말은 홍콩과 타이완의 신유가의 도덕 형이상학을 겨냥한 겁니다. 그리고 "윤리학은 제1철학"이라고 주장한 레비나스를 겨냥한 말이기도 하지요. 레비나스는 계몽이성에 반대했어요. 그는 자유보다 책임을 앞세웠고 타인을 위하는 자아를 강조했답니다. 그런데 어떤 학자들이 레비나스를 떠받들며 중국으로 들여왔지요. 당시 저는 농담 삼아 말하길, 그건 레이펑雷鋒22 철학의 서양식 버전이라고 했답니다. 저는 '덕(도덕)'이 아니라 '미(도度23)'야말로 사람을 사람답게 만들어준다고 생각해요. 이런 견해가 커다란 비판을 초래하겠지만 저는 늘 그렇게 생각한답니다.

「만술장선」을 발표한 이후 첸쉐썬이 특별히 방문하다

리_____ 한 가지 기억나는 일이 있네요. 『중국고대사상사론』에 「만술장선漫述莊禪」24이라는 글이 있는데, 그 글이 발표된 뒤에 첸쉐썬錢學森 선생이 특별히 흥미를 느끼고 저에게 편지를 보냈죠. 그리고 저를 만나러 숙사까지 찾아왔답니다. 그때 저는 석탄공업부煤炭部의 숙사에서 살고 있었죠. 제 아내가 석탄공업부의 문화예술

홍보단文工團25 소속이었거든요. 사회과학원에서 배정받은 조군묘皂君廟로 이사하게 된 건 1986년이 되어서랍니다. 첸쉐썬 선생이 특별히 우리 집을 찾아와서 이야기를 나누고 사진도 찍었는데, 그 사진은 여태 다른 사람한테 보여준 적이 없답니다. 첸쉐썬 선생은 서양과는 다른 중국의 직관적 방법에 큰 흥미를 갖고 있었죠.

류_____ 첸쉐썬 선생이 사유 방식에 대한 연구를 하고 있을 때였을 겁니다. 형상形象 사유, 영감靈感 사유 등에 대한 연구요.

리_____ 맞아요. 바로 그때에요. 나중에 그분이 사유 방법에 관한 토론회를 열었는데, 그때마다 늘 저를 초청했답니다. 그래서 한두 번 가본 적이 있어요. 사실 저는 그분을 찾아뵌 적이 없답니다. 찾아뵙는 게 도리이지만 제가 워낙 게을러서 그러지 못한 거죠. 저는 대단한 사람들, 특히 지도자들과는 왕래가 드물었어요. 여태 주도적으로 방문한 적이 없을 뿐만 아니라 전화 안부조차 여쭙지 않았답니다. 어려서부터 그랬어요. 사회과학원의 지도자 가운데 권력을 쥐고 있는 가장 중요한 인물은 우제민吳介民 비서장秘書長이었는데, 그분과도 안면이 없었지요. 한 번도 만나지 않았어요. 류궈광劉國光 부원장은 아주 유명한 경제학자인데, 그분도 모른답니다. 후차오무胡喬木·덩리췬鄧力群·위광위안於光遠, 이분들은 만난 적이 있어요. 후차오무 선생은 원장이었고, 다른 두 분은 부원장이었죠. 후성 선생은 후차오무 이전에 원장을 역임했는데, 후차오무 선생이 원장을 지낸 다음에 후성 선생이 다시 원장이 되었지요. 후성 선생은 제가 대학 1학년 때 알게 되었는데, 여러 번 그분을 찾아가 만났답니다. 그분은 1990년대에 저를 비판하는 글에서도 저를 '오랜 친구'라고 칭했지요. 후차오무와 후성 그리고 덩리췬과 위광위안 모두가 저에게 잘해주었답니다. 제가 오랫동안 학술계에 있긴 했지만 중선부中宣部26에도 가본 적이 없어요. 주허우쩌朱厚澤가 후야오방胡耀邦의 담화를 전달할 때 한 번 갔었는지 기억이 정확하지 않군요. 『홍기紅旗』라는 잡지에는 글을 발표한 적이 없어요. 문화대혁명 전에는 글을 발표할 수가 없었고, 문화대혁명 이후에는 저에게 원고를 의뢰했지만 제가 쓰지 않았죠. 1949년 이후로는 감히 정치에 손댈 수도 없었을뿐더러 정치에 물들고 싶지도 않았답니다. 저는 정치에 아주 관심이 많지만 적극적으로 참여하진 않았어요. 전에 공자진龔自珍의 사詞를 인용해서 이런 제 마음을 표현한 적이 있지요. "문장이 천하를 놀라게 할지라도 그저 종이 위의 백성일 뿐이니. 봄물처럼 그대와 무슨 상관이랴."27

첸쉐썬 선생 이야기로 다시 돌아가지요. 아주 엄밀한 분이었어요. 그는 인류 사유 가운데 아직 사람들이 주의를 기울이지 않은 비밀을 중국 사상 속에서 찾아내고 싶어했답니다. 중국 사상은 확실히 특색이 있어요. 제가 미국에서 강의했을 때, 중국의 음양오행에 대한 내용이 굉장히 인기가 있었지요. 그런 중국의 사유 방식은, 외국 학생들로서는 처음 들어보는 거였거든요.

류_____ 류창린劉長林이 중의中醫 철학에 관한 책28을 썼을 당시에 선생님께서 서문을 써주셨지요? 두 분이 함께 중의 강의를 들으셨다면서요? 선생님 서문 때문에 저도 그 책을 샀답니다.

리_____ 맞아요. 그때 '상한론傷寒論'이라는 강의를 들었어요. 류창린과도 꽤 오랫동안 연락이 없었네요. 저보다 열 살 아래지요. 『중국고대사상사론』이 나온 뒤니까 아마 1985년일 겁니다. 루산廬山에서 회의가 열렸는데, 장다이녠은 여전히 유물론과 유심론에 대해 이야기했지요. 그때 저는 다원론多元論을 제기했는데, 나중에 비판을 받았답니다. 이어서 '문화열文化熱'이 일었지요. 상하이에서 회의가 열렸는데, 1986년이었을 겁니다. 그때 저는 '서체중용西體中用'29을 제기했다가 비판을 받았어요. 두웨이밍杜維明 같은 이들도 제 의견에 반대했지요. 한학漢學의 권위자인 러시아의 티흐빈스키는 '서체중용'을 '마체중용馬體中用'30으로 바꿔야 한다고 했답니다. 지금 생각해보면 정말 재미있어요.

류_____ 그 회의가 아마 룽바이 호텔에서 열렸지요. 저도 들으러 갔답니다. 당시 '문화열'은 『미의 역정』『중국근대사상사론』『중국고대사상사론』을 포함한 선생님의 글이 불러일으킨 사고思考와 관계 있지 않나요?

리_____ 감히 그렇게는 말할 수 없고요. 시대가 그렇게 만들었던 거죠. 그때는 모든 방면의 사고가 정치적 방향으로만 기울어 있었기 때문에 저는 문화적인 각도에서 논증하고 싶었답니다.

류_____ 어쨌든 선생님의 글이 적어도 파란을 일으키는 역할을 했지요.

리_____ 나중에는 저를 비판하면서 저에게 죄명을 뒤집어씌우더군요. 저를 비판하는 글이 어느 정도였냐면, 다른 사람들을 비판하는 글을 전부 합한 것보다도 더 많았답니다. 제가 기록해둔 목록을 통해 보자면, 저를 비판한 글이 60여 편이에요. 어떤 사람은 말하길 200편이나 된다더군요.

류_____ 선생님의 글은 비판하기에 재미있는 편이거든요. 토론 거리도 있고요.

리_____ 남들보다 글을 많이 썼으니 약점 잡힐 것도 많은 것이겠죠. 전에도 말했지만, 저를 비판하는 글에는 세 종류가 있어요. 매도하는 글, 정치적으로 몰아붙이는 글, 그리고 문제에 대한 토론이지요.

류____ 주로 어떤 측면을 비판했는지요?

리____ 세 가지 문제였어요. 첫째는 '서체중용', 둘째는 '주체성', 셋째는 "구망救亡이 계몽을 압도했다"는 주장에 대한 것이지요.

당시 '문화열'은 모두 반전통이었다

류____ 사실은 '문화열'이 일기 전에도 선생님은 동료와 젊은이들로부터 비판을 받으셨는데요.

리____ 『중국고대사상사론』이 나오자마자 다들 제가 '전향'했다고 하더군요. '반전통反傳統'의 기세가 강렬하던 때였으니까요. 거의 모두가 공자를 반대하던 시기였지요. 당시 4대 명장名將, 그러니까 바오쭌신·진관타오金觀濤·류샤오펑劉小楓·류모모劉某某31가 각각 계몽주의, 과학주의, 기독교, 니체라는 각도에서 공자를 비판하고 전통에 반대했답니다. 「공자 재평가」를 읽고서 제가 퇴보하고 있다고 생각하는 사람도 있었지요. 그러니 당시에는 제 글이 별 영향이 없었답니다. 정말로 영향력을 갖게 된 건 이후의 일이지요. 그때는 반전통이 주류였어요.

류____ 그렇죠. 선생님 말씀을 듣다보니 생각나네요. 『중국근대사상사론』이 나왔을 때 다들 선생님의 사상이 아주 급진적이라고 생각했어요. 만청晚淸에 대해서 상당히 현실감 있게 논하셨거든요. 그런데 『중국고대사상사론』이 나왔을 때는 확실히 선생님이 퇴보하고 있다고 느껴졌죠. 전통으로 회귀해서 중국의 전통을 수호하려 한다고 여겨졌어요. 그러다가 『중국현대사상사론』이 나오자 옛날의 리쩌허우가 다시 돌아왔다고 느꼈답니다.

리＿＿＿＿ 하하, 그랬지요. 그러니 늘 욕을 얻어먹는 거예요. 제가 그 책들을 쓸 때는, 어떻게 독자들의 비위를 맞출까 하는 건 전혀 생각해본 적이 없답니다. 그저 제 생각대로 썼을 뿐이죠.

류＿＿＿＿ 어쨌든 1980년대 후반에 '문화열'이 일어난 이후로 선생님의 견해에 찬성하는 목소리도 많아지지 않았나요?

리＿＿＿＿ 아니에요. 도리어 반대였지요. 1980년대 후반, 특히 말기에 이르러서는 류모모가 '골라낸' 비판 대상이 되고 말았답니다. 당시 문화열은 전통으로 돌아가는 것이 아니라 철저한 반전통이었어요. 〈하상河殤〉32과 류모모가 그 대표 격이죠. 그때 저는 그런 반전통에 찬성하지 않는다는 입장을 확실히 표명했어요. 그건 단지 감정을 분출하는 것일 뿐이지, 학술 이론적 가치나 예술적 가치는 없다고 말했지요. 지금도 그렇게 생각한답니다.

류＿＿＿＿ 그렇다면 '뿌리 찾기尋根'는 어떤가요? 뿌리 찾기는 전통으로 돌아가는 것 아닌가요?

리＿＿＿＿ 뿌리 찾기는 민간으로 돌아가는 것이지요. 민간으로 가서 뿌리를 찾는 거예요. 뿌리를 찾으러 민간으로 가는 것이지, 공자나 맹자한테 가는 게 아니지요. 그건 '5·4'와 마찬가지에요. '5·4'도 반전통이지 않습니까? 당시 저우쭤런과 중징원鐘敬文은 민간 문예를 힘껏 제창했지요. 그러니까 1980년대의 '문화열'은 '반전통 문화열'이었던 거예요. 지금은 180도 변했지요. 류 선생은 경험자이니 이해하시겠지만, 지금 젊은이들은 그때 상황을 이해 못 할 겁니다.

모든 것을 문화 전통에 귀속시키는 것에 저는 찬성하지 않았답니다. 저는 이렇게 말했지요. 모든 것을 문화에 귀속시키는 것은 각 개인을 공격하고 개인에게 책임을 전가시키는 것이라고요. 더 중요한 원인을 찾아야만 한다고, 제도를 개혁해야 한다고 말했어요. 저는 '문화열'에 극력 반대하진 않았지만 찬성하지도 않았답니다.

진정으로 전통으로 돌아가려는 것은 지금이죠. 지금의 소위 '국학열'에 저는 확실히 반대합니다. 그러니 제가 반대한다고 말하는 건 시의에 맞지 않는 거죠. 판연히 다른 두 차례의 '문화열'과 저는 매번 이렇게 어긋나는군요.

류_____ 그건 선생님께서 자신만의 견해를 갖고 있기 때문이겠죠. 게다가 단지 눈앞의 일만이 아니라 좀 더 멀리 생각하시니까요. 선생님의 모든 사고의 흐름에서, 매번 꺼내 보이시는 건 그 가운데 일부에 불과하기 때문에 다들 선생님을 이해하기가 쉽지 않은 거죠. 나중에 선생님의 작품이 전부 나온 뒤에야 전면적으로 이해할 수 있을 겁니다. 이번 대담이 비교적 전면적이고도 오롯이 선생님을 파악하는 기회가 되었으면 합니다.

리_____ 저는 그렇게 생각하지 않아요. 여전히 어려울 거예요. 1985년에 『중국고대사상사론』이 출판된 다음에 『중국현대사상사론』을 집필하면서 「계몽과 구망의 이중 변주」라는 글을 썼어요. 이 글은 특히 빨리 완성했지요. 2~3일쯤 걸렸으니까요. 단락도 나누지 않고 썼으니 그야말로 단숨에 써내려갔죠. 『미래를 향해走向未

冞』라는 잡지에 발표할 때는 단락만 나눴고, 소제목은 책으로 출간할 즈음에야 첨가했습니다. 원래는 『베이징 사회과학』이라는 잡지에 넘겼는데, 거기서 원고를 한동안 가지고 있다가 결국엔 저한테 돌려주더군요. 그래서 『미래를 향해』라는 민간 잡지 창간호에 발표하게 된 거죠.

『중국현대사상사론』은 정말 급히 썼어요. 그러고는 서둘러서 원고를 넘겼지요. 1986년에 원고를 넘겼답니다. 혹시 늦어지면 출간되지 못할까봐 걱정이 됐거든요. 한 가지 일화를 말씀드리자면, 인민출판사 편집자가 말하길 『중국근대사상사론』이 만약에 1979년에 나오지 않았다면, 만약 반년만 더 늦었더라면 나오지 못했을 거랍니다. 맞는 말이긴 해요. 그래서 『중국현대사상사론』을 서둘러 내려고 했던 거죠. 곧 정세가 바뀔 거라는 걸 느꼈거든요.

『중국현대사상사론』은 가장 심한 비판을 받은 책이죠. 금서가 된 적도 있어요. '서체중용'이니, "구망이 계몽을 압도했다"느니 하는 것이 죄다 이 책에 있거든요. 저는 이 책에서 가장 중요한 글은 「중국에서의 마르크스주의馬克思主義在中國」라고 생각한답니다. 그런데 정작 이 글은 사람들의 주목을 끌지도 않았고 별 다른 비판도 받지 않았어요. 가장 비판을 많이 받았던 건 '서체중용'과 "구망이 계몽을 압도했다"는 내용이죠. 이상한 건, 당시 어떤 사람은 구망에 문맹퇴치운동이 있었다는 것으로 구망이 계몽을 압도하지 않았음을 증명하고자 했다는 겁니다. 그리고 지금까지도 이렇게 말하는 유명 학자가 있는데, 정말 상식적으로 이해할 수 없어요. 서구의 계몽운동, 중국의 '5·4', 칸트가 말한 계몽에 문맹퇴치운동이 있나요?

『중국현대사상사론』에서는 홍콩과 타이완의 '신유가'를 처음으로 비판하고 머우쭝싼을 비평했지요. 쉬푸관徐復觀은 역사학자이고, 탕쥔이唐君毅는 조금 부족하기 때문에 홍콩과 타이완의 '신유가' 중에서 머우쭝싼만을 인정했던 겁니다. 벌써 20여 년이 지났네요. 펑유란을 포함해서 그들에 대한 제 비평은 아직도 유효하고 수정할 필요가 없는 것 같습니다. 사실 제 책들 중에서 1979년에 출판된 『비판철학의 비판』과 『중국근대사상사론』 외에 나머지는 그다지 수정하지 않았어요. 한 글자도 바꾸지 않은 책도 있지요. 그건 영원토록 고치지 않아도 될 정도의 견해라서가 아니라, 첫째는 게을러서이고 둘째는 완고해서입니다.

류_____ 『중국현대사상사론』 이후의 책에 대해 더 말씀해주시겠습니까?

리_____ 그 뒤로 1987년에 저는 싱가포르로 갔어요. 그곳에서 『화하미학華夏美學』을 냈지요. 이 책은 『중국고대사상사론』을 집필하던 때에 이미 절반을 써놓았었어요. 『화하미학』은 『미의 역정』과 한 세트라고 할 수 있답니다. 애초에 제가 중국 미학의 '내외편'이라고 생각했거든요. 내편에서는 '미'의 관념에 대해 이야기하고, 외편에서는 흥미의 변천에 대해 이야기한 것이죠. 같은 해에 싱가포르에서 『미학사강』을 완성했는데, 저의 미학이론이라고 할 수 있는 책이에요. 출판된 건 1989년 3월이고요. 같은 해 6월에 중국에서도 출판되었는데, 그때는 주목을 끌지 못했어요. 『화하미학』과 『미학사강』이 영향력을 발휘하게 된 건 한참 뒤의 일이지요.

미학 관련 세 권의 책은 모두 영문으로도 출판되었답니다. 『미의 역정』과 『화하미학』의 역자는 제가 모르는 분이에요. 『미학사강』

은 제가 미국의 동료와 영어로 번역하면서 첨삭을 좀 했어요. '노턴 선집'에 실린 『미학사강』에는 문장부호의 오류 때문에 의미가 달라져버린 구절도 있는데요. 제가 교정을 보면서 조심하지 않아서 초래된 일이죠. 저는 교정 보는 걸 좋아하지 않거든요. 중국어든 외국어든 마찬가지에요. 그래서 실수와 누락이 많은 편이랍니다.

미학 관련 세 권의 책은 『리쩌허우 십년집(1979~1989)』에도 들어 있어요. 그 뒤로는 미학과 작별을 고했답니다. 『미학사강』은 제 학술 사상에 있어서 제2단계의 종결이라고 할 수 있지요.

첸무와 량수밍은 중국 문화의 급소를 파악했다

류＿＿＿ 마지막 단계는 중국을 떠나신 다음이지요.

리＿＿＿ 네. 중국을 떠난 뒤로 1990년대에 『논어금독』을 썼고, 이어서 『기묘오설』을 썼답니다. 『논어금독』을 쓸 때는 국외에서 학생들을 가르치고 있었어요. 강의에 집중할 수밖에 없었기 때문에 이런 책을 쓰게 되었던 거죠.

어설픈 영어로 8년을 가르쳤답니다. 제가 잘 가르쳐서 학교에 공헌을 했다면서 명예박사 학위를 주더군요. 교수들도 제가 영어를 잘한다고 칭찬해요. 확실히 유려하긴 하답니다. 속도가 중국어로 말할 때처럼 상당히 빨라요. 전공 어휘도 아주 많이 쓰고 수사에도 공을 많이 들이지요. 그런데 그 교수들은 전혀 모르는 게 있어요. 제가 상점에 들어가서 초중고생이라도 마주치게 되면 말문이

막힌다는 것을 말이죠. 일용품의 명칭이나 각종 완구와 용구 그리고 그것과 관련된 동사 같은 걸 전혀 몰라요. 정말 웃긴 일이지요. 콜로라도 대학에서는 전체 교과 과정이 끝날 때, 학생들이 차례로 다가와 악수하면서 감사를 표한 일이 여러 번 있었답니다. 위스콘신 대학에서는 교과 과정이 끝날 때 모든 학생이 박수를 쳐준 일도 있었지요. 두 학교 모두 학부생을 대상으로 한 강의lecture였어요. 대학원생과는 토론seminar을 하지요. 나중에 린위성林毓生33에게 물어보니 그 학교에서는 모든 학생이 박수를 쳐주는 게 드문 일이라고 하더군요. 정말 기뻤어요. 제 영어가 훌륭해서가 아니라 제 영어가 변변찮은 상태에서 열심히 노력해 성과를 거둔 것이기 때문이지요. 학생들이 만족했다면 확실히 성과가 있는 거라고 생각했어요. 막무가내로 분투해서 거둔 성공이었기에 기뻤던 거죠. 중국에서는 영어로 강의한 적이 없었거든요. 안타깝게도 10년 동안 영어를 쓰지 않아서 지금은 중국을 떠나기 전의 상태로 돌아갔답니다. 지난 일은 이미 공空이 되었는데, 아직도 꿈속에 있는 것만 같군요.34

　류＿＿＿　선생님의 강의는 아무래도 내용 면에서 월등했을 겁니다. 그 대학생들은 정말 행운아에요. 중국에서는 학부생들이 어떻게 선생님 같은 분한테서 오랜 시간에 걸친 완정한 강의를 들을 수 있겠습니까? 정말 한탄스러워요! 솔직히 말하자면, 슬프기도 하고요.

　그런데 『논어』를 상세히 해설한 책은 전에도 이미 많이 나왔지요. 그중에 명저도 많고요.

　리＿＿＿　맞습니다.

　류＿＿＿　첸무錢穆 선생의 『논어신해論語新解』에 대해 어떻게 생각하시는지요?

리＿＿＿ 저는 첸무 선생의 책에 불만이 있어요. 그의 관념이 진부하다고 생각하거든요. 그리고 양보쥔楊伯峻의 책35에는 관념이라고 할 만한 게 없어요. 그저 주석을 달았을 뿐이죠. 그래서『논어금독』을 쓰게 된 겁니다. 나중에 알고 보니, 예로부터 지금까지『논어』를 말한 책이 그토록 많은데 이런 책 제목을 아직 아무도 쓰지 않았더군요. 그래서 아주 기뻤지요.

저는『논어금독』을 통해서도 주로 저의 철학 관념을 나타내고자 했답니다. '정 본체'가 여기서 툭 제기되었지요. 중국 문화에 대한 이해에 있어서 첸무와 량수밍梁漱溟이 머우쭝싼과 펑유란을 뛰어넘는다는 사실을 나중에 발견했는데요. 그 두 사람은 서구식 훈련을 받은 적이 없지만 도리어 핵심을 파악했답니다. 펑유란과 머우쭝싼은 서구식 훈련을 받았어요. 그게 문제가 되는 건 아니지만 뭔가 부족하다는 생각이 늘 들었답니다. 펑유란과 머우쭝싼이 순전히 서구 모델의 '이理'로써 중국 철학을 설명하려 했던 것과는 달리, 량수밍과 첸무는 정情 본체의 문제를 중시했지요. 그런데 그 이치를 설명하진 않았어요. 그래서 저는 그 이치를 말하고 싶었답니다.

류＿＿＿ '정 본체'에 대한 연구는 주로 중국을 떠나신 다음이죠?

리＿＿＿ 연구라고 할 것도 없어요. 다 함께 연구해보자고 문제를 제시했을 뿐이죠. 1980년대에 운명·정감·인성·우연에 대해 말했는데, 이 모두가 '정 본체'와 관련되어 있는 거랍니다.

류＿＿＿ 1980년대에 이렇게 말씀하신 적이 있는 걸로 기억하는데요. 선생님의 미학 연구와 사상사 연구에는 공통된 초점이 있는데 모두가 새로운 목표를 지향하고 있다고 하시면서 현재로서는 말하고 싶지 않다고 하셨죠. 나중에 또 말씀하시길, 예순이 되기도 전에 자신의 철학이론을 내놓는다는 건 스스로도 믿을 수 없다고 하셨어요. 저는 선생님의 철학 저서가 출판되기를 내내 기다렸답니다. 『논어금독』과 『세기신몽世紀新夢』이 나올 때까지 기다렸고, 새로운 세기에 들어서서 비로소 『역사본체론』을 보게 되었지요.

짧은 굶주림은 참을 수 있으나
오랜 굶주림은 견딜 수 없다

류____ 저술과 연구를 하면서 지내오신 생애가 그래도 비교적 순탄하셨는데요.

리____ 무슨 말씀을요. 정말 고생이 많았답니다.

지금 돌이켜보면, 제가 연구소에 들어간 건 커다란 우연이었어요. 저는 계속 학교에 남아 있기를 바랐지요. 무엇보다 베이징 대학에요. 당시 베이징 대학 철학과에서는 저를 머물게 하고 싶어했답니다. 린지웨이, 펑유란 그리고 당시 학과장에 상당했던 비서祕書 왕쯔쑹, 이분들 모두 제가 남길 바랐어요. 본래 인원을 배속하는 권한은 과에서 갖고 있었는데, 그때부터는 과에서 관할하지 못하고 학교 소관이 되었지요. 저를 푸단復旦 대학에 배속했는데 그곳에서 저를 원하지 않고 다시 돌려보냈어요. 저는 길에서 피까지 토했답니다. 다시 베이징 대학으로 와서 두세 달을 지냈어요. 얼마 뒤 『철학연구』가 창간될 예정이었는데, 철학연구소가 아직 생기기 전이었지요. 그리고 사회과학원이 아니라 중국과학원일 때였어요. 『철학연구』가 준비 단계일 즈음에 저를 부르더군요. 처음엔 저와 나이 든 편집자 이렇게 두 사람이었어요. 위로는 판쯔녠潘梓年 소장이 있었고요. 제 연구소 신분증에는 "철자01호哲字01號"라고 적혀 있었지요.

류_____ 그때 학교에서는 왜 선생님을 원하지 않았나요?

리_____ 정치적으로 두드러지는 활약이 없었거든요. 당원도 아니었고 단원團員36도 아니었지요. 그때는 정치적 태도를 중요하게 봤답니다.

류_____ 그래도 결국 화가 도리어 복이 되었다고 해야겠군요.

리_____ 글쎄요. 만약 학교에 있었다면 젊은이들과 자주 접촉하면서 많은 계발을 받을 수 있었겠지요. 그리고 더 좋은 글을 더 많이 쓸 수 있었을 테고. 하지만 학교에 있었다면, 반우파투쟁에서든 문화대혁명에서든 아마도 맨 먼저 공격을 받았을 겁니다. 그런데 사회과학원에서 저는 완전히 보잘것없는 사람이었지요. 문화대혁명이 시작될 때, 1966년 5월에 잡지 『홍기』에서 정지차오鄭季翹의 글37을 실었는데요. 주로 형상사유론形象思維論을 비판하는 내용이었지요. 그런데 그 글 안에 제 이름도 거론되어 있었어요. 주로 비판 대상으로 말이죠. 제가 베이징 대학에 가서 대자보를 보니, 제 이름 위에 죄다 가위표가 그어져 있더군요. 저더러 반동 학술권위라고 하더군요. 하지만 사회과학원에서 제가 무슨 권위라 할 게 있었나요? 지위도 아주 낮았고, 남들은 임금으로 200위안이나 300위안을 받는데 저는 겨우 69위안을 받았어요. 그러니 제가 뭐 대단한 사람이었겠어요? 당시 사회과학원에는 거물이 많았지요. 양셴전양셴전楊獻珍, 장원톈張聞天, 허치팡何其芳, 위핑보兪平伯, 쑨예팡孫冶方, 진웨린, 허린, 구제강顧頡剛, 허우와이루, 첸중수, 펑즈馮至, 거바오취안戈寶權, 정말 많았지요. 그러니 저 같은 사람한테 누가 신경이나 썼겠어요? 그래서 좋은 점도 있었지요. 만약 학교에 있었다면 가장 먼저 저를 끌어냈을 테니까요.

형상사유에 대한 대대적인 비판이 일자 저는 바짝 긴장했답니다. 야오원위안姚文元[38]의 등장으로 더 불안해졌지요. 1960년대에 저는 야오원위안과 필전을 벌인 적이 있거든요. 「미학의 3가지 논제」 세 번째 부분은 야오원위안에 대한 비평이었죠. 야오원위안도 저를 비판한 적이 있어요. 저한테 엄청난 꼬리표를 붙였답니다. 저를 자산계급이라고 했지요. 게다가 정지차오의 글까지 더해졌으니, 이제 끝장이라는 생각이 들었어요. 그런데 뜻밖에도 무사태평하더군요. 야오원위안이 권력을 잡고 난 뒤에 저를 괴롭힐 거라는 생각이 들었어요. 학술 문제 역시 정치 문제로 변했다고 생각했고요. 하지만 그들의 날도 그리 길지는 않을 거라 예상했답니다.

류_____ 아까 하던 이야기로 돌아가서 말씀드리자면, 살아오시는 동안 그래도 특별히 큰 타격은 받지 않으셨는데요.

리_____ 아니요, 받았답니다. 면직을 당했는데 어떻게 큰 타격이 아니겠어요? 아주 치욕스런 일이었어요. 제일 재미있는 건 말이죠, 저에 대한 모든 비판이 반드시 '조직에 대항'했다는 결론으로 귀결되던 점입니다. 소위 '부적절한 남녀관계'에 대한 비판까지 포함해서 모든 게, '조직에 대항'한 '소부르주아 계급의 저열한 근성'이라는 개성으로 귀결되었지요. 그때는 개성을 말하는 게 용납되지 않았어요. 흔히 듣던, '자유산만自由散漫'[39]하다거나 '자유병自由兵'이라는 말은 그나마 가장 온화한 비평이었답니다. 어쨌든 저는 가장 개조가 필요한 대상으로 내내 인식되었어요. 제가 가장 혐오하는 단어 두 개가 있는데, 바로 '사상개조'와 '펜대'⁴⁰랍니다. 내가 왜 다른 사람의 '펜대'가 되어야 하느냐 말이에요. 이건 아마도 제가 송명이학을 줄곧 싫어했던 것과 잠재의식으로 관련 있었을 거예요. 송명이학이 수양과 '문이재도文以載道(글로써 도를 싣는다)'를 대단히 강조했잖아요. 제가 만약 대학에 있었다면, 가장 먼저 '백전도로白專道路'⁴¹의 대표로 비판받았을 겁니다. 철학연구소는 정치운동을 하지 않았으니 비판대회를 열지도 않았지요. 그런데 철학연구소 안에서 '우파'를 제외하고는 제가 하방下放 노동을 가장 많이 했답니다. '사청'에 두 번 참가했고 노동에는 아주 여러 번 동원되었어요. 노동할 때는 제가 생각해도 정말 미련했어요. 다른 사람이 100근을 짊어지면 거기에 맞춰야 한다는 생각에 저도 100근을 짊어졌거든요. 그때 정말 고생이 많았지요. 신문 볼 시간조차 없었답니다. 땀을 워낙 많이 흘린 탓에 입고 있던 속옷이 껍질처럼 딱딱해졌던 게 기억나는군요. 그런데 그걸 빨 시간조차 없었어요. 돌아오면 피곤해서 그저 침대에 눕고 싶은 생각뿐이었지요. 그때의 인상이 유난히 깊게 남아 있네요. 1958년에는 한밤중인 3시에 일하러 일어나기도 했답니다. 아무것도 안 보이는데 어떻게 일을 하겠어요? 저는 방수포를 가지고 나가서 적당한 장소를 찾아 누워 있다가 날이 밝으면 다시 일어나 일했지요. 농민도 마찬가지였어요. 그런데 그들에겐 저처럼 습기를 막을 수 있는 사치스런 방수포가 없었지요.

노동 외에 굶주림도 있었답니다. 1960년에는 농촌에서 정말 심하게 굶주림에 시달렸어요. 온몸이 부었지요. 그전에도 단기간 굶주려본 적이 있긴 한데, 그야 자초했던 거죠. 대학에 다닐 때 아침 먹고 시내로 들어가서 서점을 돌아다니다가 돌아가면, 저녁은 거르고 다음 날 아침이 되어서야 밥을 먹었거든요. 하루에 한 끼를 먹은 거죠. 돈이 좀 모이면 그걸로 값싼 책을 샀어요. 그때는 돈 몇 푼이면 책 한 권을 살 수 있었으니까요. 짧은 기간의 굶주림은 그래도 견딜 수 있어요. 제 위장이 참 튼튼해요. 뱃가죽이 당길 정도로 먹을 수도 있고 웬만큼 배고픈 것도 참을 수 있거든요. 먹을 게 있으면 죽어라 먹었는데, 지금까지도 그 나쁜 습관을 못 고쳤답니다. 옛날에 밥을 못 먹었던 건 가난해서이지만 스스로 먹지 않았던 거죠. 하지만 오랜 기간의 굶주림은 견딜 수 없어요. 그건 강요에 의해서 어쩔 수 없이 굶는 거예요. 1960년에는 정말 굶주림이 두려웠답니다. 지금도 돈은 낭비할 수 있지만, 음식을 낭비하는 건 익숙하지도 않을뿐더러 받아들이기 힘들어요. 이것 때문에 집사람이랑 자주 말다툼을 합니다. 제가 집사람을 낭비대왕이라고 하지요. 1960년에 중국에서 얼마나 많은 사람이 굶어 죽었는지, 그때 상황을 지금 젊은이들은 상상할 수도 없어요. 외국 학자들은 고상하게 정신세계를 이야기하기 좋아하지요. 배고프지 않고 밥을 먹는 게 중심인 물질생활에 대해서는 거들떠보지도 않거나 말할 가치가 없다고 생각해요. 경제적 기초를 강조하는 마르크스에 대해서도 마찬가지고요. 저는 전혀 그렇지 않다고 생각합니다. 이런 제 생각이 굶주림에 시달렸던 개인적인 경험과 정감에 영향을 받은 것일까요? 그럴 수도 있겠지요. 하지만 여태 저는 개인의 정서와 정감이 자기 이론의 논점과 논증에 관여하지 않도록 했답니다. 저는 '밥 먹는 철학'을 제기하면서 제가 옛날에 굶주림에 시달렸던 일을 연

베이징에서 2010년 10월 18일과 19일에 걸쳐 이루어진 리쩌허우와 류쉬위안의 대담.

상하지 않았어요. 류짜이푸가 늘 저더러 '이성적'이라고, 심지어는 '지나치게 이성적'이라고 하는데, 이렇게 대답할 수밖에요. "자네는 문학가이지만 나는 아니라네." 그러니까 제가 '밥 먹는 철학'을 제기한 건 제가 굶주림에 시달렸던 것과 무관하고, 순수하게 이성적 사변의 결과라고 말할 수 있습니다.

류_____ 그건 선생님 말씀에 동의할 수 없겠는데요. '밥 먹는 철학'뿐만 아니라 '정 본체'를 제기하시게 된 데에 개인 체험이라는 요소가 없었다고 할 수는 없겠지요. 물론 직접적으로 이론을 가지고 자신의 경험이나 체험을 해석하는 것은 분명 천박하고 깊이가 없지요. 그리고 종종 감정이 분출되게 마련이고요. 이건 줄거리를 가지고 이념을 설명하는 문학과 마찬가지이죠. 하지만 간접적이고 심층적인, 자신조차 의식하지 못한 관련성은 제 생각엔 존재할 것

제3장 몇 권의 책에 대해 이야기하다 105

같은데요. 그렇다면 잠재의식 속으로 들어가서 찾아봐야 하지 않을까요. 농담입니다. 프로이트의 방법으로 연구해봐야겠는데요.

리_____ 좋아요. 그럼 연구하시길 기다리죠. 이론과 개인의 경험은 확실히 흥미로운 연구 과제입니다.

역사의 '누적-침전'은 내 모든 연구를 둘러싸고 있는 '동심원'의 중심이다

류_____ 참, 「칸트 철학과 주체성 건립 논강康德哲學與建立主體性論綱」에 대해서 오늘 말씀하시지 않았는데요.

리_____ 그 글은 『비판철학의 비판』 안에 들어 있답니다.

류_____ 그 글의 영향력은 정말 컸지요. 당시 그 글을 본 많은 사람이 눈앞이 환해지는 느낌이 들었답니다.

리_____ 「칸트 철학과 주체성 건립 논강」은 학술 잡지가 아닌, 여러 사람의 글을 모아서 만든 책에도 수록되어 있지요.

류_____ 그렇죠. 『칸트와 헤겔의 철학을 논하다』[42]라는 그 책의 영향력은 정말 컸어요. 선생님의 글은 책의 제1편으로 실렸는데요. 제2편은 예슈산의 글이고, 제3편은 량즈쉐의 글이지요. 정융鄭湧의 글도 그 안에 있고요.

리_____ 상하이의 어떤 독자가 편지를 보내왔는데, 제 그 글과 『공산당선언』을 함께 나란히 놔뒀다는 거예요. 정말 깜짝 놀랐지 뭡니까. 큰일 날 일이었지요. 그 사람한테 그런 말은 당장 그만두라고 했답니다. 당시 그런 말을 하는 건 큰일 날 일이었거든요.

류____ 그 논강의 관점은 당시로서는 확실히 아주 새로운 것이었지요. 다들 잘 알고 있는 마르크스주의 관점을 새로이 해석하고 선생님이 생각하는 중요한 점을 뽑아내서 새로운 생각의 방향을 보여주셨는데요.

내일은 선생님의 몇 가지 논강을 대상으로, 그것들 상호 간의 관계와 변화 발전에 대해 다시 말씀을 나누도록 하겠습니다. 표현법의 변화도 포함해서요.

리____ 표현법은 기교에요. 정치적 억압 아래에 있는 학술은 "지하에서 사고하고 가장자리에서 글을 쓸" 수밖에 없답니다. 규정의 가장자리에서 규정을 위반하지 않는 기술을 단련해야 하지요. "구망이 계몽을 압도했다"는 견해가 『중국근대사상사론』 안에 있었지만 왜 직접적으로 제기하고 여러 번 강조하지 않았을까요? 때가 되지 않았기 때문이지요. 그때는 1979년이었어요. '두 개의 무릇兩個凡是'43이 여전하던 때라서 많은 말을 할 수가 없었답니다. 1986년이 되어서야 대대적으로 말할 수 있었어요. 『비판철학의 비판』에서는 마르크스와 레닌을 많이 인용했지만 그 뒤로는 그러지 않았지요.

류____ 내용의 충실함과 더불어서 또 어떤 실질적인 변화가 있었는지요?

리____ 핵심 사상에는 별다른 실질적인 변화가 없었고, 내용과 자료가 충실해지고 보충되었지요.

류____ 선생님의 미학 연구, 사상사 연구 그리고 논강, 또 나중에 '정 본체'를 제기하시기까지의 관계들에 대해서 말씀해주실 수 있을 것 같은데요.

리_____ 그건 전에 말한 적이 있어요. 바로 '동심원'이지요. 몇 가지 방면의 연구가 죄다 하나의 원의 중심을 둘러싼 채 서로 지지하면서 돕고 보충하며 차츰 완전해졌답니다. 원을 크게 그릴수록 커다란 원이 되지요. 제가 심리주의와 심미주의를 가지고 중국 철학의 특징을 말한 게 한 예라고 할 수 있겠군요.

제 연구는 심리에 역점을 두고 있답니다. 철학이든 미학이든 칸트든 중국 사상사든, 다 그렇지요. 누적-침전은, 인간의 심리에 실천과 역사와 문화가 누적되고 침전된 거예요. 그래서 저의 철학·미학·중국 사상사·칸트는 바로 이 점에서 동일하답니다. 모두 하나의 동심원에 속한 것이지요.

류_____ 맞습니다. 선생님의 누적-침전설은 선생님의 모든 관점 중에서 가장 핵심적이면서도 가장 독창적인 것이라고 할 수 있어요. 그것이 선생님의 모든 연구를 관통하고 있으니까요.

저는 선생님의 두 가지 관점이 가장 중요하고도 독창적이라고 생각하는데요. 누적-침전설이 그중 하나이고요. 다른 하나는 바로 내일 중점적으로 이야기를 나누게 될 '정 본체'입니다.

리_____ '누적-침전'이라는 이 동심원에서 출발한다면, 중국 전통이 반드시 좀 더 큰 역할을 할 거라고 생각합니다.

하지만 맹목적으로 스스로를 과대평가하려는 건 아니에요. 지금 어떤 젊은이들은 『주역周易』으로 돌아가자는 둥 모든 것에 있어서 우리 선조가 훌륭하다고 말하길 좋아하는데, 저는 반대합니다. 저는 여전히 모두에게 밉보이는군요.

최근에 이중톈易中天과 했던 담화가 아마도 '자유파' '신좌파' '국학파' 모두의 마음을 상하게 했을 겁니다. 자유파는 미국의 주류와

'접속'하려 하고, 신좌파는 미국 대학의 좌파 주류와 '접속'하려고 하는데, 이건 모두 외래품을 가지고 사람을 놀라게 하는 거예요. 또 국학파는 자신의 전통과 '접속'하려고 하지만 여전히 정서적 측면에 머무른 채 학문적인 이론은 그다지 내놓지 못하고 있어요. 저는 그 무엇과도 접속하지 않습니다. 누가 뭐라고 하든 여전히 제 방식대로 하는 거죠. 전통에 반대하면서도 전통을 옹호하고, 서양을 배우면서도 서양을 비판합니다. 나이가 벌써 팔순이에요. 앞날이 얼마 남지 않았으니, 남들이 비웃고 욕해도 대꾸하지 않으렵니다. 그렇다고 그들이 나를 어찌겠어요?

4장

'정본체'에 관하여

철학은 무엇을 연구하는가?

리_____ 어제 이야기를 제가 개괄해보도록 하지요.

어제 인류학 본체론에 대해 이야기하면서, 저는 인류와 개체 모두가 운명의 문제에 직면해 있다고 말했습니다. 포스트모던이 인간을 죄다 파편으로 만들고, 인간은 소외되어 기계의 노예가 되었다고 했지요. 어떤 사람은 "실컷 즐기고 죽자"고 강조하면서, 일시적인 향락을 추구하지요. 하지만 사실은 실컷 즐긴 뒤에도 사람은 여전히 살아갑니다. 그럼 어떻게 해야 할까요? 인간은 자신의 운명을 어떻게 파악해야 할까요? 바로 이것이 아주 큰 문제가 되었습니다.

1989년 2월에 쓴, 주체성에 관한 「네 번째 논강第四提綱」의 마지막에서 저는 이렇게 말했어요.

인성·정감·우연은, 내가 기대하는 철학의 운명이라는 주제다.
이것은 장차 21세기에 시적으로 전개될 것이다.

인성·정감·우연도 모두 언급했고, 더불어서 '운명'을 새로운 세기의 철학 주제로 보았답니다.

사실은 더 위로 거슬러 올라갈 수 있는데요. 그보다 10년 전이지요. 1978년으로 기억하는데, '사인방'이 분쇄된 지 얼마 되지 않았을 때, 위광위안 선생이 작은 회의를 소집했어요. 거기서 무엇이 철학인가, 철학은 무엇을 연구하는가에 대해 토론했답니다. 많은 사람에게 질문이 돌아갔지요. 각자 자신의 생각을 이야기했는데, 대동소이했어요. 제 차례가 되었을 때 저는, 철학은 운명을 연구한다고 말했어요. 위광위안 선생이 멈칫하더군요. 저도 더 이상 말을 잇지 않았고요. 다른 사람들은 제 말을 듣고 아마도 어리둥절했을 겁니다, 하하!

그때부터 지금까지 저는 그렇게 생각하고 있어요. 그러니 제 사상은 기본적으로 아무런 변화가 없다고 하는 거죠.

『논어금독』『역사본체론』『실용이성과 낙감문화實用理性與樂感文化』『인류학역사본체론人類學歷史本體論』에서 저는 정감에 대해서 비교적 많이 말했어요. 뒤에 나온 『윤리학강요』[1]에서는 인성에 대해서 많이 말했고요.

앞에서 이미 말씀드렸고, 과거에도 말한 적이 있는데요. 철학은 다원적이에요. 철학은 개념을 제조하고 시각을 제공하지요. 온갖 서로 다른 개념과 시각이 있을 수 있답니다. 무엇이 더 나은지 더 못한지, 무엇이 더 넓은지 더 좁은지 비교할 수 있지요. 토머스 나겔Thomas Nagel은 유명한 작은 책자[2]에서, 외부 세계가 존재하는지의 여부 등 철학의 9개 문제를 언급했어요. 이것 역시 하나의 시각이지요.

동물적 정감은 인간적 형식을 필요로 하지요. 이건 밖에서 안으로 향하는 것이기도 합니다. 제가 책에서 말한 건, 무엇보다 먼저

도구를 사용하고 제작하는 노동의 실천 가운데 획득하게 되는 각종 리듬과 운율의 형식감이에요. 『미학사강』에서 말한 '원시 적전積澱'이 바로 이것이죠. 그다음이 사회의 인간관계에서 획득하는 정감이에요. 예를 들면, 상례喪禮에는 정감에 어느 정도 '꾸밈飾'이 있어야 한다는 것이죠. "꾸미지 않으면 보기에 추악하고, 추악하면 슬프지 않다"3고 했어요. 이성이 그 안에 개입해서 슬픔과 감상感傷을 통해 과거를 현재로 만드는 것이지요. 과거를 슬퍼하는 것은 바로 현재를 아끼고 애착하는 겁니다. 이건 생존과 삶을 격려하는 힘이 생겨나게 하지요. 그러한 정감 안에는 이해와 상상, 즉 지성이 포함되어 있고 지성이 누적-침전되어 있기 때문에 그것은 동물과 구별되는 인간의 정감 형식이 되는 것이지요. "두견새가 우니 봄날 새벽이구나"4, "날이 저문 것만 알 뿐 어느 때인지는 모르겠네"5 등과 같은 높은 경지는 인간의 정감이 시공을 초월하고 인과를 초월한 우주 물자체物自體를 지향하도록 해주지요. 이런 내용은 제 후기 저작에서 말한 것들입니다.

어떻게 과거를 슬퍼하고 현재를 아낄 것인가, 어떻게 욕慾을 정情으로 이끌어 들여서 욕을 정으로 만들 것인가, 이것은 이理로 욕을 제어하거나 심지어 욕을 없애려는 '심성'이 아니에요. 또한 정을 멋대로 풀어놓고 이를 배제하는 '지금 이 순간'도 아니지요. 그건 바로 포스트모던에서 중국 철학으로 전환하여 운명을 선택하고 내일을 결단하는 최적의 경로에요. 그건 바로 제가 정욕론情慾論을 주제곡으로 삼아 논의한 '유가 4기儒家四期'6, 인류학 역사 본체론에서 말한 '정감-이성 구조(문화-심리 구조)이며 '정 본체'입니다. 우나무노Unamuno가 말한 것처럼, 종교는 죽음을 소멸시키고 철학은 죽음에 대항하지요. 종교는 영혼불멸을 선양하니 죽음을 소멸시키는 게 당연하죠. 그렇다면 철학은 어떻게 죽음에 대항할 수 있을까요? 이성만으로는 충분하지 않겠지요? 이성은 심리의 전부일 수가 없어요. 두려운 건 죽음이 아니라 죽음에 대한 자의식이거든요. 이성은 이런 의식을 바꾸거나 소멸시키지 못해요. 이런 의식은 생명욕의 동물성과 긴밀히 연결되어 있거든요. 따라서 인간 세상의 다양한 정감에 대한 집착과 심화와 신성화에 의지해서 인생의 의의를 파악하고 죽음에 맞설 수밖에요. 역시나 "아직 삶도 모르는데 어찌 죽음을 알겠는가?"7의 전통이지요.

'외계인'에 관한 삼단논법

리_____ 방금 말씀드린 운명의 문제는 바로 중국 전통인데, 중국 전통은 서양과는 달리 현대철학처럼 파편화된 자아를 강조하지 않아요. 그리고 오직 신만이 우리를 구원할 수 있다는 하이데거의 말과도 다르지요. 이건 하이데거가 최후에 한 말인데, 비록 그의 철학이 무신론이긴 하지만 서양의 배경이 여전히 존재하는 거죠. 그런데 제가 보기에 인류는 오로지 자기가 자기를 구원할 수밖에 없어요. 그리고 중국 철학은 바로 자기가 자기를 구원할 것을 강조하지요.

여태 발표하지 않은 관점이 하나 있는데, 아주 간단한 논리적 추론이에요. 지금 잠깐 말씀드리지요. 저는 외계인을 믿지 않는 사람입니다. 호킹의 최근 관점에도 동의하지 않아요. 비록 그가 위대한 물리학자이긴 하지만요.

외계인이 있다고 가정해봅시다. 외계인은 인류보다 훨씬 똑똑할 거예요. 만약 인류와 비슷하거나 인류보다 지능이 떨어진다면, 그들의 존재는 인류에게 아무 의미가 없지요. 그런데 인류가 존재한 기간은 기껏해야 수백만 년에 불과한데, 억만 년의 우주에서 그럴 우연성은 아주 적어요. 따라서 그들의 문명 수준은 분명히 인류보다 훨씬 높을 겁니다. 제 논증은 이런 거예요. "외계인은 우리 인류로 하여금 그들의 존재를 알게 할 능력이 반드시 있다. 그런데 우리는 외계인의 존재를 모른다. 따라서 외계인은 존재하지 않는다."

아주 간단한 이치예요. 이제 바로 저의 논증이랍니다. 안셀무스[8]의 신에 대한 본체론적 증명을 약간 모방한 것이죠.

류____ 선생님의 삼단 논법이 아주 재미있는데요.

리____ 물론 다른 가능성도 있어요. 그러니까 외계인이 인류에게 자신들의 존재를 알리고 싶어하지 않을 가능성이지요. 하지만 인류가 이 정도 수준인데, 그들이 굳이 인류가 알지 못하게 할 필요가 있을까요? 그 밖에도 우주의 공간이 아주 크다는 것도 배제할 수 없지요. 지구로부터 무척 멀어서 엄청난 광년에 달할 정도로 떨어져 있다면, 외계인의 소식이 아직 도달하지 않았을 수도 있겠죠. 그건 또 다른 문제에요. 어쨌든 지구의 생활을 방해할 정도이면서 지구인이 그들의 존재를 모르도록 하는 것은 불가능한 것이지요. 재미있는 생각인가요?

류____ 아주 재미있습니다!

리____ 물론 이건 여담일 뿐이고요. 제 말의 의미는, 인류는 신에게 의지해서도 안 되고 외계인에게 의지해서도 안 되고 하느님에게 의지해서도 안 되고, 오로지 자신에게 의지해서 운명을 파악해야 한다는 겁니다. 이 문제는 바로 중국 철학으로 해결할 수 있어요. 왜냐하면 중국에는 유일한 인격신이 없으니까요. 중국에는 서양과 같은 종교와 신이 없어요. 중국에는 하나의 세계만 존재하지요. 바로 우리 자신의 세속세계에요. 그건 신의 세계와 인간의 세계가 뚜렷이 양분되어 있는 두 개의 세계가 아니랍니다. 중국에서 믿는 것은, 명령을 내리고 전지전능하고 인간과는 완전히 이질적인 하느님이 아니라, 매우 모호하고 불확정적인 것이지요. 천도와 천명天命에서부터 민간의 온갖 귀신 신앙에 이르기까지 모두 그렇답니다. 이건 대체 어떤 것일까요? 그래서 저는 '천天(하늘)·지地(땅)·국國(국가)·친親(어버이)·사師(스승)'에 대한 신앙으로 돌아갈 것을 주장한답니다. 전에 말한 적이 있는 걸로 기억하는데요. 제가 어렸을 때 집 거실에는 조상의 위패가 놓여 있었어요. 위패 뒤에는 '천지국친사天地國親師'라는 다섯 글자가 적혀 있었답니다. 천지국친사를 신앙과 숭배와 경외의 대상으로 삼은 것이지요.

　　류____ 본래는 '천지군친사天地君親師'지요?

　　리____ 맞아요. 그런데 제가 어릴 때 이미 민국 시기였으니, '군'은 존재하지 않기에 '국'으로 바꾼 것이지요.

　　류____ 그렇게 바꾼 건 아주 좋고 중요한 겁니다. 전통 사상을 현대와 접속할 수 있게 한 거죠.

　　리____ 그렇습니다. '국'은 가국家國이에요. 전원이 있는 집과 나라이지요. 이건 고향·산천·자연에 대한 중국인의 뜨거운 사랑과 숭배를 한데 연결한 거예요. 역시나 하나의 세계이지요. 이것은 일종의 숭배이자 정감입니다.

세계가 이런 중국의 신앙을 받아들이게 하는 건 쉽지 않아요. 다른 이가 받아들이도록 급급해할 필요도 없고요. 하지만 저는 세계가 그것을 받아들일 필요를 조만한 느끼게 될 거라고 생각합니다.

1960년대의 철학은
이미 개체를 주목했다

류_____ 과거에는 주체성을 논하면 대부분 인류 주체성을 말했지, 개체는 나중에야 강조되었는데요. 선생님의 연구가 심화되면서, 특히 '정 본체'가 제기되면서 개체의 주체성에 중점이 두어졌지요. 이건 철학적 시각의 전환이나 변화인지요?

리_____ 아닙니다. 제가 처음에는 인류의 운명에 주목했다가 나중에야 인류 개체에 주목하게 된 건 아니에요. 처음부터 저는 인류 개체를 연구했답니다. 하지만 저는 인류 개체를 전체 인류와 분리하지 않았어요.

저는 원자로서의 개인이라는 이론에 줄곧 반대했답니다. 원자로서의 개인이란 건 없어요. 주위와 아무 관계도 없는 인간 존재는 비역사적인 설정일 뿐이지요.

류_____ 그건 포스트모던 이론에서 말하는 건데요. 사실 포스트모던 이론에서는 인류라고 할 것도 없지요. 인류는 구성된 것이고 그저 미덥지 못한 개념에 불과하니까요. 이런 논조는 좀 황당무계한데요.

리____ 『비판철학의 비판』에서 저는 대아大我로부터 소아小我를 말했지요. 먼저 인류를 말하고 나서 개체를 말했습니다. 개인의 자아의식은 아주 늦게 시작된 거예요. 서양에서는 근대가 되어서야, 문예부흥 이후에야 비로소 생겨났지요. 노예사회에 무슨 개인이 있었나요? 노예는 그저 말을 할 줄 아는 도구였어요. 그래서 저는 역사를 무척 강조합니다. 저는 역사주의자예요.

개체의 주체성은 현대철학의 화제랍니다. 제가 오래전에 인류학 본체론을 구상하던 때에, 아주 중요한 여러 생각이 죄다 인류 개체에서 출발했지요.

류____ 선생님의 본체론 철학에 대한 구상은 일찍이 1960년대에 있었는데요. 그때 어떻게 그런 생각을 하실 수 있었는지요? 그 당시의 철학 조류는……

리____ 그 당시의 철학 조류는 이미 개체를 주목했답니다. 근대 이후로 주로 개체를 연구했지요. 중국 전통은 이 방면에 있어서 확실히 상대적으로 빈약해요. 이건 반드시 고쳐야 해요. 그래서 항상 저는 중국 전통이 완전무결하고 외래의 관념을 배척해야 한다고 말하는 사람들이야말로 전통을 위배하고 있다고 생각합니다. 중국 전통이야말로 외래의 것을 진지하게 흡수해서 스스로를 끊임없이 발전시켜온 것이니까요. 송대 유학의 예를 이미 말씀드렸는데요. 당시 상황은 오늘날과 비슷한 데가 있어요. 수백 년에 걸쳐 불교는 심화된 반면 유가는 활기를 잃고 가라앉았지요. '모든 것이 공萬相皆空'이 된 이후에 인간은 어떻게 살 것인지가 커다란 문제가 되었답니다. 이렇게 해서 불가를 흡수해 심성 본체를 구축한 송명이학이 흥기하여 중국 철학을 이어나가고 발전시켰지요. 100년이

넘도록 서구의 비바람의 세례를 받은 오늘날, 삶이 이미 물욕이 된 다음에 인간은 또 어떻게 살아야 할까요? 새로운 철학에 대한 흥미가 있어야겠지요? 홍콩과 타이완의 신유가는 도덕률인 심체心體와 성체性體를 재건함으로써 사람들을 규범화하려는데, 가능성이 없는 것 같아요. 현대인은 다양하고 불확정적이며 정말로 많은 온갖 취미와 활동 속에서 살아가게 되는데요. 허무한 인생에 대한 슬픔과 애착과 미련과 깨달음 속에서 무로부터 유를 만들어내며 오로지 자기에게 속하는 운명을 파악하고 개척하고 주재해야 하지요. 입명立命하는 것이에요. 스스로 내일을 선택하고 결단하면서, 정情을 근본으로 이理와 욕慾을 일체로 녹여낸 아름다운 세계를 공동으로 창조해내는 겁니다.

류_____ 선생님의 구상은 실존주의로부터 계발받은 것인지요?

리_____ 예전에 어떤 사람은 저를 실존주의라고 비판했답니다. 실존주의는 확실히 각 개체 실존의 독특성을 부각시켰지요.

류_____ 그런데 1960년대에 중국에서 살 수 있었던 책은 죄다 마르크스주의······

리_____ 저는 영문 저작을 볼 수 있었답니다. 사회과학원 철학연구소 도서관은 정말 훌륭해요. 당시 중국에서 가장 좋은 도서관이었어요. 베이징 대학 철학과보다도 경비가 더 많았지요. 매년 최신 학술 저작을 구매할 수 있었는데, 철학연구소에서 구매 도서목록을 작성했답니다.

그때 영문으로 된 책을 많이 읽었지요. 피아제의 『발생적 인식론 서설』 『구조주의』, 카시러의 『상징형식의 철학』 등등. 카시러의 책은 여러 권 읽었어요. 그리고 인류학 저작도 읽었지요. 그 책들을 읽고는 정말 흥분했답니다. 제 생각과 같은 부분이 많다는 걸 발견했거든요. 예를 들면, 피아제는 동작이 아동의 인식 성장에 기초적인 역할을 하고, 동작이 주체와 객체를 구성해낸다고 했지요. 이걸 읽고서는 유난히 놀랍고도 기뻤답니다. 제 철학인류학9 관점과 상당히 일치한다는 생각에 자신감이 더 생겼지요.

류＿＿＿ 하이데거의 책은요?

리＿＿＿ 물론 읽었지요. 처음엔 실존주의 철학을 발췌 편집한 것을 읽었어요. 굉장히 질이 높은 책이었답니다. 베이징 대학의 원로 교수들이 편역한 것이었어요. 슝웨이熊偉, 런화任華, 훙첸洪謙, 왕타이칭王太慶, 이분들이 편역한 책들은 양이 많진 않았지만 질이 꽤 괜찮았지요. 당시 철학연구소에서는 외국 잡지를 많이 구독했는데, 베이징 대학보다도 훨씬 많았어요. 대부분 영어로 된 것이었고 독일어나 프랑스어로 된 것도 있었지요. 덕분에 국외 철학의 동향을 이해할 수 있었답니다. 그때 잡지를 보는 사람이 몇 명 없었어요. 저는 학술 잡지 읽는 걸 늘 중요하게 생각하는데, 잡지에 발표되는 글은 거의 최신의 연구 성과거든요.

'정 본체'는 수천 년의 전통 철학을 전복시켰다

류＿＿＿ 『실용이성과 낙감문화』에 수록되어 있는 4개의 주체성 논강을 보면, 개체에 대한 강조가 갈수록 두드러지는데요. 선생님의 이론은 일이관지一以貫之하지만, 첫 번째 논강10에서는 도구를 사용하고 제작하던 최초에 "개체의 자발적이고 우연적이고 분산적인 활동이 점차 군체의 유의식적이고 유목적적인 실천활동으로 변했다"고 언급한 부분 외에 다른 곳에서는 개체에 대해 거의 말씀하시지 않았어요. 이건 아마도 당시 전국적인 마르크스 레닌주의 이론의 분위기와 관계있겠지요.

두 번째 논강은 바로 그 유명한 「칸트 철학과 주체성 건립 논강」인데요. 이 글에서 이렇게 지적하셨어요. "개체의 소아가 전체의 대아 속으로 소멸되는 등의 현상은 지금까지 인류 역사가 겪어온 과정이다." 그리고 이렇게 말씀하셨어요. "개체 존재의 거대한 의의와 가치가 시대의 발전에 따라 더욱 두드러지고 중요해질 것임을 보아내야만 한다. 피와 살로 이루어진 육체로서의 개체는 (…) 자기 존재의 독특성과 중복 불가능성을 갈수록 더욱 두드러지게 느낄 것이다." 이 글이 당시 사람들의 마음을 흥분시켰던 건, 사상이 아직 개방되지 않은 사람들한테는 이런 말이 그야말로 깜짝 놀랄 만큼 새로웠던 것이었을 텐데요.

이 글의 보충 설명11에서, 주체성은 인류 군체와 개체 심신의 이중적 성질을 지닌다고 하셨지요. 그리고 또 말씀하시길, "죽음의 공포, 정욕의 흔들림, 생활의 고뇌, 인생의 번민, 존재의 공허와 싸워 이겨내는 것", 이 모든 것은 "주체성의 본체 가치"와 관련되어 있다고 하셨어요. 이런 정감의 내용들은 물론 각자의 인류 개체가 독립적으로 직면해야 하는 것이지요. 그래서 선생님이 여기서는 아직 '정 본체'를 언급하시진 않았지만 '정 본체'의 형체가 이미 어렴풋하게 보이고 있습니다.

하지만 사실은 『역사본체론』이 나올 때까지만 해도 아직 '정 본체'를 언급하시진 않았는데요. 이 개념은 언제 제기하신 건가요?

리_____ '정 본체'는 그전에 이미 나왔던 겁니다. 『미학사강』의 맺는말을 보세요. 이렇게 나와 있답니다. "정감 본체 만세, 신新감성 만세, 인류 만세." 1989년의 네 번째 논강[12]에서도 '정감 본체'를 언급했지요. 그 논강의 소제목 하나가 바로 "그래서 심리 본체, 특히 정감 본체를 건립할 것을 제의했다"에요. 『화하미학』에서도 언급하긴 했어요. 하지만 확실히 논증을 많이 했던 건 아니지요. 『실용이성과 낙감문화』에서 비로소 진정으로 '정 본체'를 전개했답니다.

류_____ 『실용이성과 낙감문화』는 아주 중요한 저작인데요. 『역사본체론』을 밀고 나가 심화시킨 것이니까요. 2004년에 쓰신 것이죠. 그전에는 아마도 탐색 단계에 있으셨던 것 같습니다. 아직 '정 본체'를 기치로 내걸진 않으셨던 걸 봐서 말이죠. 정말로 '정'을 본체로 삼고 나면, 분명히 철학계에서는 굉장히 의아하게 여길 거라는 걸 예상할 수 있는 거였지요.

리_____ 여태 저는 '탐색'이라는 게 없었던 것 같아요. 할 말이 있으면 바로 하고 사람들의 반응이 어떨 거라는 건 신경 쓰지 않으니, 뭔가를 '탐색'하진 않아요. 1985년의 세 번째 논강[13]에서 이미 이런 말을 했답니다.

따라서 상대적으로 독립적 성능을 지닌 심리 본체 자신에 주목할 수밖에 없다.
이 우연성의 생의 매 순간에 시시각각 관심을 갖고서 이것을 진정 자신의 것으로 변하게 해야 한다. 자유로운 직관에 의한 인식과 창조, 자유의지에 의한 선택과 결정, 자유로운 향수享受에 의한 심미(美)와 기쁨 속에서 이 개체의 구축에 참여해야 한다. 무수한 개체의 우연성이 분발하여 추구한 이것이 역사성과 필연성을 구성한다.

여기에 이미 '정 본체'가 들어 있지요.

류_____ 맞습니다. 훗날 '정 본체' 이론이 되는 근본적인 요지를 여기서 지적하셨네요. 생의 매 순간이 "진정 자신의 것"으로 변하게 하라! 오로지 '진정 자신의' 인생만이 소외되지 않고 도구가 되지 않으며 영유하고 향수하는 인생이지요. 과거에 덮어놓고 강조하던 건 역사의 필연성이 개체의 우연성을 규범화한다는 것이었는데, 선생님은 이것을 "무수한 개체의 우연성이 분발하여 추구한 이것이 역사성과 필연성을 구성한다"고 바꾸셨어요. 즉 '생의 매 순간'에 대한 무수한 우리 중생의 적극적인 추구가 역사를 추동하고 역사를 창조했다는 것이죠. 이건 감성을 추구하는 개체의 본체 가치를 두드러지게 했습니다.

리_____ 세 번째 논강에는 비교적 중요한 말이 또 있는데요.

소위 본체라는 것은 바로 그 존재의 의의를 물을 수 없는 최후의 실재다. 그것은 경험적 인과를 초월한다. 심리를 벗어난 본체는 하느님이고 신이다. 본체를 벗어난 심리는 과학이고 기계다. 따라서 최후의 본체 실재는 사실 인간의 감성 구조에 있다.

류_____ 여기에 와서는 '정 본체'가 생동적으로 묘사되어 있군요.
리_____ 네 번째 논강에서는 이렇게 말했답니다.

역사의 누적-침전인 인성 구조(문화-심리 구조, 심리-정감 본체)는 개체에 대한 강압과 간섭이 아니다. 더군다나 '살아 있는 것'의 우연성과 그것에 대한 느낌은, 이 본체에 대한 개체의 수용·반항·참여가 도구 본체의 구축과는 매우 다르도록 하며 신비성·불확정성·다양성·도전성을 지니게 한다. 생명의 의의, 인생의 깨달음, 생활의 동력은 누적-침전된 인성에서 비롯되며 누적-침전된 인성에 대한 충격과 들볶임에서 비롯된다. 이것이 바로 상존하면서 영원한 고통과 즐거움 그 자체다.

다들 '정 본체'라는 세 글자에만 주목했지요. 마치 "구망 압도 계몽(구망이 계몽을 압도했다)"이라는 여섯 글자에만 주목하면서 그 사상에는 주의를 기울이지 않았던 것처럼요. 물론 이 몇 글자가 사상을 더 두드러지게 나타내긴 하지요. 제 학술 사상의 제3단계에서 '무사 전통'과 '정 본체' 등을 내놓았으니, 이 단계가 훨씬 중요하다는 데는 저도 동의해요. 하지만 이 단계에서도 도구의 사용과 제작 그리고 누적-침전 등의 기본 논점을 여전히 견지하고 충분히 설명했답니다.

류＿＿＿＿ 제가 이해하기로는, '정 본체'는 이미 정해진 규범이 아니라 개방된 구조에요. 그러니까 개체가 지금까지 누적-침전된 자신의 인생이 새로운 인생을 향해 나아가도록 하는 것이지요. 그는 새로운 불확정과 마주치게 마련인데, 오로지 스스로 맞닥뜨려야 하지요. 여기에는 고통과 즐거움이 있겠지요. 그런데 이게 바로 삶이에요. 각 개인이 직면하는 우연 속에서 사실은 역사의 필연을 창조하고 있는 것이지요. 이건 각 개인의 가장 본래적인 삶이에요. 그래서 이것이 바로 본체이지요.

제가 이해하고 있는 것이 맞는지 모르겠네요. 그런데 제가 더 좋아하는 글은 1994년에 쓰신 「철학탐심록哲學探尋錄」14인데요. 선생님께서 여섯 번째 논강이라고 하시는 이 글의 마지막은 이런 내용이지요.

천천히 걸어요. 감상하면서 말이죠. 살아가는 건 쉽지 않아요. 인생을 음미해야죠. "그땐 그저 일상이라 여겼거늘"15. 사실은 전혀 평범하지 않은 거랍니다. "서쪽에서 불어오는 바람을 향해 고개를 돌리니, 모든 일이 슬프기 짝이 없다"16 하더라도, 그것을 정감에 녹여내고 현존재17를 충실히 해야지요. 이렇게 해야만 비로소 죽음과 싸워 이길 수 있고, '근심' '걱정' '두려움'을 극복할 수 있을 겁니다. 이렇게 해야만 "일상의 인류 가운데 있는 도道"18가 도덕 법칙, 초월적 신, 멀리 떨어져 있는 정신, 부동의 이데아가 아니라 인간관계의 따뜻함과 기쁨의 봄날이 됩니다. 그래야만 그것은 정신이자 물질이며, 존재이자 의식이고, 진정한 삶과 생명과 인생일 겁니다. 이 우연들을 음미하고 아끼고 추억하세요. 생의 황당무계함을 슬퍼하며 즐겁게 지내세요. 자신의 정감의 생존을 소중히 여기세요. 인간은 '운명을 알 수知命' 있답니다. 인간은 기계가 아니고 동물도 아닙니다. '무'는 이곳에서 '유'가 된답니다.

이건 '정 본체'에 관한 한 편의 서정시라고 할 수 있겠는데요. 그 안에 철학적 의미도 들어 있고요.

마지막에 나오는 '무'와 '유'는 하이데거를 겨냥해서 하신 말씀인가요?

리_____ 맞습니다. 하이데거 역시 정을 말했지요. 하지만 하이데거한테서 정은 맹목적인 충동이에요. 하이데거의 정은 공空적인 것이지요. 그는 정을 본래적인 것과 비본래적인 것으로 나누었는데,[19] 이건 틀렸어요. 중국 철학에서는 본래적인 것이 비본래적인 것 가운데 있어요. 무한은 유한 속에 있지요. 하이데거는 기어코 양분하고자 했는데, 그렇게 되면 문제가 생겨요. 그는 자아의 선택과 결정과 결단을 통해 미래로 나아가라고만 강조했어요. 그런데 어떻게 나아가지요? 그래서 그의 철학은 나치에 이용되기 쉬웠던 겁니다. 저는 하이데거의 정치적 문제[20]는 부차적인 거라고 봐요. 중요한 건, 그의 철학 자체가 사악한 힘에 이용되기가 아주 쉽다는 겁니다.

1989년의 「네 번째 논강」에서 저는 주희朱熹를 인용해서 불가佛家의 말을 비판했는데요. 아주 극소수만이 그 인용에 주목했지요. 마침 하이데거의 이론에도 응용할 수 있는 말이랍니다. '공'과 '무'를 어떻게 실재의 것으로 바꿀까요? 그건 이 세계로 돌아오는 것, 인정人情 속으로 돌아오는 겁니다. 바로 일상생활 속에서 철학-종교의 경지에 이르는 것이지요.

주희는 불가를 이렇게 비평했다. "혼돈渾淪한 이치만 볼 줄 알지, 세밀한 세부에 대해서는 반드시 안다고 할 수 없다."[21] 이는 오늘날 하이데거 같은 이들에게도 적용할 수 있는 말이다. 여기서 '세밀한 세부'란 바로 심리 본체, 특히 정감 구조에 대한 구체적인 탐색이다.

세계는 본래 공空이고, 본래 인간이 태어나 살아가는 것도 별다른 의미가 없는 공이고, 게다가 인간은 모두 죽습니다. 하이데거가 말한 것처럼 '무'를 향해 나아가는 것이지요. 그렇다면 어떻게 해야 할까요? 인간은 동물이고, 동물은 모두 생존을 추구하는 본능을 갖고 있지요. 사람은 모두 오래 살길 바랍니다. 120세까지 살아도 더 살기를 바라지요. 성교하고 먹고 자는 것, 이 모두가 동물의 본능이에요. 그런데 유가에서는 삶의 의미가 바로 이 삶 자체에 있다고 봅니다. 바로 지금의 시시각각을 파악하는 데 있다고 보는 거예요. 선험적인 것은 존재하지 않아요. 자신의 인생을 자기가 파악해야 하지요. 신이 없기 때문에 더 비참하고 고통스럽고 힘들지요. 신을 믿으면 도리어 간단합니다. 서양의 많은 사람이 여전히 신을 믿지요. 많은 위대한 과학자를 포함해서 말이에요. 그건 인생의 의미 문제를 해결할 수 없기 때문이에요. 그래서 비트겐슈타인이 그 유명한 말을 했던 겁니다.22

류_____ 아주 개괄적으로 말하자면, 정 본체의 철학은 바로 인간이 하느님과 고별하고 신과 고별하고 심오하면서도 복잡한 이념의 세계와 고별하고 혹시 있을지도 모를 외계인과도 고별하고 나서 그 어디에도 의지할 데가 없을 때, 인간이 자신한테로 돌아올 수밖에 없고 자신의 범속한 세계로 돌아올 수밖에 없고 우리 일상생활로 돌아올 수밖에 없으며, 이때 우리는 착실하고 성실하고 진지하게 살아가게 된다는 것이죠. 이때 우리는 무엇이 최후의 실재인지 비로소 발견하게 되고요. 그건 우리의 감성 존재일 수밖에 없습니다. 본체는 매우 고상해서 더 이상 아득하지 않고 더 이상 신비하지도 않아요. 본체는 바로 정이지요. 바로 우리의 인지상정人之常情

이에요. 이건 아주 처량하고도 절망적이에요. 모든 환상이 일일이 벗겨졌으니까요. 하지만 그와 동시에 아주 실재적이지요. 이제부터 우리는 바로 우리 자신이니까요. 이래야만 우리는 비로소 기꺼이 우리 일상생활을 생동적으로 살아가게 되겠지요. 마치 가장 아름다운 음악과 가장 아름다운 그림을 음미하듯이 일상생활을 대하게 되는 것이죠.

리_____ 그래서 저는 '제2차 문예부흥'에 희망을 겁니다. 그건 바로 인간이 기계(도구의 기계, 사회의 기계)로부터의 소외에서 걸어 나오고 포스트모던의 안개 속에서 걸어 나오는 것이에요. 마치 문예부흥 시기에 신으로부터의 소외에서 걸어 나왔던 것처럼 말이죠.

류_____ 정과 이쁘는 늘 대립하는 양면이었지요. 플라톤에서부터 칸트까지, '지知·정情·의意'의 삼분법을 채용했답니다. 이성·정감·의지를 나눈 것이지요. 이 세 방면에서 철학·예술·윤리가 생겨났지요. 물론 예술과 윤리에서 다시 철학의 두 갈래인 미학과 윤리학이 나왔고요. 그런데 선생님께서는 '정' 자체를 철학의 본체로 삼고, 철학의 가장 근본 토대로 삼으셨는데요. 이건 방금 말씀드린 분업을 전복시킨 것이죠. 이런 의미에서 말하자면, '정 본체'의 제기는 철학사에 있어서 혁명적인 변화일 것입니다. 본래 예로부터 철학은 인간의 이성에서 독립해 나온 것이죠. 그것이 고도로 발전하면서 오랫동안 모든 학과를 인도했지요. 그 과정에서 몇 번의 변천을 겪으면서 다양한 학파가 세워졌고요. 그런데 최후에 와서는 뜻밖에도 다시 인정으로 돌아오고 일상으로 돌아오게 되었으니, 이건 그야말로 커다란 원을 한 바퀴 돈 셈이죠! 서양 철학자는 차마 이런 명제를 내놓지 못하겠지요? 오로지 중국 철학자만이, '하나의 세계'로부터 나온 철학자만이 이런 전복적인 명제를 제기할 수 있을 겁니다. 아까 인용했던 「철학탐심록」의 마지막 말을 돌이켜보면, 그건 서양의 전통적인 철학 논술과 비교했을 때 언어나 형식을 막론하고 근본적으로 다르지요.

리____ 맞습니다. 그래서 말씀드리길, '정 본체'는 본래 '일상의 인륜 가운데' 있다고 한 겁니다. 지나치게 신비한 구석은 없는 거죠. 전에 이런 말을 한 적이 있답니다.

> 이 '정 본체'는 바로 무無 본체本體다. 이것은 더 이상 전통적 의미에서의 '본체'가 아니다. 이 형이상학에는 형이상학이 없다. 이것의 '형이상'은 '형이하' 가운데에 있다. (…) '정 본체'를 여전히 '본체'로 명명하는 것은 그것이 인생의 참뜻, 존재의 진실, 최후의 의미임을 가리키는 것에 불과하다. 이와 같을 뿐이다.[23]

류____ 밀란 쿤데라의 새 책 『만남』[24] (2009)에 아주 재미있는 말이 나오는데요.

> 이상한 건, 현대 시를 창조한 사람들 가운데 반反시를 해야 한다고 주장한 사람이 없다는 걸세. 오히려 반대로, 보들레르 이래로 시의 모더니즘이 동경해온 것은 시의 본질에 철저하게 다가가는 것, 시의 가장 심층적 특징에 다가가는 것이었다네. 이런 의미에서 내가 상상하는 현대 소설은 결코 반反소설이 아니라 원原소설이라네.[25]

여기서 계발을 받아서 저는 이렇게 말하고 싶습니다. '정 본체'의 제기에도 일종의 '반反철학'의 의미가 있는 걸까요? 물론 '정 본체'가 실제로 성립된다면, 그건 '반철학'이 아니라 '원原철학'이겠지요. 철학의 본질에 좀 더 근접한 것이지요. 제 생각엔, 그것이 다가가고자 하는 것은 아마도 전통 철학의 본질이 아니라 인간의 본질, 무수한 개체의 본질일 겁니다. 또한 '인간'을 전면적으로 파악하고자 한다면, '정 본체'로부터 시작해서 그러한 철리적인 사고를 마련해야겠지요. 인류의 정신생활이 오늘날의 상황에 이른 지금, 이런 이론을 내놓는 것은 분명 커다란 가치가 있다고 생각합니다.

물론 이것이 사람들에게 받아들여지는 건 쉬운 일이 아니지요. 게다가 많은 사람이 받아들인 다음에야 철학계에서 가장 늦게 그것을 받아들일 겁니다.

리_____ 아, 그럴 가능성도 있겠군요. '정 본체' 배후에는 사실 중국 전통이 있답니다. 바로 아까 말씀드린 '천지국친사'이지요. 서양인이 이런 것을 믿게 하는 건 아주 어려운 일이에요. 추측건대 아마도 200년은 지나야 할 것 같군요. 그래도 괜찮습니다. 인류 역사에서 200년은 아주 짧은 시간이니까요.

류_____ 왕웨촨王岳川이 말하길, 많은 자금을 모았고 국외에 중국의 학술 저작을 소개할 수 있을 거라는데요. 선생님의 저작을 한 권 골라서 서양에 소개하고 싶어하더군요. 이런 '내보내기 주의送去主義'26에 대해서도 선생님께서는 큰 희망을 갖고 계시지 않을 것 같은데요?

리_____ 희망을 갖고 있지 않아요. 서양인은 중국에 대해 아는 것이 희박합니다. 경극京劇을 보는 것도 여전히 「천궁에서 난동을 부리다」**27** 수준에 머물러 있어요. 다른 건 본다 해도 모르는 거나 마찬가지예요. 10여 년 전에 제가 독일에서 강연할 때, 그 자리에 있는 교수들 중에서 중국 연구자가 아닌 사람들한테 중국인 10명의 이름을 댈 수 있는지 물어봤답니다. 그랬더니 아무도 대답하지 못하더군요. 하지만 중국에서는 임의로 아무 교수나 찾아가서 물어보면, 독일 사람 이름을 20명쯤 대는 것은 일도 아니지요. 그러니까 문화 측면에서, 중국에서 비롯된 사상을 그들이 이해하도록 하는 데는 아주 긴 시간이 필요합니다.

류_____ 지셴린李羨林의 "30년은 강 동쪽에, 30년은 강 서쪽에"**28** 라는 견해에 대해 선생님은 어떻게 생각하시는지요?

리_____ 30년으로는 불가능해요. 적어도 100년은 걸리겠지요. 이것도 낙관적으로 예측했을 때입니다.

류_____ 제가 어제 농담 삼아 말하길, 만약 선생님이 프랑스 철학자였다면 선생님의 철학이 세계에 받아들여지는 게 훨씬 빨랐을 거라고 했는데요. 아마도 20년이면 충분할 거라고 했답니다.

리_____ 하하, 중국에서만도 다른 사람들이 받아들이게 하려면 긴 시간이 필요합니다. 때가 되면 서양에서 먼저 나서서 받아들일 가능성도 충분하지요. 중국학자는 늘 서양을 뒤쫓아 다니잖아요.

류_____ 지금 할 수 있는 일은 아마도 텍스트를 더 섬세하고 완벽하게 다듬는 것이겠지요? 그것을 사상의 자원으로 삼아 후대 사람들에게 남겨주어야죠.

참, 선생님의 '정 본체'가 발표된 이후에 철학계에서 어떤 반응이 있었는지요?

리_____ 반응이 있었죠. 어떤 사람은 정을 본체로 삼는 건 철학이라 할 게 없다고 했어요. 그런데 전체적으로 봐서는 학계가 침묵을 지켰답니다. 전에 『비판철학의 비판』과 『미의 역정』이 나왔을 때와 마찬가지였어요. 몇몇 비판이 있긴 했네요. 요전에 어떤 상하이 사람이 『철학연구』에 글을 실었더군요. 그 글에서 하는 이야기가, 본래는 도구 본체를 말하더니 이제 와서 또 정 본체를 말하는데, 어떻게 두 개의 본체가 있느냐는 거예요. 마르크스주의 유물론을 위반했다고 저를 비난하더군요. 본체는 최후의 실재인데 대체 어떻게 몇 개의 본체가 있느냐고 말하는 사람도 있었어요. 왜냐하면 제가 '심리 본체'를 말했고 '도度'에도 본체성이 있다고 했으니, 두 개의 본체가 더 있는 거잖아요? 그렇다면 네 개의 본체가 있는 거죠. 사실 제가 말하는 건 아주 명확합니다. 근본으로 돌아가면 바로 역사 본체에요. 이것이 동시에 두 방향으로 발전하는 거죠. 하나는 밖을 향하는데, 바로 자연의 인간화[29]에요. 이게 도구-사회 본체랍니다. 다른 하나는 안을 향하는데, 바로 내재적 자연의 인간화에요. 이게 심리-정감 본체이지요. 바로 이 본체에서 '정감'이 두드러지게 됩니다. 그래서 문화-심리 구조를 '정감-이성 구조'라고도 하지요. '도度'와 관련해서 말하자면, 인간은 '도(딱 알맞음)'에 의지해야만 생존할 수 있답니다. 도구를 사용하던 원시 수렵의 과정에서 거리의 원근과 힘의 대소를 파악하려면, 정도에 딱 알맞음이 있어야 하지요. 생산에서나 생활에서도 그렇고 감정의 교류에서도 마찬가지랍니다. 정에서 나와 예의禮義에서 그쳐야[30] 하는데, 만약 알맞은 정도가 없다면 어떻게 될까요? 그건 동물적인 정감이지요. 적당함을 파악하고 마음에서 능숙해야 비로소 마음이 하고픈 대로 따라도 법도를 넘지 않을 수가 있는[31] 거죠. 어디든

'도'의 문제가 존재한답니다. 따라서 '도'는 인간이 의지해 생존하며 살아가는 본체성을 지니고 있어요. 이 세 가지32가 말하는 것은 사실 하나의 문제에요. 바로 인류와 개체의 생존 및 지속과 관련된 인류학 역사 본체론이지요.

류 선생의 관점에 저도 동의합니다. 아마도 다른 곳에서 이 이론을 받아들인 뒤에야 철학계에서는 최후에 받아들이겠죠.

'정 본체'는 중국 전통을 기초로 삼지만 세계의 시각이다

류_____ 포이어바흐에 대해 이야기를 나눌까 합니다. 포이어바흐 역시 정을 이야기하고 사랑도 이야기하고 기독교에 반대했지요. 이건 선생님이 제기하신 '정 본체'와 꽤 비슷한데요. 그런데 그는 왜 그토록 얕을까요? 그에게는 중국 전통이 없기 때문일까요?

리_____ 포이어바흐의 문제는 역사감이 결핍되었다는 겁니다. 그가 논의하는 것은 추상적인 인간이지요.

포이어바흐는 인간을 출발점으로 삼았어요. 예전에 왕뤄수이王若水는 마르크스 역시 인간을 출발점으로 삼았다고 봤지만33 저는 그 관점에 동의하지 않아요. 마르크스야말로 추상적 인간을 출발점으로 삼는 것에 반대했답니다. 포이어바흐의 추상적 인간은 역사를 떠나 있어요. 그건 존재하지 않는 것이죠. 그래서 마르크스는 생산력과 생산관계를 강조했지요. 의·식·주·행을 비롯한 모든 것이 생산 및 역사와 연결되어 있고, 인간은 역사 속에서 존재하는 것이라고 했어요. 이것이야말로 구체적인 현실적 실존이지요. 저는 마르크스를 인도주의가 아닌 역사주의자라고 생각합니다. 그 당시에 후차오무는 제 관점을 알고서 저더러 왕뤄수이를 비평하는 글을 쓰라고 했는데, 그러지 않았어요. 왕뤄수이가 제기한 문제는 사상 해방에는 이로운 점이 있었거든요.34 하지만 학술적으로는 동의하지 않았죠. 다이허우잉戴厚英의 『사람아, 사람人啊. 人』 역시 인도주의를 선양한 작품이죠. 당시 아주 큰 가치가 있었답니다.

마르크스야말로 포이어바흐의 이론을 깊이 있는 것으로 바꾸었지요.

그래서 중국 전통으로 마르크스와 칸트를 녹여내고35 하이데거의 것까지 포괄해야36 한다고 말하는 겁니다. 중국 전통으로 그것을 풍부하게 만들어야 해요. 이건 아주 중요합니다. 제가 언어에서 벗어나 심리를 향해야 한다고 강조하는 것은, 서양의 어법, 즉 존재Being를 추구하는 서양 철학의 언어에서 벗어나야 한다는 거예요. "언어는 존재의 집이다"라는 견해에서 벗어나야 해요. "존재가 사고하는" 언어, "태초에 말씀이 있었다"의 언어에서 벗어나야 합니다.37 저는 심리주의의 중국 전통을 계승할 것을 강조하는데요. 이것이야말로 유학의 정수에요. 삼강三綱·오상五常·심성·이기理氣 등의 표층적 형태가 아니지요. 유학의 정수를 생생불식生生不息의 인류학 기초 위에 올려놓아야 합니다. 이건 오늘날 실험실의 과학적 경험심리학과는 달라요.

영국 경험철학의 정감주의와 심리주의 및 프랑스의 엘베시우스, 이것들과 제가 강조하는 철학의 차이에 대해서도 설명을 드려야겠군요. 간단하게 말하자면, 한쪽은 개체의 보존(자신), 감각(쾌락),

양식38(제6의 감각기관)에서 출발한 반면, 다른 한쪽은 인류의 총체적 역사성의 누적-침전으로부터 출발하지요.39 한쪽은 심리의 경험 내용을 중시하는 반면, 다른 한쪽은 심리의 '선험' 형식(정감-이성 구조)을 중시하지요. 한쪽은 각종 정감을 복잡하게 묘사하고 분류하는 반면, 다른 한쪽은 간단명료한 '세 마디의 가르침'을 제기합니다. 즉 경험이 선험으로 변하고, 역사가 이성을 건립하고, 심리가 본체로 된다는 것이죠.

류＿＿＿＿ 방금 그 비교는 아주 중요한데요. 철학을 이야기하면서 또 정을 말하는 것은 곧장 영국의 흄을 생각나게 하거든요. 세밀한 비교를 통해서만 차이를 구별할 수 있지요. 그런데 지금 중국의 젊은이들 중에는 중국 전통의 것을 공부하고자 하면서 서양을 배척하는 경우가 흔한데요. 어떤 사람은 아직 학문이 그리 대단하지도 않은데 먼저 무턱대고 국수國粹만을 내세우고요. 이건 아주 좋지 않다고 생각돼요.

리＿＿＿＿ 좋지 않을 뿐만 아니라 아주 위험해요. 맹목적으로 서양을 모방해서는 안 되지만, 반대로 서양을 배척해서도 안 됩니다.

앞에서 이미 말씀드렸듯이, 송명이학은 불가를 소화함으로써 비로소 새로운 경지에 도달했지요. 마찬가지 이치랍니다.

따라서 서양을 배척해서는 안 될 뿐만 아니라 도리어 서양을 이해하고 흡수해서 철저히 파악해야 합니다. 철저히 이해해야만 그것을 소화할 수 있어요.

류＿＿＿＿ 예슈산 선생이 최근 글에서 말하길, 독일 고전철학의 성취는 그 당시의 사조와 관계가 깊다고 했는데요. 사조가 지나가고 나면 철학자는 생각을 가라앉혀서 철학 창작을 하게 되기 때문에 중대한 성과가 나온다는 겁니다. 현재 중국에 사조가 아주 많지만 진정한 철학적 결실을 맺지는 못했지요. 이런 비평은 꽤 일리가 있다고 봐요. 선생님의 철학은 몇십 년 동안의 중국의 사조와 관계가 있었는지요?

  리_____ 제 철학 구상은 중국의 사조와 큰 관계는 없었던 것 같아요. 하지만 세계의 사조와는 관계가 있지요. 하이데거가 없었다면, 오늘날의 세계적인 난제가 없었다면, 정 본체는 나올 수가 없었겠지요. 아까 말씀드렸지만, 인류가 이 지경에 이르렀고 개인 역시 이 지경에 이르렀으니, 인간이 자신의 운명을 파악하지 않을 수 없게 된 거죠. 인간의 고독과 무료함, 인생의 황당함과 소외, 이 모든 게 전례가 없는 정도에 이르렀어요. 바로 이런 시기에 온갖 포스트모던 사조에 맞닥뜨린 상황에서, 제가 정 본체를 제기한 겁니다. 세계적 문제가 제가 이렇게 하도록 만든 거라고 말할 수도 있겠죠. 앞에서 말씀드렸듯이, 중국의 전통 철학은 포스트모던과 연결될 수 있습니다. 중국 전통에는 본질주의가 없고, 이원二元 분리가 없고, 본체론(존재론)이 없고, 포스트모던이 반대하는 온갖 협의의 형이상학의 특징도 없으니까요. 하지만 광의의 형이상학이 있기 때문에 포스트모던과는 근본적으로 다르지요.

  류_____ 실존주의 역시 인생은 우연적이고 고독하고 황당한 것이라고 봅니다. 오로지 스스로 선택해야 한다고 하지요.

  리_____ 그렇지요. 하지만 어떤 선택을 해야 하는지는 모릅니다. 그래서 공허한 거예요. 그건 그저 외적인 형식일 뿐이죠. 하지만 중국식의 정 본체는 그렇지 않아요. 여기에는 내용이 있어요. 바로 평범한 일상생활에 대한 애착과 미련과 슬픔과 깨달음이지요.

강조하고 싶은 게 있네요. 제가 지금 제기하는 정 본체, 다른 말로 인류학 역사 본체론은 세계의 시각이고 인류의 시각이라는 겁니다. 한 민족의 시각이 아니지요. 중국만의 시각이 아니에요. 하지만 중국의 전통을 기초로 세계를 보는 것이지요. 그래서 이렇게 말한 적이 있답니다. "인류의 시각, 중국의 관점."

5장

한 자 와

역 사 경 험

'매듭 기록'은 최초의 역사 기록이다

리____ 언어학의 각도에서도 중국 전통의 특수성을 인식할 수 있답니다.

『논어금독』에서 말하길, 중국은 "태초에 말言이 있었다"가 아니라 "태초에 행위爲가 있었다"고 했는데요. "태초에 행동動이 있었다"고도 할 수 있겠지요. 서양의 로고스는 논리로 번역할 수도 있고 언어 혹은 이성으로 번역할 수도 있습니다. 저는 류짜이푸와의 담화에서, 20세기는 언어철학의 세기라고 했어요. 하이데거 역시 언어는 존재의 집이라고 했지요. 비트겐슈타인이 말한 것 역시 언어입니다. 그들은 생활이 근본이라고 하긴 했지만, 이 근본을 분명하게 설명하진 않았고 언어를 높이 평가했지요. 이건 "태초에 말이 있었다"는 서양 전통의 커다란 배경과 관련이 있다고 봅니다.

하지만 중국은 전혀 달라요. 중국은 태초에 행위가 있었어요. 일이 있었죠. 중국의 문자는 음성언어를 그대로 옮긴 게 아니에요. 저는 마젠충馬建忠에서부터 왕리王力에 이르는 중국의 언어학자들이 모두 잘못을 저질렀을 거라고 봅니다. 그들은 죄다 서양의 틀로 중국 언어를 연구했어요. 데리다는 언어의 속박을 깨고자 언어에 반기를 들었지요. 그는 음성언어 중심에 반대하면서 문자를 강구했답니다. 그가 말한 문자는 음성언어의 복사가 아니었어요. 저는 중국 문자의 기원은 '매듭 기록結繩記事(매듭을 지어 일을 기록하다)'이라고 생각합니다. 문자는 음성언어를 쓴 것이 아니라 일을 기록한 것이지요. 최초의 문자는 발생한 일(역사 경험)을 기록하기 위한 부호였어요. 결승結繩처럼 말이죠. 그리고 이게 점차 변해서 문자가 되고, 마지막에 음성언어와 결합된 거예요. 문자는 부호체계이지요. 시종일관 중국 문자는 음성언어의 복사가 아니었어요. 우리는 공자와 맹자의 책을 보고 이해할 수 있지만 서양인은 10세기의 영문을 전혀 이해하지 못해요. 언어가 변했는데 어떻게 알아볼 수 있겠어요? 서양 문자는 언어를 뒤따라갔지요. 중국은 반대에요. 중국 문자는 늘 음성언어를 지배했어요. 그래서 광둥·베이징·상하이 사람들이 이야기할 때 말은 못 알아들어도 글로 쓰면 다들 이해할 수 있지요. 이건 중국 문화의 아주 중요한 특징입니다. 그래서 1950년대부터 저는 중국어를 표음기호로 표기하는 것[1]에 반대했어요. 저는 그게 불가능하고 전망이 없다고 생각했지요. 과연 그렇더군요.

중국 문자란 대체 어떤 개념일까요? 그건 바로 역사에요. 문자는 역사와 경험을 대표합니다. 문자는 역사 경험을 총결하기 위해 존재하는 것이지요. 나중에 문자가 비로소 음성언어와 결합해서 음성언어를 기록하게 되었는데요.[2] 결합한 뒤에도 여전히 문자가 음성언어를 지배했답니다. 음성언어가 문자를 지배한 게 아니에요. 그런데 저는 언어학자가 아니고 문자학자도 아니라서 이 문제에 대해서 감히 멋대로 말할 수 없고요. 그저 제 견해를 말할 뿐이에요.

『이아爾雅』라는 책은 바로 각지의 방언을 통일하기 위해 편찬한 것이라고 생각합니다. 그 뒤로 진시황이 문자를 통일했는데, 이보다 더 큰 공로는 없지요. 만약 문자가 통일되지 않았다면 중국은 일찌감치 분열하여 와해되었을 테니까요.

문자는 역사를 대표하지요. 중국은 세계 모든 나라 가운데 역사 서적이 가장 많이 보존되어 있는 나라에요. 인도에는 역사가 없어요. 인도 역사는 공상으로 얽어 만든 겁니다. 경험을 보존하기 위해서 기록한 역사를 가장 강조하는 곳은 오직 중국뿐이지요.

명명:
역사 경험을 향해 나아가다

리_____ 여기서 약간 보충하자면요. 하이데거 역시 강조했던 건데, 바로 명명命名이에요. 명명은 아주 중요한 문제랍니다. 노자도 이렇게 말했어요. "이름 없음無名은 천지의 시작이고, 이름 있음有名은 만물의 어미다."3

제 생각에, 이름 있음과 명명은 단순히 한 사람, 혹은 물건 한 개나 찻잔 하나처럼 사물의 이름을 나타내는 게 아니에요. 그건 일을 나타내는 겁니다. 그 근원을 찾자면, 매듭을 지어 일을 기록하던 것이지요. 그건 바로 발생했던 일을 기록하거나 기념하는 거라고 생각해요. 그것이 바로 최초의 역사이지요. 이건 제 견해에요. 철학적 사고의 관점이지, 실증과학적인 증명은 아닙니다. 원시시대에 제작된 특수 용도의 기물에도 당연히 '명명'을 했지요. 그것 역시 중요한 경험이고 사건, 즉 역사이기 때문이에요. 갑골문도 그렇고요.

명명은 중요합니다. 그건 역사의 근원이에요.

여기서 아주 중요한 중국식 사유를 총괄해낸다면 바로, 역사로 나아가고 경험을 중시하는 겁니다.

류_____ 앞서 말씀드렸지만, 제 생각에 선생님의 가장 중요한 독창적인 공헌 가운데 첫째는 역사의 누적-침전설이고 둘째는 바로 정 본체를 제기하신 건데요. 마침 이 두 가지는 방금 말씀하신 중국식 사유, 그러니까 역사로 나아가고 경험을 중시하는 중국식 사유와 대응되네요. 이건 선생님의 창조가 중국 전통의 토양에서 싹튼 것임을 말해주지요. 뿌리 없는 나무에서 싹튼 게 아니고, 개인의 총명한 기지에 기댄 것도 아니고, 본토의 자원이 있는 것이지요. 수천 년의 역사와 수억 명의 삶이 선생님 이론의 버팀목이 되어주고 있습니다. 게다가 마르크스, 칸트, 하이데거, 다윈, 흄 그리고 플라톤까지 쭉 거슬러 올라가는 모든 사상이 선생님 이론이 성장하는 데 있어서 공기와 햇빛이겠지요.

리_____ 거기에다 세 번째 것을 더해야 하는데요. 바로 무사 전통이지요. 네 번째는 '도度'의 본체성 그리고 다섯 번째는 역사와 도덕의 이율배반, 여섯 번째는…… 하하, 지나치게 많은가요. 그렇진 않아요.

다시 언어 문제로 돌아가서 이야기하도록 하지요. 중국 문자와 음성언어는 추상성이 결핍되어 있답니다. 이건 큰 결함이자 장애이지요. 중국 사유가 이것의 제약을 받은 건 확실해요. 독일의 추상 사유가 독일 언어의 득을 본 것 역시 확실하고요. 이런 문제와 철학의 관계 그리고 그것의 이익과 손해 및 앞으로의 방향을 깊이 파고드는 작업은 한번 해볼 만한 과제라고 생각해요. 다만 저한테는 그럴 능력이 없어서 손대지 못할 뿐이랍니다.

　류_____ 최근 들어서 언어와 철학, 언어와 문화의 관계에 항상 주목하고 계시면서 이 주제를 다룰 사람이 없다고 유감스러워하시는데요. 사실 지금 청년 학자들 중에 이 문제에 관심을 갖고 있는 사람이 많답니다. 푸단 대학의 훙타오洪濤는 『본원과 사변本原與事變』에서 지적하길, 중국은 예로부터 '글文'의 전통이 있었던 반면 서양의 많은 국가는 원래 '말言'의 전통을 갖고 있었는데, 후대에 큰 차이가 생긴 것은 바로 여기서 비롯된다고 했어요. 이 점에 대해서는 량수밍 선생 역시 『중국 문화요의中國文化要義』에서 언급한 적이 있지요. 훙타오는 군주제라는 국가 형식이 문자를 핵심으로 하는 언어 공동체와 태생적으로 관계가 있는 것 같다고 보는데요. 고대 이집트, 메소포타미아, 고대 중국이 모두 상형문자의 발원지에요. 이런 곳에서의 문자는 일상 언어와 분리되고 통치자에 의해 독점되었지요. 황제黃帝가 표의문자를 창제한 것은, 통속적인 방언을 피함으로써 인간과 신이 교류하는 매개를 제어하고자 함이었죠. 무사巫史가 인간과 신의 소통을 독점할 수 있었던 것 역시 그의 문자능력과 관계가 있고요.[4] 이런 분석에 찬성하시는지요?

　리_____ 훙타오의 책은 류 선생이 부쳐주셔서 읽어봤습니다. 언어에 관한 부분은 정말 잘 썼더군요. 저를 대신해서 감사의 말을 전해주세요. 훙타오는 언어와 권력의 관계를 논술했는데, 양자는 관계가 있답니다. 중국 무술의 주문은 신의 힘을 대표하고, 나중에는 문자가 주문을 대신하게 되었지요. 중국에서는 "글자가 있는 종이를 공경하고 아껴야 한다敬惜字紙"고 하는데요. 글자가 적힌 종이는 신성성을 지니기 때문에 '아껴야' 할 뿐만 아니라 '공경해야' 한다는 거죠. 신성성이 바로 권력이에요. 제가 「무사 전통을 말하다」에서 강조하길, 중국은 신석기시대에 최초로 신권과 왕권이 분리되었는데, 나중에 신권과 왕권이 한 사람에게 집중되었고, 그 결과 왕권이 신권보다 강대해졌다고 했습니다. 왕권은 전쟁을 지도하는 군사 우두머리이기 때문이지요. 왕은 신과 통하는 존재가 되었고, 혼자서 종교 우두머리이자 정치·군사 우두머리가 되었어요. 중국에서는 종교·정치·윤리 삼자가 하나로 합쳐졌는데, 중국의 전제專制는 비교적 이른 시기에 생겨났답니다. 대략 신석기시대 말기에 생겨났지요.[5] 이것 역시 언어의 각도에서 연구해볼 수 있을 겁니다.

'도'는 경험적인 것으로, 인류의 생존과 직접적으로 관련되어 있다

리_____ 역사는 경험을 대표합니다. 인류는 경험에 의지해서 생존하지요. 그래서 저는 『역사본체론』에서 '도度'를 제1범주로 삼았어요. 앞에서도 여러 번 말했지만 다시 한번 말씀드리지요.

'도'는 바로 딱 알맞음이에요. 지나침도 없고 모자람도 없이 말이죠. 인류는 '도'에 의지해서 생존해왔답니다. 원고시대에 사냥하면서 창을 던질 때, 멀리 던져도 안 되고 가까이 던져도 안 되지요. 반드시 딱 알맞게 던져야만 맞힐 수가 있어요. 이것이 인류 생존의 기본 조건이 되었지요. 이 조건은 생산에서만 나타나는 게 아니라 살아가면서 조직하고 협상하고 협조하는 데 있어서도 나타나고 인생의 각 방면에서 모두 나타납니다. 조금이라도 늘이면 지나치게 길어지고 조금이라도 줄이면 지나치게 짧아지니까 딱 알맞음이 필요한 거죠. '도'는 지극히 커다란 보편성을 지니고 있답니다. 저는 헤겔의 '유有'나 '질質'을 제1위에 놓지 않고, '도'를 제 철학 인식론의 제1범주에다 놓았어요. '도'가 바로 역사 본체론의 제1조條랍니다.

'도'는 인류의 생존과 관계가 있지요. 제가 '도'를 제1조로 삼은 까닭은, 이성·정신·신·자연물질 등의 그 어떤 다른 것이 아니라 바로 인류의 생존과 연속을 제 철학의 최대 근본으로 삼았기 때문이에요. '도'는 사실 '미美'이기도 하답니다. '도'가 각종 형식감을 창조하거든요. 이런 '감感'은 무엇보다도 먼저 인간의 활동 자체가 외재하는 천지자연과 하나로 일치되는 느낌·체험·파악·인식이랍니다. 그 뒤에야 그것이 비로소 대상과 관계를 맺으면서 외부세계를 규범에 맞도록 만드는, 인간의 물질적 힘과 기예가 되는 것이죠. 그리고 이것이 생활의 각 방면으로 확장되는 거예요.

제가 중국 고대 사상을 말할 때 강조하는 것이, A는 A에서 뭔가를 더하거나 뺀 것이 아니라는 겁니다.(A≠A±) 반드시 딱 맞아야 하지요. 상수向秀는 혜강嵇康과의 논변6에서 이렇게 말했답니다. "생명이 있으면 정이 있게 마련이니, 정을 헤아리는 것稱情은 자연이다. 만약 그것을 끊어서 밖으로 내친다면 생명이 없는 것과 마찬가지이니, 생명이 있다 해도 무슨 귀함이 있으랴."7 여기서 '헤아린다稱'는 것은 '도'로 해석할 수 있다고 생각해요. '정'에도 온갖 종류의 서로 다른 수준의 '딱 알맞음'이 있지요. 하지만 '정을 끊을絶情' 수는 없답니다. 그건 생명 자체를 부정하는 것과 같아요. 고대에 중국은 음악을 아주 중요시했는데, '악樂'8은 물론 '정'이기도 하답니다. 음악은 서로 다른 온갖 '도'를 지니고 있어요. 그것은 인간관계를 조화롭게 해줄 뿐만 아니라 "신과 인간이 조화롭도록"[9] 해주지요.

따라서 '도'는 일종의 예술이에요. 위대한 정치가는 분수를 파악할 줄 아는데, 그게 바로 정치의 예술이지요. 쉽지 않은 겁니다.

'도'는 경험의 척도이고, 경험은 실천에서 나오는 것이지요. 그건 서양의 선험이성이 아니고 플라톤이 말한 이데아도 아니에요. 그것은 경험의 산물이죠. 역사의 긴 강을 지나면서 실천을 통해 세워진 겁니다. 그것은 경험에서 생겨나 선험적 이념인 것처럼 점차 변화한 것이지요.

류_____ 돌다리도 두들겨보고 건너는 격이군요.

리_____ 그렇지요. 바로 돌다리도 두들겨보고 건너야만 인류가 계속해서 생존할 수 있었지요. 인간은 경험이 있은 다음에야 원리적인 것들을 개괄해내서 그것을 위배해서는 안 될 규범과 길라잡이로 삼을 수 있는 거랍니다. 그리고 그것을 다음 세대에게도 가르쳐주면서 시간이 오래 지나다보면 마치 '선험'인 것처럼 변하는 거죠.

『리쩌허우 근년 문답록』[10]을 읽으셨다고 했는데, 저는 이 책의 마지막 글[11]을 위해서 이 책을 냈답니다. 그 글에서 저는 『자본론』의 제1장에는 중요한 오류가 있다고 말했어요. 제1장은 마르크스 그 자신을 비롯해서 그의 거의 모든 추종자가 가장 중요하다고 생각하는 것이지만 공교롭게도 틀렸습니다. 어디서 틀렸을까요? 바로 '추상노동'에서 틀렸어요. 추상노동에서 도출된, '사회적으로 필요한 노동시간'이라는 개념은 성립될 수 없는 거예요. 따라서 사회 전체 범위에서 노동에 따른 분배12 역시 성립될 수 없어요. 이것들은 죄다 사변의 산물이고, 경험으로 증명할 수 없답니다. 철학 관념으로 삼을 수는 있겠지만, 과학적인 경제학으로 삼기에는 경험이 뒷받침해주는 논증이 결핍되어 있어요. 그래서 후대의 세계 경제학에서는 그것을 잘 말하지 않고 잘 이용하지도 않게 된 거죠. 마르크스가 『자본론』을 완성하지 않은 건, 아마도 현실의 많은 경제 자료가 그로 하여금 더 이상 글을 써내려가는 게 어렵다는 걸 느끼도록 했기 때문일 겁니다.

구체적인 과학은 경험의 증명이 없으면 안 됩니다. 『자본론』의 출발점은 여전히 선험이성의 지배를 받았어요. 마르크스는 헤겔의 영향을 지나치게 많이 받았어요. 칸트는 선험이성을 말하긴 했지만 경험을 아주 강조했지요. 인식과 과학지식은 견해가 아니며 반드시 경험에 기초해야 한다고 강조했지요. 그래서 제가 칸트로 돌아가자고 하는 겁니다.13

중국 이성의 장점은 경험을 기초로 삼는다는 것이지요. 그래서 저는 그것을 '실용이성'이라고 부릅니다. 실천이성, 경험이성, 역사이성이라고도 할 수 있지요. 그런데 그것의 중대한 결함과 한계는 바로 사변과 논리의 힘을 소홀히 한다는 거예요. 그런 측면이 무척 두드러지지요. 그래서 반드시 서양을 배우고 받아들여야 합니다. 올해 「인식론 답문」14의 '도度와 수數'에서 제가 이걸 또 한 번 강조했어요.

류____ 전에 말씀하시길, 대학에 다닐 때 『자본론』과 다윈의 『종의 기원』을 읽으면서 양자가 서로 다른 두 가지 연구 방법이라는 걸 느꼈다고 하셨는데요. 전자는 사변적 연구이고 후자는 실증적 연구라고 하셨어요. 선생님께서는 전자의 결함을 제기하셨잖아요. 그런데 선생님의 저작을 읽으면서 드는 느낌은, 주로 쓰신 방법이 다윈의 방법이 아니라 마르크스의 방법이라는 겁니다. 예를 들면, 선생님이 논술하신 무사 전통은 장광즈張光直나 천라이의 논술과는 다른데, 그들이 좀 더 실증적인 것 같거든요. 두 가지 방법이 모두 필요한 걸까요? 양자가 서로 보충할 수 있을까요?

리_____ 그건 간단합니다. 제가 연구하는 건 철학이니까요. 『자본론』은 철학적 방식으로 과학을 했고, 바로 이 점에서 성공하지 못한 거죠. 그래서 저는 마르크스가 성공한 혁명가가 아니고 성공한 경제학자 역시 아니지만 성공한 철학자, 역사철학자라고 말한답니다. 그는 정치종교로서의 철학을 제공했는데, 저는 그것에는 찬성하지 않아요. 물론 그 주요 책임을 그에게 물을 수는 없지만요.

지금은 과학의 분과가 갈수록 세분화되고 있어요. 하지만 철학은 과학이 아니에요. 철학은 그저 견해·의견·시각을 제공하고 전체적인 국면을 보여주는 거랍니다. 그렇기 때문에 여전히 가치가 있는 것이지요. 중국과 외국의 많은 자연과학자가 철학자를 무시하는데요. 빈말만 늘어놓고 아무런 가치가 없다고 말이지요. 문학과 역사를 연구하는 학자들도 그럴 때가 있어요. 철학과 철학자를 무시하지요. 그래서 제가 늘 하는 말이, 철학은 단지 의견일 뿐 결코 인식이나 과학이나 '진리'가 아니지만 여전히 의미와 효용이 있다는 겁니다.

류_____ 내친김에 재미있는 질문 하나만 더 드리지요. 1980~1990년대에 자주 언급되던 악의 없는 농담이 기억나는데요. 리쩌허우 선생은 남이 온전한 체계를 갖춘 이론을 강구하는 데는 반대하면서 남들은 그저 번역에만 몰두하고 특정 학자나 학설에 대한 연구에만 몰두하게 해놓고, 정작 본인은 체계를 갖춘 이론을 마련하는 데 전념한다고 했었죠. 그건 주로 '미학역문총서美學譯文叢書'의 총서문에서 선생님이 하신 말씀을 두고 하는 말이었을 텐데요. 어떻게 생각하시는지요?

리_____ 그것 역시 대답하기 간단하군요. 저는 본래 담사동을 연구했어요. 저 역시 한 학자에 대한 연구에서 시작한 겁니다. 나중에는 줄곧 완적阮籍의 연보를 만들고 싶었지만 내내 시간이 없었어요. 항상 작은 것, 구체적인 것, 미미한 것에서부터 시작해야 하지요. 나중에는 구체적인 연구든 거대한 이론이든, 객관적인 환경과 각자의 개성에 따라서 천천히 모색하고 결정해야 하고요. 저 역시 실증적인 연구를 할 수는 있지만, 철학 연구가 저에게는 더 만족스럽고 좀 더 중요하다고 생각했답니다. 다른 이에게 거시적인 견해와 의견을 제공하는 것은, 설령 부정확하다 하더라도 의미가 있다고 생각했기 때문에 철학 연구를 한 거죠. 하지만 본래 하고 싶었던 실증적인 연구는 포기할 수밖에 없었는데, 지금까지도 여전히 아쉽답니다. 사실 나무를 보든 숲을 보든, 미시든 거시든, 전문적인 학문이든 통섭적인 학문이든, 잘하기만 하면 모두 의미가 있어요. 세계는 본래 다원적이라서 다양하고 풍부하지요.

류_____ 중국식 표현에 대해 말하자면, 저는 중국 언어의 모호성이 아주 큰 약점일 거라고 생각하는데요.

리_____ 맞습니다. 물론 모호성에도 장점이 있긴 하지요. 포스트모던은 모호성에 대해서 크게 떠벌리기도 하고요. 하지만 현재로서는 그 약점에 좀 더 주의해야 한다고 생각해요. 분석철학 같은 걸 중국이 좀 더 들여온다면 좋을 겁니다. 중국인은 학문을 하는 데 있어서 개념이 무척 모호해요. 본인도 확실히 모르면서 남용하느라 글에서 나타나는 자기모순도 알아채지 못하지요. 1970년대에 저는 옌푸 당시에 대한 비평[15]을 한 적이 있어요. 예를 들면, '기氣'라는 단어는 모호하고 다의적인데 지금 어떤 사람은 그걸 제대로 분석하지도 않은 채 그대로 쓰면서 자기가 대체 뭘 말하는지도 몰라요. "'기'는 중체中體다"라고 말하는 게 그런 경우죠. 인문사회과학의 개념은 분석을 견뎌내야 하고, 자연과학 개념을 본받고자 해야 합니다. 하지만 양자를 동일하게 만드는 건 물론 불가능해요. 카르납이 통일된 과학언어를 만들고자 했던 것도 잘못이지요.

인문사회과학의 개념은 대부분 일상 언어에서 온 것이기 때문에 다의적인 경우가 많지요. 형상사유의 특징을 지닌 것도 많고요. 제가 예전에 형상사유는 사유가 아니라고 했을 때, 많은 사람이 엄청나게 반대했답니다. 왕샤오보王小波의 부친 왕팡밍王方名은 유명한 논리학자였는데, 마오쩌둥이 접견하기도 했지요.[16] 왕팡밍은 형상사유는 사유이며, 다른 종류의 사유라고 했어요. 그는 자기가 추상사유와 마찬가지로 형상사유의 동일률과 모순율을 내놓으려 한다고 하더군요. 그래서 제가 말했죠. 당신이 만약 내놓는다면 내가 목숨을 끊겠다고요. 하하!

류_____ 중국식 사유나 표현은 높은 수준의 것이고 멀리까지 나갈 수 있지요. 아주 자유롭기 때문에 뜻대로 할 수 있고 관통력이 큰데요. 하지만 대충대충 한다면 비교적 그냥저냥 넘어가게 돼요. 모호하기 때문에 진위를 구별하기 어려운 거죠. 진짜 고수인지 아니면 조무래기인지 분명하게 가리기가 쉽지 않아요.

리_____ 그렇죠. 지금 학자들에게 두 가지 큰 문제가 있는 것 같습니다. 하나는 정서가 사상을 좌지우지하는 탓에 객관적으로 분석하지 못하는 것이고, 둘째는 추상적인 논의를 좋아하고 구체적인 사유는 결핍된 것이지요. 이런 사유의 유아병을 치료하려면, 헤겔의 『소논리학』을 읽어보는 게 큰 도움이 될 거예요. 제가 자연과학과 서양 철학을 배워야 한다고 주장하는 것은 바로 언어 개념의 모호한 병폐를 예방하고 치료하기 위해서랍니다.

칸트 연구의 새로운 동향

류_____ 며칠 전에 제가 정웅을 비롯한 몇몇 사람과 선생님의 '인류학 본체론'에 대해 토론했는데요. 여기서 인류학이 가리키는 게 뭔지요? 칸트한테서 온 것인가요? 칸트도 만년에는 인류학을 했는데, 선생님께서는 그 뒤를 이어서 말하고 싶으셨던 건지요?

리_____ '역사 본체론'은 애초에 '인류학 본체론'이라고 했지요. 서양에도 철학인류학이 있는데, 그것은 인간을 동물성으로 귀결시켰어요.[17] 하지만 제가 강조하는 것은 역사예요. 역사가 바로 인류의 경험이지요. 경험을 통해 인류 역사가 형성되니까요. 이게 바로 제 인류학입니다. 그래서 나중에 '인류학 역사 본체론'이라고 일컬으면서 서양의 철학인류학과 구별을 두었지요.

시초는 칸트죠. 한참 '탁자의 철학'을 둘러싼 논쟁이 펼쳐지고 있을 때였는데, 이 논쟁은 왕뤄수이가 발표한 글이 발단이 되었던 거었어요. 토론의 배경은 마오쩌둥이 양셴전을 반대한 데 있었답니다.[18] 당시 저는 자오쑹광과 인류 기원에 관한 문제를 토론했지요. 그게 그때 가장 많이 이야기하던 주제였답니다. 그 뒤 1964년에 「인류 기원 논강人類起源提綱」을 썼지요. 바로 류 선생이 첫 번째 논강이라고 생각하는 그 글이에요.

칸트는 만년에 인류학을 연구하고 싶어했어요.[19] 인류학에 관한 그의 책[20]은 강의 기록이라서 완전한 이론체계를 갖추진 못했어요.[21] 하지만 그가 만년에 역사와 정치를 결합한 연구에 종사한 건 아주 중요한 이론적 탐색이었지요. 『비판철학의 비판』 제6판에 실은 부록의 제목이 「마르크스와 칸트를 따라서 앞으로 나아가다循馬克思·康德前行」인데요. 거기서 저는 최근 칸트 연구의 새로운 동향에 대해 이야기했지요. 특히 두 명의 미국 학자의 관점을 소개했어요. 그들의 글을 처음 막 읽었을 때 그야말로 깜짝 놀랐답니다. 제 말만으로는 사람들이 믿기 어려울 것 같아서 그들의 원래 말을 인용했지요. 이런 내용입니다.

> 아주 기쁘게도 최근 서양의 칸트 연구의 '방향'이 30년 전 『비판철학의 비판』이라는 나의 책과 상당히 비슷한 점이 있음을 발견했다. 바로 전통적으로 칸트의 선험주의·개체주의·이성주의·제1비판·제2비판에 편중해 있던 데서, 칸트의 경험주의·집단주의·감성주의·제3비판 및 정치·역사·종교와 관련된 칸트의 많은 논설을 중시하는 쪽으로 전환되었다는 것이다. 즉 칸트의 인류학과 역사관을 중시하게 되었고 이에 근거해서 칸트를 해독하게 되었다. 몇 년 전에 나는 현재 미국의 유명한 칸트 연구자인 폴 가이

어Paul Guyer와 앨런 우드Allen Wood의 저작을 읽었다. 내가 정말 깜짝 놀랐던 것은, 우드의 책에 있는 한 절의 소제목이 뜻밖에도 '칸트의 역사유물론'이었다는 사실이다. 우드는 "칸트의 역사이론은 원형原型의 마르크스주의"라고 했다. 그는 이렇게 말했다. 칸트에게 계급투쟁 사상이나 사유제와 국가를 폐기하자는 사상은 없지만 "마르크스와 마찬가지로, 칸트는 역사의 기초는 사회 생산력의 발전이라고 이해했다. 그리고 인민의 집단 역량이 그들 특유의, 역사를 따라 변천해온 생존 방식을 낳았고 이로써 인류 역사는 특정 생산활동에 따른 통치 형태에 부응하는 서로 다른 단계를 겪었다고 이해했다. 마르크스와 마찬가지로, 칸트는 역사가 투쟁과 충돌의 장이자 불평등과 압박을 심화시키는 장임을 목도했다. 마르크스의 이론과 마찬가지로, 칸트는 이러한 충돌의 근원은 적대적 경제 이익 관계에 있는 서로 다른 집단 간의 투쟁이라고 여겼다. 여기서 서로 다른 집단은 인류의 경제 발전에서의 서로 다른 계급을 대표한다." (…) 가이어는 책의 시작에서 "이성은 단지 도구일 뿐이다"라는 칸트의 원문을 인용하며 정언명령 그 자체가 결코 목적이 아님을 강조했다. 그리고 도덕·자유·행복이 모두 인류와 관련이 있으며 이것은 결코 부차적이고 종속적이 아님을 강조했다. 또한 책의 마지막에서 이렇게 강조했다. "자유의 가능성은 도덕률의 의식을 경유해 인류의 이성에 의해 이해되어야 할 뿐만 아니라 자연 경험, 예술 천재, 인류 역사를 경유해 인간의 감성에 의해서도 감지되어야 한다." 우드와 가이어의 두 책에 나오는 많은 견해는 30년 전 『비판철학의 비판』에서 제기했던 보편 필요성 및 객관사회성, 이성은 사회를 경유해 생겨나며 고정불변의 선험이 아니라는 견해(경험이 선험으로 변하고, 역사가 이성을 건립한다), 그리고 심미·감성·역사를 강조했던 방향과 상당히 합치한다.

이 글을 『독서』에 발표했을 때의 제목은 「칸트와 마르크스를 따라서 앞으로 나아가다循康德·馬克思前行」였어요. 그런데 책에 수록하면서 「마르크스와 칸트를 따라서 앞으로 나아가다」로 바꿨지요. 『비판철학의 비판』이 확실히 표면적으로는 칸트로부터 어떻게 마르크스에게 도달할 것인가를 이야기하는 것이지만, 심층 사상의 측면에서는 도리어 마르크스에서 '칸트로 되돌아가는' 것임을 명확히 나타내기 위해서였답니다. 지금은 도구 본체에 대한 논의에서 문화-심리 구조에 대한 논의로 되돌아가야 할 때랍니다.

6장

『홍루몽』과 '낙감문화'

두 종류의 『홍루몽』이 있을 수 있다

리_____ 제가 어느 글에선가 심미에서 '정 본체'로의 상승에 대해 말한 적이 있는데요.

류_____ 아, 「심미형이상학」[1]입니다.

리_____ 맞아요. 2006년에 쓴 글이죠. 「심미형이상학」에서 말하길, 중국의 '정 본체'는 '소중히 아끼는 것'으로 귀결될 수 있다고 했어요. 물론 거기엔 감상感傷도 있답니다. 역사에 대한 회고와 그리움이지요. 감상은 사람을 의기소침하게 만들지 않아요. 그와 반대랍니다. 인생은 쉬이 늙고 세월은 멈춰 있지 않으니, 더욱 기운을 내서 인생의 참뜻을 붙잡아야겠다는 생각을 하게 해주지요. "보루엔 쏴쏴 갈대 우는 가을"[2]이라는 시구처럼, 업적과 성공에 대한 회고는 일종의 감상이 될 수 있답니다. 듣자 하니 마오쩌둥이 임종하기 전, 베이징 성城으로 들어가던 때의 영상을 보고서 결국 쏟아지는 눈물을 억제하지 못했다고 하더군요. 인간은 자신의 일상적인 인생을 소중히 아끼는 가운데 삶의 의미를 느끼고 깨달으면서 삶의 동력을 얻어야 하지요. 이와 관련해서는 『홍루몽』을 말해야겠군요.

류_____ 마침 잘되었네요. 늘 의문스러운 게 있었는데 말이죠. '정 본체'를 말씀하실 때나 중국의 '낙감樂感문화'를 말씀하실 때 항상 소설을 예로 드시잖아요. 특히 『홍루몽』을요. 이런 인정人情소설은 서양에도 있지요. 아마 중국보다 훨씬 많을 겁니다. 『임멘 호수』³ 같은 것 말이죠. 이런 소설로 철학이론을 해석하거나 증명하려면, 글을 쓰는 데 있어서 어떤 문제가 생길 수 있을까요?

리_____ 『임멘 호수』를 어떻게 『홍루몽』과 비교할 수 있겠어요? 『홍루몽』에 대해서 저는 저우루창周汝昌 선생의 견해에 찬성합니다. 그의 고증이 아주 훌륭하지요. 100년 동안의 『홍루몽』 연구에서 그가 가장 뛰어난 성과를 거두었다고 생각해요. 고증뿐만 아니라 '탐일探佚'에서도 큰 업적을 이루었지요.⁴ 그는 만약 『홍루몽』을 가보옥賈寶玉과 임대옥林黛玉의 애정으로 귀결시킨다면, 그건 지나치게 단순하다고 강조했어요. 그는 임대옥이 물에 빠져 자살하는데, 가보옥과 설보채薛寶釵가 결혼하기 전에 이미 죽었다고 봤어요.⁵ 저역시 가보옥과 설보채의 혼인은 가원춘賈元春이 주관한 것이기 때문에 거스를 사람이 아무도 없었을 거라고 생각해요. 누나의 정치적 지위와 권세⁶가 개인을 직접적으로 압도해버렸고, 그로 인해서 가보옥·임대옥·설보채에게 그토록 복잡하고 무거운 정감이 초래되었지요. 저우루창 선생은 가보옥이 최종적으로 사상운史湘雲과 부부로 맺어졌다고 논증했답니다. 그렇지 않다면 "기린에 백수白首 쌍성雙星이 감춰져 있다"⁷는 말을 해석할 수 없다는 거죠. 저우루창 선생은 또 지연재脂硯齋⁸가 바로 사상운이라고 했는데, 아주 재미있다고 생각해요.

저우루창 선생은 『홍루몽』에서 말하는 게 단지 애정만이 아니라 인정, 즉 인간 세상의 온갖 감정이라고 했답니다. 작자는 무거운 감상을 통해 인간 세상의 온갖 정감을 묘사하면서 그것을 소중히 아끼고 있지요. 120회본에서는 가보옥이 결혼하는 날 임대옥이 세상을 뜨는데, 이건 극적이고 감상할 만하긴 하지만 깊이가 없어요. 저 우루창의 탐일은 전체적인 경지를 높였습니다. 인간 세상의 부침에 대한 더욱 깊은 정감을 지니게 했고, 운명의 종잡을 수 없음을 펼쳐 보였고, 색즉시공色即是空과 공즉시색空即是色을 보여주었지요. 그건 커다란 정치적 변고가 초래하는 삶의 전복적인 변화에요. 가운家運이 더 이상 중흥할 수 없게 된 것이죠. 그래서 저는 두 종류의 『홍루몽』이 있을 수 있다는 견해에 동의합니다. 하나는 120회본이고, 다른 하나는 80회본에 탐일의 성과를 더한 것이죠. 후자의 경지가 훨씬 높고 줄거리도 훨씬 진실하고 좀 더 대범해요. 그런데 안타깝게도 원저가 산실된 탓에 자세한 줄거리를 알 수가 없고 그저 윤곽만 살필 수 있지요. 그것마저도 아주 불분명하고요. 예술작품으로서 중대한 결함을 갖고 있는 거죠.

  그런데 『홍루몽』을 읽으면서 혹시 이런 걸 느낀 적이 있는지 모르겠군요. 바로 어느 페이지를 펼치더라도 읽어나갈 수 있다는 거예요. 정말 이상하지요! 이게 바로 디테일의 효과랍니다. 『전쟁과 평화』를 읽을 때는 이런 느낌이 없어요. 계속 읽어나갈 수 없을 때도 있죠. 위대한 작품이긴 하지만 말이에요. 도스토옙스키의 작품을 읽을 때도 이런 느낌이 없어요. 아주 대단한 작품이고 읽다보면 마치 마음이 깨끗이 씻기는 것 같긴 하지만 말이에요. 그건 아리스토텔레스의 『시학』에 나오는 '카타르시스' 이론을 생각나게 하는데, 중국의 심미적 깨달음과는 다르지요. 『홍루몽』은 중국인이 지닌 정감의 특징을 가장 잘 보여줍니다.

　류＿＿＿ 『홍루몽』은 어느 페이지를 읽더라도 재미있게 읽을 수 있어요. 게다가 볼수록 재미있지요. 읽은 횟수가 많으면 많을수록 재미가 더욱 짙어집니다. 이것도 참 이상하지요.

　리＿＿＿ 바로 그런 재미가 우리로 하여금 인생의 소소함과 풍부함을 깨닫게 해주지요. 익숙하면서도 신선해요. 정말 아무리 많이 봐도 질리지가 않아요.

소설 읽기 속의 문화-심리 구조

　리＿＿＿ 외국인은 『홍루몽』을 봐도 별다른 재미를 읽어내지 못해요. 사실 자질구레한 말이 무척 많아서 독서의 흥미를 끌어내지 못하는 거죠. 그래서 외국에서는 『홍루몽』이 인기가 별로 없어요. 겨우 두세 종의 번역본이 있을 뿐이죠.

　이건 무엇을 뜻할까요? 이건 아마도 중국인과 외국인의 문화심리가 완전히 다르다는 것을 말해주는 것이겠지요. 우리는 이 삶의 세계에서 인생의 의미를 깨닫고 삶의 과정에 있는 온갖 크고 작은 변수를 체득하며, 이를 통해 느낌·아낌·미련·슬픔·깨달음을 얻게 됩니다. 이런 정감은 애정만이 아니에요. 기독교 사상에서는 이 세계가 무척 더럽기 때문에 영혼이 순수한 천국을 추구해야 한다고 보는데요. 그런 천국과 비교하면, 속세의 온갖 인정은 가치가 크지 않지요.

류_____ 외국인이 『홍루몽』을 읽는 것과 중국인이 『홍루몽』을 읽는 데 있어서, 확실히 문화-심리 구조가 다르지요. 이것을 잘 설명해주는 것은, 외국인이 중국어를 아무리 잘한다 하더라도 계속해서 읽을 수가 없다는 사실인데요.

　리_____ 계속해서 읽을 수가 없지요. 루쉰의 작품도 마찬가지에요. 「고향故鄕」 같은 작품을 외국인이 읽으면 별다른 걸 느끼지 못해요. 대체 뭐가 좋은지 모릅니다. 그 안에 담긴 세상사의 처량함에 대한 깊은 슬픔을 이해하기가 어려운 거예요.

　중국인은 이 세계의 일상생활에 열중하지요. 밥 먹는 걸 포함해서 말이에요. 여러 문명 가운데 중국은 왜 음식의 종류가 이토록 복잡하고 풍부할까요? 얼마나 세밀하고 다양합니까. 어떤 만담에서는 100개나 되는 '만한전석滿漢全席'[9]의 요리 이름을 줄줄 읊어대는데요. 이건 외국에서는 상상할 수 없는 일이에요. 중국 요리에는 '볶음炒'이라는 글자가 제일 많이 쓰이는데 외국에는 비교적 적은 것 같아요. 삶거나 지지거나 굽거나 하지, 볶는 종류는 많지 않아요. 중국인은 고기를 아주 가늘게 써는데, 외국인은 소고기 스테이크나 양고기 스테이크처럼 큼직하게 썰지요. 이건 물론 중국의 목축업이 충분히 발달하지 않은 탓에 고기가 적은 것과 관련이 있습니다. 하지만 중국은 채소도 아주 세밀하고 다양하게 요리하는데, 이건 중국인이 생활과 음식의 다양한 맛에 아주 신경을 쓰는 것과 큰 관련이 있답니다. 그 이유는 중국에 단 하나의 세계만 있기 때문이지요. 이 일상생활의 세계를 아주 긍정하는 거예요. 상고 시대에 중국에서 음식은 제례의 중요한 부분이었지요. 음식은 귀신과 통하는 신성성과 신비성을 지니고 있었기 때문에 아주 꼼꼼히 신경을 써야 했답니다. 죽은 자도 살아 있을 때 섬기듯이 섬겨야 했는데, 이건 무사 전통의 근원과 관계가 있지요.

소설의 예를 통해서도 문화심리의 실질적인 차이들을 볼 수가 있답니다. 제가 『홍루몽』에 대해서는 루쉰에 대해서만큼 잘 알진 못하지만, 『홍루몽』의 고증과 탐일에는 흥미가 아주 많아요. 비록 어떤 고증과 탐일은 '도度'를 파악하지 못한 탓에 진상과 어긋나긴 하지만 그래도 재미가 있지요.

류_____ 저우루창의 탐일에서 마지막에 나오는 옥신묘獄神廟10 같은 내용도 믿으시는지요?

리_____ 네. 조금 지나친 부분도 있긴 하지만 전체로 봐서는 그럴 수 있다고 생각해요. 저는 『홍루몽』에도 많은 견해가 있다고 봅니다. 저는 진짜 보옥과 가짜 보옥11은 아마도 두 세대의 인물일 거라고 생각해요. 두 세대의 인물과 사건을 한데 뒤섞어서 쓴 거죠. 가짜 같으면서도 진짜이고 진짜 같으면서도 가짜인 거예요. 물론 그 가운데 핵심은 건륭乾隆 때에 발생했던 큰 사건과 조曹씨 집안의 관계이지요.12 아직 자료를 찾아내진 못했지만 말이에요.

그러니까 분명히 말하자면, 제가 『홍루몽』에 흥미를 느끼지 않는다고 말하는 건 틀린 거예요. 흥미가 아주 많답니다. 제가 주로 흥미를 느끼는 건 그것의 예술적 측면이 아니라 고증과 탐일의 측면이에요. 그런데 만약 정말로 그 안으로 들어갔다가는 넓은 바다에 빠진 것처럼 거기서 길을 잃고 헤어 나오지 못한 채 다른 일들은 전혀 하지 못하겠죠. 그래서 다른 사람이 고증한 걸 보기만 하고 저 자신은 들어가지 않는 거랍니다.

소소한 일상의 디테일과
'낙감문화'

류_____ 『홍루몽』에 대해 이야기하다보니 다른 문제가 또 생각나는데요. 『역사본체론』에 나오는 말 가운데, 선생님의 본체론의 윤곽을 그리게 된 이론적 근원에 대한 단락이랍니다.

"심리가 본체로 된다." 나는 이것이 하이데거 철학의 주요 공헌이라고 생각한다. '역사 본체론'에서 두 개의 본체를 제기했는데, 앞의 본체(도구 본체)는 마르크스를 계승하고 뒤의 본체(심리 본체)는 하이데거를 계승했다. 그런데 이것 모두 수정과 '발전'을 더했다. 중국 전통과 결합하여, 전자는 '실용이성'을 도출하고 후자는 '낙감樂感문화'를 도출했다.

이 낙감문화는 중국인의 생존 특징인데, 중국에 종교 전통이 없는 것과 관련이 있지요. 선생님께서는 "한 사람이 득도하면 닭과 개가 모두 하늘로 올라간다"[13]는 예를 자주 드시는데요. 중국인은 득도해서 하늘로 올라가게 되더라도 집에 있는 닭과 개를 데리고 가는 걸 잊지 않는다는 말이지요. 이건 일상생활에 대한 뜨거운 사랑을 말해주는데요. 『홍루몽』은 확실히 중국의 낙감문화를 가장 잘 구현한 작품이에요. 저우쭤런의 산문 소품小品이나 장아이링의 소설은, 비록 선생님께서는 별로 좋아하시지 않지만 그것들 모두 소소한 일상생활과 일상의 디테일을 쓰는 데 몰두했고 아주 성공적으로 그려냈답니다. 이것 역시 중국 낙감문화의 특징을 설명해주는 것이겠지요?

리_____ 물론 그렇게 말할 수 있지요. 그 두 작가 모두 류 선생이 좋아하는데, 그들의 중국식 사유나 정감 특징에는 의문의 여지가 없어요.

하지만 전에도 말씀드렸듯이, 저는 감정상 그들을 받아들이기 어려워요. 심미는 감정을 통해 이루어지는 것이니, 이건 어쩔 수가 없네요. 특히 저우쭤런은 저로서는 그를 용서하기가 어려워요.

류_____ 장아이링과 저우쭤런이 처해 있던 시대는 진정한 의미에서의 난세였지요. 그들은 작품 속에서 속세의 디테일을 흥미진진하게 묘사했는데요. 일상생활에 대한 자신의 강렬한 흥취에 자주 기댔지요. 그리고 가라앉히기 어려운 자신의 감정을 담았답니다. 선생님께서 예를 드신 "닭과 개가 모두 하늘로 올라간다"는 건, 득도했을 때 뜻대로 신선이 되었을 때 일상 세속의 여러 가지를 더욱 버릴 수 없다는 걸 말함으로써 하이데거와는 다른 중국인의 낙감문화를 설명하는 것이죠. 장아이링과 저우쭤런은 마음의 피난이 긴급하게 필요할 때, 앞의 예와 마찬가지로, 심지어는 더욱더 세속의 흥미로부터 떨어질 수가 없었답니다. 이 두 사람의 작품을 가지고 선생님의 이론을 해석하는 게 제 생각에는 가장 적절하고도 자연스럽고 완벽한데요.

리_____ 그들의 작품은 소소한 일상생활이 그들에게 지닌 중요성을 확실히 구현하고 있긴 합니다.『홍루몽』역시 그렇지요. 그런데『홍루몽』의 일상 묘사의 배후에는 거대한 슬픔이 있답니다. 바로 이 점은 외국인이 보내낼 수 없고 감상해낼 수 없어요.

애석하게도 저우쭤런은 그의 행위와 경력이 그의 작품을 감상하는 데 영향을 주지요.

　최근에 『독서』 제10기에서 수우舒蕪의 작품에 대한 류 선생의 글[14]을 읽었어요. 아주 잘 쓰셨더군요. 수우는 용서할 수 있다고 생각해요. 그는 이용당한 거였어요.[15] 저우쭤런과는 다르지요. 많은 사람이 저우쭤런에게 떠나라고 권고했는데도 그는 듣지 않았어요. 게다가 일본 군관을 수행해서 사열까지 했어요.[16] 정말 말도 안 되는 일이죠. 저우쭤런은 매국노 노릇을 하면서 아주 나쁜 영향을 끼쳤어요. 게다가 그는 자발적으로 선택해서 그런 거였죠. 일본군이 베이핑北平으로 진군하는 날에 저우쭤런은 그토록 우아하고 한가롭고 탈속적인 글을 쓸 수 있었던 건데, 저는 정말로 이해하기 어려워요. 그래서 제가 저우쭤런을 가식덩어리라고 하는 거예요. 차를 마시는 거든 용을 말한 거든 호랑이를 말한 거든, 죄다 말이에요.[17] 그게 마음의 피난일까요? 저는 그렇게 생각하지 않아요. 장아이링은 물론 다르지요. 그래도 모든 작품이 좋은 건 아니에요. 훌륭한 작품은 아주 적지요. 게다가 후란청胡蘭成은 인간이든 글이든, 저로서는 죄다 혐오스러워요.[18] 이건 제 개인적인 편애와 편견이 무척 많고도 깊기 때문이겠죠. 하지만 루쉰 역시 이렇지 않았나요? 제가 이러는 건 아마도 역시 루쉰한테서 배운 것 같군요. 저는 애증이 분명한 걸 좋아합니다. 너도 좋고 나도 좋고 모두가 좋은 건 싫어하지요. 그래서 20년 전에 류짜이푸한테 이렇게 말했죠. "나는 자네처럼 사랑이 많지 않다네." 저는 사람을 대할 때도 류짜이푸처럼 열정적인 것과는 거리가 멀어요. 물론 이건 제 결점이지요. 그리고 인간관계가 좋지 않은 중요한 원인이기도 하답니다.

7장

'정 본체'가

기독교 정신과

대 면 하 다

'인간중심설'은 서양의 전통이다

리_____ 어떤 사람이 저를 비판하길, 제 인류학 본체론이 '인간중심설'이라고 하더군요. 사실 인간중심설은 중국 전통이 아니라 서양 전통입니다. 왜일까요? 서양은 이전에 신이 중심이었는데, 신의 지위가 동요한 뒤로는 인간이 중심이 되었지요. 신이 중심일 때 인간은 신이 만든 존재였고, 자연계는 신이 인간에게 다스리라고 한 것이었어요. 『구약』 제1장에서 말하고 있는 게 바로 하느님이 인간에게 자연을 다스리고 관리하라는 겁니다. 이건 성서에 기록된 말이에요. 신이 동요된 이후에는 당연히 인간의 통치가 이어졌지요. 그러니까 인간중심설은 바로 서양에서 비롯된 겁니다.

중국은 애초부터 천天·지地·인人이 세발솥처럼 나란히 존재했어요. '삼재三才'라고 하잖아요. 이건 중국의 관념에서 천·지·인 삼자는 서로 통치하고 서로 의존한다는 걸 말해주지요. 하늘이라고 해서 그렇게 큰 권위가 있는 건 아니에요. 인간 역시 그렇게 큰 권위는 없고요. 그러니까 인간중심론이 아니지요.

류_____ 전에 말씀하시길, 선생님에 대한 다른 사람들의 비판이 선생님을 동요시키지 못하지만 류샤오펑은 도전이 될 가능성이 있다고 하셨는데요. 기독교 철학의 각도에서 하신 말씀인가요?

리_____ 그렇지요. 왜 류샤오펑이 중요한 도전이 될 수 있을까요? 류샤오펑은 기독교 교의를 '대표'해서 중국 전통을 비평한 건데, 그의 아주 중요한 몇 가지 논점은 굉장히 정확한 거라고 생각합니다. 그가 한 말 가운데 예를 들면 이런 것이지요. 중국에서는 인간의 지위가 무척 높았다. 인간은 반드시 하느님 앞에 무릎을 꿇고 용서를 빌어야 한다.

확실히 그렇죠. 중국에서는 인간의 지위가 비교적 높았어요.

류_____ 그런데 그의 비판은 1980년대의 사상 해방과도 관계가 있지요. 문화대혁명이 막 지나간 때였으니까요. 문화대혁명 때 사람들은 '두려움'을 몰랐어요. 사람과 사람 간의 '사랑'도 몰랐고요. '반란造反'을 갈망하며 '폭행과 파괴'를 일삼았죠. 법도 하늘도 없었고, 경외하는 게 없었어요. 그래서 『우리 세대의 사랑과 두려움我們這一代人的愛和怕』이라는 그의 책은 사람들에게 신선함과 신기함을 느끼게 했고, 사람들 마음 깊숙한 곳으로 들어가 우리로 하여금 자기 마음의 결함을 보게 만들었지요.

리_____ 맞아요. 그래서 1990년대에 류샤오펑은 대학생들에게 아주 영향력이 컸답니다. 기독교 정신이 마침 중국의 불충분한 점을 보충해주었지요. 중국 전통은 본래의 전통이든 혁명 전통이든, 각종 희생정신을 지니고 있어요. 그런데 인간의 욕망과 철저히 결별한, 영혼의 성결과 순수에 대한 추구가 결핍되어 있지요. 자신의 육체를 호되게 채찍질해서 영혼을 깨끗하게 하려는 행위가 결핍되어 있어요. 중국 전통에서는 오로지 목욕재계처럼 굉장히 가벼운 정도의 금욕禁慾 조치가 있을 뿐이지요. 중국은 아주 순수하고 성결한 정감을 이해하고 받아들일 필요가 있어요. 기독교의 전파가 이런 측면에서 중국의 마음, 즉 문화-심리 구조에 도움이 될 수 있기를 바랍니다. 그중에서도 특히 개체의 절대고독을 기초로 한 정감, 그러니까 중국인의 정감과는 아주 다른, 앞에서 말한 정감이 어떻게 흡수되어 융화될 것인지가 실천과 이론의 측면에서 관심을 가져야 할 중요한 점이지요. 루쉰을 이런 각도에서 비교하고 탐구하는 게 굉장히 좋은 출발점이랍니다.

류_____ '5·4' 이후에 기독교를 배척하는 급진적인 조류가 있었는데요. 당시 저우쮜런은 그것에 반대했어요.

리_____ 중국은 기독교 문화를 두려워해서는 안 됩니다. 그것을 포용해야 해요. 우리는 자신감을 더 가져야 해요.

중국 문화에서 인간은 천지의 화육化育에 참여할 수 있지요. 인간은 천지의 일을 도울 수 있어요. 법칙을 파악하기만 하면 인간은 역할을 발휘할 수 있지요. 인간의 힘은 작지 않아요.

저는 '천부인권天賦人權'에 찬성하지 않습니다. 인권이 타고나는 것이라고 한다면 그건 '왕권신수王權神授'와 마찬가지에요. 모두가 신이 준 것이 되지요. 중국은 그렇지 않아요. 일본을 보세요. 일본의 천황은 정말 대단하지요. 천황이 죽으면 일본의 어떤 노병들은 자살까지도 합니다. 하지만 중국에는 없어요. 마오쩌둥이 죽은 뒤에 가장 애통해한 사람도 자살하진 않았잖아요. 그 일로 누군가가 목숨을 끊었다는 말 들어본 적 없죠?

중국에서는 진승陳勝과 항우項羽가 기의起義를 일으키기 전에 각각 이렇게 말했어요. "왕후장상王侯將相에 어찌 씨가 따로 있겠는가!"[1] "저 자리는 내가 취하여 대신할 것이다."[2] 이건 바로 왕권이 그다지 신성할 것도 없고, 황제는 나도 될 수 있다는 말이에요. 중국에서는 황제라도 하늘의 뜻을 들어야 하고 하늘에 제사를 드려야 하지요. 한대漢代에는 황제가 자연재해나 지진을 만나면, '스스로를 꾸짖는 조서責己詔'를 써서 자신을 꾸짖어야 했답니다. 그렇다면 하늘은 어떨까요? 하늘은 백성의 말을 들어야 하지요. "하늘은 우리 백성을 통해 보고, 하늘은 우리 백성을 통해 듣는다"[3]고 했지요. 그러니까 이건 삼각관계에요. 황제는 백성을 통치하고, 하늘은 황제를 통치하고, 하늘은 인간의 영향을 받지요. 이건 서양이나 일본과는 달라요.

인권은 역사의 산물입니다. 고대 그리스에서는 아리스토텔레스든 플라톤이든 인권을 언급한 적이 없어요. 개인의 자유니 하는 것도 언급하지 않았어요. 이건 죄다 근대의 산물이에요. 이 점에서 마르크스는 옳아요. 근대에 이르러서야 공업의 수요로 인해, 농민은 일할 자유를 갖게 되었지요. 중국도 마찬가지에요. 과거에는 농민이 도시로 들어가봐야 호구戶口[4]도 없고 식량 구입표도 없으니 도시에서 살아갈 수가 없었지요. 개인의 자유라고 할 게 없었어요.

중국은 어떤 현대성을 필요로 하는가?

류_____ 요 몇 년 사이 학계에서는 현대성에 관한 논쟁도 아주 뜨겁습니다. 그들이 운용하는 포스트모던의 담론 체계는 난삽해서 이해하기가 어렵고요. 그래서 일반 독자들은 경이원지敬而遠之하게 되는데요. 이 논쟁에 대한 선생님의 견해를 말씀해주실 수 있나요?

리_____ 현대화(즉 자본주의)로 인해 일련의 중대한 결함이 초래되자 서양 학자들이 현대성 문제를 제기했지요. 그들은 현대성이 현대화와 같지 않다는 걸 강조했어요. 이렇게 해서 '반反현대적 현대성'과 '심미적 현대성'이 생겨났고, 이것을 가지고 계몽이성과 보편가치(자유·평등·인권·민주)를 사상적 이론(즉 계몽적 현대성)의 근거로 삼는 현대화에 반대했지요. 일부 학자가 이런 포스트모던 이론들을 중국으로 들여왔고, 현실을 불만스러워하는 많은 젊은 학생을 끌어들여서 모종의 혼동을 조성했답니다. 전前현대를 포스트모던으로 간주하고, 문화대혁명 같은 선명한 봉건적 특징을 '반현대적 현대성'과 '심미적 현대성'으로 여기면서, 이걸 가지고 '계몽적 현대성'(즉 계몽 이론)에 반대했지요. 이렇게 해서 반현대 역시 일종의 현대성이 되었답니다. 정치화를 제거하는 것 역시 일종의 정치에요. 이건 태도를 표명하지 않는 것 역시 일종의 태도이며 발언하지 않는 것 역시 일종의 발언이고 정치를 피하는 것 역시 일종의 정치라고 하면서, 누구나 반드시 입을 열어 태도를 밝히며 정치를 이야기하도록 몰아붙이던 1950년대에서 1970년대의 군중운동을 생각나게 하는데요. 비록 내용은 많이 다르지만 이론의 유형은 거의 똑같아요. 지금은 포스트모던의 문풍이 더해져서 예전처럼 솔직하고 분명하지 않을 뿐이죠. 이에 대해서는 상당히 문제가 있다고 봐요.

어떤 대담에서 말했던 걸로 기억하는데요. 천두슈陳獨秀가 양복을 입고 양식을 먹은 건 계몽적 현대성이고, 구훙밍辜鴻銘이 변발을 보존하고 아편을 흡입한 건 심미적 현대성, 즉 반현대적 현대성이라고 하면, 모두가 '현대성'인데 이게 말이 됩니까? 위안스카이袁世凱가 공자에게 제사지내는 제공대전祭孔大典을 거행한 것은 '심미적 현대성' 혹은 '반현대적 현대성'의 행위예술이라고 하면, 이것 역시 현대성인데 이게 말이 됩니까? 그래서 오늘 저는 질문을 제기합니다. "중국은 대체 어떤 현대성이 필요한가?" 혹은 이렇게도 물을 수 있겠지요. "중국은 어떤 현대성을 필요로 하는가?" 이건 큰 문제랍니다. '반현대적 현대성'이 필요할까요? 그러니까 실제로는 계몽이성과 보편가치에 반대하면서 전현대 세력과 합류하는 현대성인, 삼강三綱을 체體로 하는 '중체서용'의 현대성이 필요한가요? 아니면 제가 주장하는 현대성이 필요할까요? 그러니까 계몽이성과 보편가치를 받아들이고 흡수하며 이것을 기초로 하여 중국의 전통 요소를 더한 '정 본체'의 현대성, 즉 '서체중용'의 현대성이 필요한가요?

류_____ 지금 어떤 사람은 문화대혁명을, 즉 중화인민공화국이 성립된 지 17년 뒤에 문호를 닫은 채 건설을 추구하던 상황을 '현대성'이라고 보는데, 이건 정말 이상하지요.

리_____ 그렇습니다. 그런데 그런 식의 말을 자주 들을 수 있어요. 마오쩌둥 시대는 확실히 '반현대적 현대화'였지요. 반자본주의적 현대화라는 중국 스스로의 발전의 길을 걷고 싶어했어요. 평등한 군중운동을 엄격히 실행해서 자본주의에 반대하고 현대화를 실현하고자 했답니다. 이건 사르트르부터 푸코에 이르는 외국의 신·구 좌파의 찬양을 받았지요. 하지만 최후에는 10년의 문화대혁명으로 나아갔어요. 철저하게 실패했지요. 문화대혁명은 현대성이라고 말할 게 아무것도 없어요. '마오에 대한 세 가지 충성三忠於'과 '네 가지 무한四無限'5은 전적으로 봉건전제의 방식이에요. 그러니까 지금 만약 그때와 다르고 또 현재의 서양 자본주의와도 다른 새로운 길을 걸어갈 수 있다면 인류에게 커다란 공헌을 하는 것이겠죠. 하지만 아주 고달픈 노력이 필요합니다. 그 과정에서 봉건주의의 망령이 부활하는 것을 막아야 해요. 봉건적 특징을 지닌 자본주의에 반대해야 합니다. 그것을 '중국 모델'이라고 생각하면 안 돼요. 이런 경계심을 유지해야만 우리는 자신의 새로운 길을 잘 걸어갈 수가 있고, 진정으로 세계적 의미를 지닌 중국 모델을 도출해낼 수 있답니다.

인간은 신앙을 찾아야 한다

류_____ 최근에 기독교가 중국에서 비교적 빠르게 발전하고 있는데요. 그 대상은 주로 하층이지요. 예를 들면 부녀자나 농민 중에서 믿는 사람이 많습니다. 제가 전에 한국에 간 적이 있는데요. 한국에서는 기독교가 가장 빨리 전파되어서 지금은 이미 인구의 절반이 기독교를 믿게 되었어요.**6** 처음엔 부녀자들 속에서 전파되었죠. 당시 한국의 부녀자들은 무척 고생스러웠으니까요.

리_____ 하느님이 아들을 보내 고난을 받게 했기 때문에 고난을 받는 집단 속에서 기독교가 퍼져나가기 쉬운 겁니다. 그리스도를 숭배하는 게 관제關帝(관우)를 숭배하는 것보다는 아무래도 좀 낫지요. 그래서 기독교가 중국에서 광범위하게 전파되겠지요. 하지만 저는 중국의 지식 집단이 대량으로 기독교를 신봉할 거라고는 믿지 않아요. 하느님은 전지전능하고 무엇이든 하느님이 창조했다는 건, 중국인이 그다지 믿지 않을 겁니다. 중국인은 경험이성, 즉 실용이성이 있으니까요. 『성경』에 나오는 일들은 경험에 그다지 부합하지 않아요. 하지만 서양에서는 믿는 사람들이 있어요. 과학이 그토록 발달한 오늘날에도 서양에서는 『성경』의 구구절절이 진리라고 굳게 믿는 사람들이 여전히 있답니다. 중국인은 하느님을 믿는다 하더라도 하느님이 자신의 평안과 행복과 출세와 돈벌이를 위해 힘써주길 바라는 거죠.

류_____ 앞에서 말씀하시길, 중국에는 천·지·인의 삼각관계가 있다고 하셨는데요. 그렇다면 왜 중국의 전제주의가 유난히 길고도 잔학했을까요?

리_____ 유난히 잔학했다고는 할 수 없지요. 서양도 고대에는 아주 잔학했거든요. 로마의 경기장(콜로세움—옮긴이)이나 중세기의 마녀 화형은 잔학하지 않았던가요? 근대에 와서야 비로소 문명으로 나아간 거죠. 중국의 전통 정치에서는 사대부가 황제에게 맞설 수 있었답니다. 상서上書할 수도 있고 정치에 대해 논의할 수도 있고 간언할 수도 있었지요. 황제 앞에서, 서로 다른 의견을 가지고 서로 질책할 수가 있었어요. 희곡에 「용포를 때리다打龍袍」7라는 것도 있잖아요. 이것들에는 모두 합리적인 성분이 있어요. 황권을 약화시키고 제어하는 것이죠. 그래서 첸무 선생은 전제가 아니었다고 주장했답니다. 물론 그의 말이 지나치긴 하지만요.

류_____ 제가 처음에 질문을 드렸을 때, 선생님께서는 철학 연구가 인류를 위해 뭔가를 제공해야 한다고 생각한다는 말씀을 하셨는데요. 그래서 저는 사실 선생님의 연구 목표가 아주 원대하다고 속으로 느꼈답니다. '야심'이 아주 크다고 말할 수도 있겠죠. 「철학탐심록」에서 이렇게 말씀하셨지요.

> 칸트는 신이 보증하는 '최고선'을 정언명령의 귀결점으로 삼았다. 불교에는 '삼세업보三世業報'설이 있다. 하지만 이것들은 모두 공리公理와 가정에 불과하다. 유학 전통과 인류학 역사 본체론의 관점에서 보자면, '인류 총체'로 신이나 업보의 윤회를 대신하는 것이 보다 실재적일 것이다.

또 말씀하시길, "하나의 인생, 하나의 세계인 중국에서 종교적 과제는 삶의 경지와 인생의 귀착점에 대한 탐구로 전환되었다"고 하셨어요. 이것은 하나의 인생, 하나의 세계인 무종교의 중국 전통을 철학으로 끌어들인 다음에 구축한 '정 본체'가 미래의 인류에게 활로를 찾아주어야 한다고 표명하신 거죠. 그 활로는 바로 종교 이외의 길이고요.

리_____ 니체 때부터 시작해서 신은 죽었다고 말했지요. 그런데 지금 상황은 과학이 발달할수록 종교 역시 발달하고 있어요. 왜일까요? 갈수록 사람들이 운명을 파악하기 어렵다고 느끼기 때문이에요. 그래서 갈수록 신앙을 찾길 바라는 거죠. 지금 각종 종교와 신앙, 특히 기독교가 광범위하게 사람들한테 받아들여지고 있어요. 생존을 의지하고 삶을 기댈 수 있는 정신적인 지지대를 찾기 위해서랍니다. 앞에서 이미 말씀드렸죠. '정 본체'가 제기한 것은 알 수 없는 신비로서의 '물자체', 즉 '인간과 우주자연의 협동 공존'이에요. 이것은 과학자가 믿는 종교적인 신일 수도 있고, 중국 전통이 믿는 '천인합일'의 '천도'일 수도 있지요.

류_____ 어쨌든 과학은 종교에 엄청난 충격을 주었어요. 종교의 여러 신비한 해석이 더 이상 신비하지 않게 되었죠. 현재 미국의 위대한 과학자 콜린스[8](게놈프로젝트의 책임자)는 독실한 기독교도에요. 그런데 그는 현재의 과학이 아직 해석할 수 없는 현상을 종교 교의를 가지고 해석하는 것에 굉장히 반대합니다. 현대과학이 매우 빨리 발전하고 있다는 것을 알기 때문이죠. 언젠가 과학에서 새로운 발견이 이루어지면, 그때는 교회가 더 피동적으로 되게 마련이니까요. 물론 과학의 발전이 궁극적으로 인간의 정신세계의 요구를 대신할 수는 없지요. 인간에게는 '믿는 바$_{所信}$'가 없을 수는 없으니까요. 믿는 바가 없으면 '마음의 편안'이 있을 수 없고 생존할 수가 없지요. 철학의 역할이 무엇인지 가장 근본적으로 말하자면, 사실은 개인에게 영향을 미치는 건데요. 인간이 '자기 믿음에 따라 생활할' 수 있게 해주는 것이죠. '정 본체'의 제기는, 개인의 총체성 및 인간의 전면적인 발전과 관련된 철학적 설명이라고 생각합니다. 그것은 광활하고도 통속적이고, 원대하면서도 실제적이지요. 인간은 조만간 종교 이외의 '믿는 바'를 찾아야 해요. 그래서 저는 '정 본체'가 더 많은 사람의 마음속으로 들어갈 수 있기를 간절히 바랍니다.

8장

인성능력

- 인성정감
- 선악 관념

정치·군사·문화는 우연으로 가득하지만 경제에는 모종의 '필연'이 있다

리_____ 주체성에 관한 '네 번째 논강'에서 운명에 대한 연구가 21세기 철학의 주제라고 언급했는데요. 언어에서 벗어나 생활로 돌아가고 근본적인 것들로 돌아가고 앞으로 인류의 가능성을 탐구해야 하는 겁니다.

앞에서 이미 말했듯이, 저는 많은 일이 우연이라고 생각해요. 필연은 그다지 많지 않아요. 특히 정치나 군사 영역에서는 말이죠. 군사 영역에서의 우연은 가장 명확하죠. 잘못된 결정 하나가 전군을 전멸시킬 수 있어요. 그래서 『손자병법孫子兵法』에서는 '나라의 존망'을 말하면서 전쟁을 잘못하면 나라 전체가 망한다고 했답니다. 정치상의 많은 큰일 역시 엄청난 우연성을 갖고 있지요.

오로지 경제는 어느 정도의 필연성을 지니고 있답니다. 이게 바로 제가 말하는 '밥 먹는 철학'이에요. 사람은 모두 밥을 먹어야 하잖아요. 여기서 '밥을 먹는다'는 건 단순히 배불리 먹는 것만 가리키는 게 아니라 좀 더 잘 먹고 잘 입는 것을 포함합니다. 의·식·주·행의 끊임없는 개선은 누구나 다 바라는 것이죠. 여기엔 어느 정도의 필연성이 있어요. 사람이 밥을 먹어야 한다는 건, 경제가 모든 것을 결정한다는 것과 결코 똑같은 게 아니에요. 장기적으로 볼 때 그리고 인류의 각도에서 볼 때, 경제는 결정성을 갖고 있다는 겁니다. 특정 시기 특정 지역이 죄다 경제에 의해 결정된다는 건 결코 아니에요. 마르크스와 엥겔스도 근본적으로 그렇게 말하지는 않았고요. 때로는 정치가 결정적이고, 때로는 종교가 결정적이고, 또 때로는 문화가 결정적이지요. 어떤 민족, 예를 들면 마야 문화는 종교적인 원인으로 인해 경제가 쇠락하고 결국 멸망했을 겁니다. 경제는 정상적인 상황이라 할지라도 정치·문화·종교적인 원인 때문에 후퇴할 가능성이 있어요. 하지만 전체적으로는 장기적으로 봤을 때, 특히 인류의 각도에서 봤을 때, 경제는 발전합니다. 경제의 발전은 다른 방면이 발전하는 데 기초에요. 원시인이 동굴에 거주했을 때의 평균수명은 아마도 스물서넛 정도였을 겁니다. 현재 중국인의 평균수명은 거의 칠팔십에 가깝지요. 이게 바로 진보에요. 그런데 최신 조류에 있는 학자들은 진보라는 이 관념조차도 부정하는데요. 저는 물질문명은 계속 진보한다고 생각해요. 그리고 주로 과학기술에 의지해서, 즉 도구의 역량을 끊임없이 개선함으로써 진보한다고 생각합니다.

도덕의 이분:
사회적 도덕과 종교적 도덕

류_____ 어제는 운명·정감·우연을 강조하시고, 인성에 대해서는 상대적으로 적게 말씀하셨는데요. 인성이 가리키는 게 뭐지요?

리_____ 인성human nature이란 인간의 본성 내지 인간의 본질이랍니다. 동서고금에서 가장 많이 쓰인 말이지요. 하지만 대체 뭐가 인성인지는 지금까지도 정확한 해석이 없답니다. 제가 몇 개의 '주체성 논강'에서 언급했는데, 어떤 사람은 인성을 동물성으로 귀결 짓고 또 다른 사람은 인성을 신성으로 귀결시키고 또 어떤 사람은 인성을 계급성으로 귀결시키지요. 좀 더 광범위한 건 사회성으로 귀결시키는 건데, 사실 동물한테도 사회성이 있어요. 확실히 이 모든 건 무엇이 인성인지 해석하지 못합니다. 그런데 이건 제 철학과 직접적으로 관계가 있어요. 저는 내재적 자연의 인간화, 그러니까 인성이 어떻게 형성되는가의 문제를 말하고자 하니까요.

인류학 본체론에서 말한 도구-사회 본체는, 외재적 도구 방면의 발전 및 사회 구조 방면의 발전에 관한 겁니다. 특정 생산력과 그 당시의 사회 구조는 확실히 관련이 있어요. 비록 과거에 말하던 것처럼 그렇게 절대적인 건 아니지만 그래도 직접적 혹은 간접적으로 밀접한 관계가 있고, 인류 문명의 발전으로 나타나지요. 심리-정감 본체가 가리키는 것은, 인성의 형성과 인성의 발전이랍니다. 즉 내재적 자연의 인간화죠. 동물에게도 정감이 있어요. '인간화'는 바로 인간의 동물적 정감의 인간화에요. 중국의 전통 윤리학은 동물적 정감의 '인간화'라는 기초 위에 건립하여, 자연적 정감을 이성화했지요. 이성화란, 인류가 일련의 이성적 관념과 이성적 사상을 운용함으로써 인간의 정감을 '명명', 즉 관할하는 거예요. 이게 '예'의 형성이고 바로 윤리이지요. 그것을 점차 외재적 규범에서 내재적 자각으로 변화시킨 것이 바로 도덕이고요.

윤리는 외재적인 제도·규범·요구인데, 근대에는 법리法理로 나타나지요. 이건 헤겔과 마르크스가 많이 말했답니다. 헤겔과 마르크스는 인간의 내재적 심리 방면은 중시하지 않았어요. 하지만 제 윤리학은 도덕의 심리적 특징에 좀 더 역점을 두고 있지요. 이게 바로 제가 『윤리학강요』의 시작에서부터 윤리와 도덕을 구분한 까닭입니다.

다음으로 도덕 방면에 있어서는 두 종류의 도덕을 구분했는데, 하나는 사회적 도덕이고 다른 하나는 종교적 도덕이에요. 고대에는 서양에서든 중국에서든, 이 두 종류의 도덕은 하나로 합쳐져 구분이 없었지요. 그런데 현대사회의 특징은 개인을 중심으로 하고 계약을 원칙으로 하는 현대적 관념 그리고 공공이성public reason을 사회규범으로 삼는 질서에요. 네가 다른 사람의 권익을 존중하면 다른 사람 역시 너의 권익을 존중할 것이라는 거죠. 이게 바로 사회계약이에요. 바로 현대의 사회적 도덕이지요. 이건 개인이 영혼의 구원을 추구하는 것, 궁극의 가치를 추구하는 것, 생활의 안정과 마음의 평안을 추구하는 것, 성인이나 현인이 되길 추구하는 것, 이런 것들과는 아무 상관이 없는 것이에요. 방금 말한 것들은 모두 종교적 도덕이죠. 그것은 내재적 요구이기도 합니다. 하지만 일반인에게 요구하는 것은 사회적 도덕일 수밖에 없어요. 즉 현대사회가 요구하는 가장 기본적인 행위규범을 준수하라는 것이죠.

롤스는 『정치적 자유주의』에서, 현대사회의 가치와 도덕은 특정 종교와의 연계를 강조해서는 안 된다고 했지요. 온갖 다른 문화와 문명이 서로 중첩되는 부분이 바로 세계의 공통된 도덕 인식인데, 이 중첩되는 부분은 각종 종교와는 별다른 관계가 없다고 강조했답니다. 이전에는 늘 기독교를 끌어다 관련 맺기를 좋아했고, 확실히 관계가 있었죠. 그런데 지금 롤스가 강조하는 것은 공공의 이성 규범과 개인의 도덕의식을 구분하는 겁니다.[1] 이걸 보고서 정말 기뻤지요. 제 견해와 완전히 일치했거든요. 이건 아주 중요한 견해에요. 이건 사실 앞에서 말씀드린, 도덕을 '이분'해서 사회적 도덕과 종교적 도덕으로 나눠야 한다는 것이지요.

도덕 행위는 인성능력·인성정감·선악 관념으로 구성된다

리_____ 저는 『윤리학강요』에서 주로 인성을 분석했답니다. 도덕 행위에 있어서의 인성을 인성능력·인성정감·선악 관념으로 나누었지요. 구체적인 윤리도덕 행위는 어떤 것이든 모두 이 세 부분으로 구성되어 있어요.

인성능력은 주로, 인간이 어떤 일을 하도록 이성적 관념이 지배하고 있는 능력이랍니다. 인간의 의지이지요. 이건 필요조건이에요.

인성정감은 동물적 정감의 기초 위에 이성화를 더한 것입니다. 이건 인성능력과는 달라요. 동물성을 기초로 삼은 것이지요.

선악 관념은 바로 이성적 관념이에요. 이건 사회와 시대에 따라서 아주 많이 다르답니다. 제가 여러 번 든 예가 있는데요. 어떤 민족은 노인을 죽이거나 버리는데, 왜일까요? 식량이 부족하기 때문에 노인을 죽이거나 유기할 수밖에 없는 거죠. 그런데 많은 민족이 노인을 존경하는 이유는 뭘까요? 식량이 충분하기 때문에, 또 노인은 많은 경험을 갖고 있어서 민족의 생존을 지도해줄 수 있기 때문이죠. 전체 인류의 발전을 놓고 보자면, 노인을 존경하는 것이 우세를 차지하게 되었답니다. 생존 자료가 많아지게 된 거에요. 이것 역시 '밥 먹는 철학'에 대한 증거라고 할 수 있겠죠. 이것 말고도 또 다른 원인이 있는데, 바로 노인을 존경하는 게 인성정감의 긍정성을 배양하는 측면에서 이점이 있기 때문이에요. 제가 말하는 정감에는 긍정적인 정감도 있고 부정적인 정감도 있답니다. 이 두 가지 정감은 동물도 가지고 있어요. 인간은 주로 적극적인 것, 그러니까 긍정적인 정감을 배양해야 합니다.

도덕은 인간에게 독자적인 절대적 가치를 갖고 있어요. 이에 관한 예는 여러 번 들었는데요. 바로 앞에 적이 둘 있는데, 한 명은 때려 죽여도 투항하지 않는 반면에 다른 한 명은 잽싸게 투항할 경우, 비록 두 번째 적으로 인해 홀가분하고 기쁘겠지만 투항하지 않은 적에게 탄복할 겁니다. 이건 윤리적 가치가 일시적인 공리적 쾌락보다 절대적 가치를 지닌다는 걸 말해주지요. 이로써 보자면 인성능력은 윤리학의 가장 근본적인 문제이자 도덕의 찬란한 빛을 보여주는 거예요.

구체적인 윤리실천이나 도덕 행위는 어떤 것이든 모두 인성능력·인성정감·선악 관념의 세 부분으로 구성되어 있답니다. 이건 매우 복잡한 구조에요.

칸트가 흄보다 낫다

류_____ 그렇다면 인성능력은 칸트의 '정언명령'과 같은 건지요?

리_____ 칸트는 도덕의 절대성을 아주 높이 끌어올렸지요. 인간이 좋은 일을 하는 건 상대를 동정해서가 아니라 반드시 그렇게 해야 하기 때문이죠. 그래서 '정언명령'인 거예요. 그래야 비로소 도덕 행위인 것이죠. 상대를 사랑하기 때문에 도와주는 게 아니에요. 그건 도덕이 아니죠. 칸트는 자신이 상대를 사랑하든 그렇지 않든, 그렇게 해야 한다고 여겼어요. 칸트가 이렇게 말한 건 아주 핵심을 찌르는 겁니다. 인간은 이성의 명령 하에 그 일을 하는 거예요. 성공과 실패를 떠나서 말이죠. 그래야만 비로소 진정한 도덕이죠. 이건 '인성능력'을 유달리 부각시킨 겁니다.

동정은 보편성이 없는 것이죠. 하지만 흄은 동정을 강조했어요. 맹자 역시 측은지심惻隱之心을 말했고요. 흄은 이성은 감정의 노예라고 했지요. 정감만이 이성을 노예로 만들 수 있으니까요. 저는 칸트와 흄 두 사람을 결합시켰답니다. 이 둘 중에서 칸트가 더 중요하다고 생각하는 건, 도덕 행위의 특징이 존재하기 때문이지요.

저의 어떤 책에서 이런 예를 인용한 적이 있는데요. 기차가 돌진해오는데, 만약 선로전환기 레버를 당기지 않으면 많은 사람이 치여 죽고 당긴다면 한 사람이 죽는다고 할 때, 그 한 사람이 내가 사랑하는 사람이라면 어떻게 하지요? 또 예를 들자면, 전쟁터에서 막 아기를 낳았는데 아기 울음소리가 무척 커서 아기를 질식시켜서 죽여야만 적의 방어선을 뚫을 수 있다면 어떻게 할 건가요? 깊은 생각을 끌어내는 예이지요. 아기를 질식시켜서 죽였는데 왜 도리어 칭찬을 받을까요? 이성이 반드시 그렇게 해야 한다고 알려주기 때문에 이성의 명령을 집행한 겁니다. 바로 이 점에서 칸트가 더 대단한 거예요. 인간의 도덕 행위는 이성의 절대명령이지, 동정에서 나오는 게 아니에요. 반드시 이렇게 해야만 하는 겁니다. 하지만 "반드시 이렇게 해야 한다"는 건 단지 형식명령이에요. 형식명령은 구체적으로 실행하기가 아주 어렵죠. 칸트의 친구인 실러는 "선의로 타인을 도와주었는데 도리어 부도덕이고, 악의로 타인을 도와주었는데 도리어 도덕"2이라는 말을 했어요. 따라서 어떻게 정감을 동력으로 삼아서 도덕 행위를 절대명령으로 삼는 인성능력과 결합할 것인가, 이는 구체적인 생활에서 매우 복잡한 문제랍니다.

저는 인성능력을 뼈대로 삼고 정감을 피와 살로 삼되, 구체적인 상황에 따라 구체적으로 처리해야 한다고 생각해요. 예를 들면 중국인이 말하는 '대의멸친大義滅親'은 국가와 민족의 이익을 위해서 자신의 피붙이도 없앨 수 있다는 건데, 중국이 이걸 주장하진 않아요. 그건 특수한 예외적인 상황이지요. 중국은 늘 집안과 국가를 서로 연결하고 충과 효를 모두 다하길 강구하지요. 만약 두 가지를 다할 수 없을 때, 충을 선택할 것인가 효를 선택할 것인가는 구체적인 상황에 달려 있어요. 최후에 실행하는 것은 역시 이성적 사고를 통해서죠. 이성의 명령이지 단지 정감에서 비롯되는 게 아니에요. 그래서 칸트가 흄보다 낫고, 인성능력이 인성정감보다 낫다는 겁니다. 인성능력은 인간이라야만 가질 수 있는 것이죠. 그것은 오랜 기간의 훈련을 통해 길러지는 거랍니다. 인성정감은 동물적 정감의 기초 위에서 끌어올려진 것인데, 역시 장기간의 배양이 필요하지요. 그리고 중요한 것은 정확한 선악 관념을 세우는 겁니다. 선악 관념은 매우 구체적인데, 인성능력이 그것을 실행하는 근거가 되지만 시대와 사회에 따라 변천하지요. 윤리학의 외재적 측면은 주로 이 두 종류의 도덕(인성능력과 인성정감―옮긴이) 및 그것의 상호관계를 연구하고, 내재적 측면은 이 세 가지(인성능력·인성정감·선악 관념―옮긴이)와 그것의 상호관계를 연구해야 합니다. 『궈뎬 죽간』에서는 "성性이 있다 하더라도 마음心이 그것을 끄집어내지 않으면 밖으로 나오지 않는다"³고 했어요. 선악은 모두 생물적 기초를 갖고 있지요. 오로지 이성화(마음)를 통해야만 선을 배양해서 그것이 발현되게 할 수 있답니다. "지식은 곧 덕행"이라는 소크라테스의 말 역시 다음과 같이 해석할 수 있어요. '지식'은 일반적인 인식이나 학식이 아니라, 지식의 지도 아래에 있는 이성의 응집, 즉 의지를 통해 행위를 주재하는 것이라고 말이죠. 이건 바로 도덕이랍니다.

이성의 힘으로 자신의 온갖 욕망과 싸워 이기는 것, 이것이 도덕의 특징이에요. 그래서 제가 행복은 윤리학 문제가 아니라 미학 문제이고 종교 문제라고 말하는 겁니다. 도덕의 특징은 숭고에요. 바로 자신의 온갖 행복, 심지어는 생명까지 희생해서 모종의 책임을 이행하는 것이죠. 생명은 행복이 의지하는 곳인데, 생명조차 필요치 않다면 대체 행복이라 말할 수 있는 게 뭐가 있을까요? 그런데 행복을 희생하는 것을 행복이라 생각하는 사람도 물론 있답니다. 이건 바로 이성의 명령이지, 일시적인 정감이 아니에요. 철학이론은 죄다 추상적인데, 이러한 원칙과 분석을 구체적인 사건에 진정으로 적용시키고자 한다면 중간의 많은 과정을 거쳐야만 하지요.

칸트의 이성의 명령과
기독교의 하느님의 사랑

류_____ 칸트의 '정언명령'은 사실 기독교 신교 관념의 변종이라고 보는 시각도 있는데요.

리_____ 칸트에게는 선험이성이 있지요. 선험이성이란 어디서 온 것인지 물을 수 없고 어떻게 온 것인지도 알 수 없는 거예요. 그 뒤에는 확실히 하느님의 그림자가 있다고 생각합니다. 비록 칸트 본인은 하느님을 믿지 않았지만 말이죠. 그는 평생 교회에 들어가지 않았는데, 이건 당시로서는 정말 심각한 일이었답니다. 하지만 그의 배후에는 늘 하느님의 그림자가 있었어요. 하이데거에 이르러서도 마찬가지고요. 야스퍼스는 유신론적 실존주의자였고, 하이데거는 무신론적 실존주의자였지요. 그런데 하이데거는 그가 힘주어 말하는 '존재'가 대체 무엇인지 명확히 말하지 않았어요. 레오 스트라우스가 자신이 말하는 '자연'이 무엇인지 시종일관 명확히 말하지 않았던 것과 마찬가지죠. 실제로는 모두 하느님의 그림자에요. 헤겔은 입을 열 때마다 하느님을 언급했답니다. 물론 헤겔의 하느님은 일반 사람들이 상상하는 하느님이 아니라, 지고무상하면서도 인간의 역사 안에서 자신을 드러내는 절대정신이지요.

하지만 칸트와 기독교에는 아주 큰 차이가 있답니다. 칸트는 이성의 명령을 말하는데, 기독교에서 말하는 건 바로 '사랑'이죠. 기독교에서는 성스러운 사랑이 이성보다 중요해요. 내가 남을 구함으로써 구현하는 것은 하느님의 의지고, 이 의지 역시 사랑이죠. 사실 이건 이성의 명령이에요. 하느님이 나에게 그를 사랑하라고 했으니, 내가 그를 구해야 하는 겁니다. "하느님이 나에게 시키셨다", 이게 바로 이성이죠.

류＿＿＿ 칸트의 '정언명령'은 사회적 도덕을 가리키는 건가요, 아니면 종교적 도덕을 가리키는 건가요?

리＿＿＿ 그건 어떤 도덕과 관련된 게 아니라 도덕 행위의 심리적 특징을 가리키는 겁니다. 제가 말한 종교적 도덕과 사회적 도덕은 또 다른 문제에요. 즉 도덕의 사회윤리적 내용이지요. 칸트가 말한 도덕은 심리 형식이고요. 윤리학의 사회윤리적 내용은 두 방향으로 발전했답니다. 하나는 정치철학으로 나아갔는데, 재부·행복·평등·자유에 대해 토론하지요. 개인의 타고난 불평등이 어떻게 사회 속에서 평등을 획득할 것인가 등의 문제도 포함해서 말이죠. 이건 모두 사회적 도덕의 측면이죠. 다른 하나는 종교철학으로 나아갔는데, 궁극의 관심을 추구하고 인생의 궁극적 의미 등을 추구하지요. 기독교는 종교적 도덕을 통해 사회적 도덕을 제어하는데요. 유가사상은 일종의 예교禮教인데, 역시 종교적 도덕(정심성의正心誠意)에서 사회적 도덕(수제치평修齊治平)이 생겨나고, 종교·윤리·정치의 세 가지가 합일을 이룹니다. 예교는 윤리이고 정치이자 동시에 종교에요. 보기에는 인간 세상의 규정이지만 동시에 천도와 신의神意를 구현하는 것으로, 뚜렷한 종교성을 갖고 있지요. 그래서 중국은 기독교가 필요하지 않아요. 중국에는 삼위일체의 예교 구조가 있으니까요. 군신君臣·부자·형제·부부·친구라는 강상綱常의 신앙이 존재하지요. 지금 기독교가 왜 중국에서 더 광범위하게 전파되고 있을까요? 그 원인은 바로 이런 구조가 사라졌기 때문입니다. 지금은 죄다 핵가족화되어서 오로지 개인에만 관심을 쏟지요. 사회 구조가 변했어요. 이 점에 있어서 마르크스가 아주 잘 말했지요.

류_____ 제가 이해하기로는, '정 본체'의 영향은 주로 개인과 관련된 것인데요. 도덕 방면에 적용한다면, '정 본체'는 주로 '종교적 도덕'과 관련이 있는 것이고요. 맞는지요?

리_____ 맞습니다. '정 본체'는 주로 종교적 도덕과 관련 있지요. 제가 지금 '정 본체'를 힘써 말하려 하지 않는 이유는, 현재 중국에 가장 필요한 건 공공이성을 건립하는 것이기 때문이에요. 현재는 법률이 아직 완전하지 못해요. 게다가 중국은 인정이 무척 많죠. 인정이 공공이성에 관여하고 공공이성을 파괴해요. 그래서 지금 무엇보다도 먼저 특히 필요한 것은 이성의 질서를 제대로 세우는 겁니다. 지금 중국에 절실히 필요한 건, 두루뭉술하게 타협하는 정감이 아니라 공평무사한 이성이에요. 인정은 조화를 강조하고 협상을 강조하고 모두의 타협을 강조하지요. 예를 들면, 중국인은 적당히 화해하는 걸 좋아하는데요. 감정만 상하지 않으면 괜찮다는 거예요. 도대체 누가 옳고 누가 그른지, 어느 쪽이 맞는지는 개의치 않는 거죠. 어렸을 때 이런 현상에 대해 흥미를 느꼈던 게 기억납니다. 물론 그러는 것에도 좋은 측면이 있긴 하죠. 하지만 그건 반드시 법정에서 시비를 판결하는 토대 위에서 이루어져야 하는 겁니다. 이것이 전제가 되어야 해요.

류_____ 우리『문회보』에서 최근에 게재한 글[4]에서 말하길, 도시는 낯선 사람들이 모여 사는 곳인데 중국은 잘 아는 사람끼리 모이는 것에 익숙하다고 했지요. 특히 농촌의 경우에요. 그래서 지금의 보편적인 처세 원칙은 여전히 아는 사람 중심의 원칙인데요. 이건 아주 큰 문제에요.

리_____ 그렇지요. 아는 사람 사회에서 낯선 사람 사회로 바뀌는 데는 공공이성으로 규범화할 필요가 있어요. 사회적 도덕을 세우는 게 중요하지요. 그래서 저는 지금 '정 본체'를 힘써 말하지 않는답니다. 철학의 측면에서는 이 관념을 제기하는 게 필요하지만 눈앞의 현실에 적용하기에는 아직 때가 되지 않았거든요.

류_____ 그건 선생님께서 말씀하신 '4가지 순서'와 관계가 있는 건지요?

리_____ '4가지 순서'는 정치철학의 문제에요. 그것과 직접적인 관계는 없어요. 간접적으로는 있지요.

류_____ 아까 말씀하시길, 사회적 도덕은 정치철학으로 나아가고 종교적 도덕은 종교철학으로 나아가는데, '정 본체'는 종교철학에 속한다고 하셨지요. 선생님의 '4가지 순서'(경제 발전 → 개인의 자유 → 사회 정의 → 정치 민주화)는 당연히 정치철학의 범주에 속하는데요. 어쨌든 어떤 사회 조건에서, '정 본체'가 비로소 더 많은 사람에게 받아들여질 수 있는지 그리고 확대 발전하는 데 더 도움이 되는지는 아주 중요합니다. 물론 이것들 모두 윤리학과 관계가 있지요.

리_____ 윤리학은 기초에요. 이 기초 위에서 정치철학과 종교철학으로 나뉘는 거죠. 또한 윤리학은 전체 철학의 일부에요. 역사본체론에서 인간의 내재적 자연의 인간화를 강조했기 때문에 인성 문제를 제기하고자 윤리학에서의 인성능력과 인성정감 등을 제기했던 겁니다.

심리 본체: 이성의 내적 구조(인식), 이성의 응집(도덕), 이성의 융화(심미)

류____ 그렇다면 '정 본체'는 인성능력·인성정감·선악 관념과 어떤 관계인가요?

리____ 인간은 동물적인 존재에요. 그래서 '정 본체'는 이성과 본능의 적절한 조합이지요. 인성을 때로는 '정감-이성 구조'라고도 하는데, 간단히 말하자면 정감과 이성이 각종 서로 다른 비율과 관계로 형성된 복잡한 구조랍니다.

인식론 방면에서는 이성이 주도적 지위를 차지하지요. 저는 이것을 '이성의 내재화內化'라고 했다가 나중에는 '이성의 내적 구조內構'로 바꿨답니다. 실천 속의 조작을 통해 이성을 내재화해서 인식 구조로 만드는 것이죠. 여기엔 논리와 수학 등이 포함되지요.

윤리학 방면에서는 이성이 압도적인 우세와 지배적인 지위를 차지해요. 저는 이것을 '이성의 응집凝聚'이라고 부릅니다. 응집이란 욕망과의 관계를 가리키지요. 동물로서의 인간에게는 각종 욕망이 있으니까요. 이 욕망을 어떻게 조절하고 제어할까요? 이성으로 제어하고 주재해야 해요. 이것은 바로 인간의 의지이기도 하지요. 모든 종교에는 계율이 있는데, 이게 바로 이성의 명령이고, 이것이 점차 변해서 내재하는 자각적인 도덕과 의지가 되는 겁니다.

미학은 '이성의 융화融化'랍니다. 이성이 감성 가운데 녹아들어서, 이성이 있긴 해도 기본적으로 보이지는 않아요.

이상의 세 방면에서 '정감-이성 구조'의 관계·비례·구성이 아주 다르다는 것을 알 수 있지요.

저는 이성의 내적 구조, 이성의 응집, 이성의 융화를 가지고 각각 인식론·윤리학·미학을 서술한 겁니다. 1960년대에 썼던 첫 번째 논강에서 이미 말했던 거죠. 나중에 이것을 여러 번 전개시켜 나갔고요. 관심이 있을 때엔 『철학강요』를 읽어보시면 됩니다. 그 안에 「윤리학강요」도 있어요.

류_____ 이렇게 강조하시는 게 매우 필요합니다. 선생님께서 '정본체'를 제창하셨지만 그것은 '유정주의唯情主義'가 아니라 '이성과 본능의 조합'이라는 걸 말해주는 것이니까요. 인성과 동물성의 최대한의 완전한 조합이라고도 말할 수 있겠군요.

리_____ 그건 '자연의 인간화'인데, '인간의 자연화'도 있답니다. 인간은 본래 동물인데, '자연화'란 자신이 속한 종을 초월하여 우주천지의 자연질서와 동형同型으로 합일되는 문제를 가리키는 것이죠. 인간이 원래의 동물적 본능의 상태로 돌아가야 한다는 게 아니랍니다. 여기엔 이성과 본능의 고차원적인 복잡한 구조가 있고, 비이성과 관련되어 있지요. 이 문제는 더 복잡하기 때문에 여기서 논할 수가 없겠군요.

9장

문장에서 추구하는 것과 그 밖의 것들

뜻을 표현해서
남이 쉽게 이해하도록 한다

류_____ 선생님의 글은 늘 사람들이 칭찬하는데요. 『미의 역정』의 독자들 평가가 특히 높습니다. 저는 이 책이 나중에 나온 '문화 산문'1의 발원지라고 줄곧 생각해왔는데요. 그런데 이 책의 글은 아무래도 좀 화려하다는 느낌이 듭니다. 최고의 경지에 오른 글을 꼽는다면, 『기묘오설』에 나오는 「무사 전통을 논하다」 등이 좀 더 정련되고 세련되고 명쾌하거든요. 더 잘 읽히고 끈기 있게 읽을 수도 있고요. 선생님께서는 문장학의 관점에서 어느 글이 가장 좋다고 생각하시나요? 문장에서 추구하시는 게 있는지요?

리_____ 문장에서 특별히 추구하는 건 없어요. 뜻만 전달하면 그만이죠. 저는 잘 읽을 수 있는 문장을 좋아해요. 낭랑하게 읊을 수 있는 문장이요. 이것 역시 중국의 전통이지요. 어렸을 때 변문駢文을 쓴 적이 있답니다. 저는 대칭과 간결함과 리듬에 비교적 주의를 기울여요. 그중에서도 평측平仄에 주의하는 게 입문의 노하우랍니다. 하지만 고심해서 추구하진 않아요. 그저 자연스럽게 되도록 하는 것이죠. 어쨌든 저는 작가나 예술가는 아니니까요. 어떤 사람은 제 필치에 감정이 늘 묻어난다고 하더군요. 량치차오처럼 말이죠. 하지만 저는 거기에 주의를 기울인 적도 없고 량치차오를 따라 하려고 한 적도 없답니다.

1970~1980년대에 문학의 본질적 특징에 대해 토론할 때, 저는 문장에 반드시 형상성이 있어야 하는 건 아니라고 말한 적이 있어요. 정감성이 있으면 그것으로 된다고 했지요. 당시로서는 상궤에 어긋나는 말이었죠. 하지만 저는 예를 들어서 말했어요. 한유韓愈의 「원도原道」는 이론적인 글로, 형상성이라 할 건 없고 죄다 개념이지만 읽어보면 기세가 있고 정감의 힘을 느낄 수가 있지요. 구양수歐陽修의 글은 또 다른 정감 형태랍니다. 이밖에도 중국의 문장은 대구를 중시하는데요. 대구에는 형식미가 있어요. 하지만 죽어라고 대구를 추구해서는 안 되고 융통성을 염두에 두어야 해요.

저는 요즘처럼 두서없는 문장이나 배배 꼬인 문장은 좋아하지 않아요. 두서없는 문장으로 한참을 말한 게 사실은 한마디로 명확하게 말할 수 있는 것이죠. 배배 꼬인 문장은 하도 꼬아서 머리가 어질어질하고 당최 알 수가 없고 헷갈려서 결국에는 뭘 말하고 있는지 여전히 알 수가 없어요. 이런 문장을 읽으려면 무척 힘이 들지요.

류_____ 아, 요즘 학술 논문들을 말씀하시는 건가요?

리_____ 꼭 그것만은 아니에요. 하지만 대학의 논문은 확실히 문제가 심각해요. 사실 이것 역시 서양의 포스트모던에서 배워온 거랍니다. 저 스스로는 영미 철학의 뚜렷하고 명백하면서 어수선하거나 복잡하지 않은 점, 독일 철학의 심도 있고 힘 있으면서 이해하기 어려울 정도로 회삽하지 않은 점을 배우길 바랍니다. 저는 이것이야말로 중국의 풍격과 기개를 계승하고 발양하는 거라고 생각해요. 이루기가 무척 어려운 것이지만 마음으로는 그것을 동경한답니다.

류_____ 『기묘오설』을 쓰실 때, 문풍에 있어서 무슨 특별한 느낌이라도 있으셨는지요?

리_____ 사실 제가 특별히 추구하는 문풍은 없답니다. 각 시기의 문장은 환경, 심정, 집필 조건, 문장의 내용, 준비 시간의 정도와 모두 관계가 있겠지요. 어떤 사람은 「미육美育으로 종교를 대신하다」[2]라는 글을 잘 썼다고 하는데, 저는 별 특별한 느낌이 없답니다. 또 어떤 사람은 「심미형이상학」이 참 잘 썼다고 말하더군요. 그런데 류 선생은 『기묘오설』이 가장 좋다고 생각하고요. 산문을 쓸 때도 그렇고, 저는 글을 쓸 때 특별히 추구하는 문풍이 없어요. 하지만 수사의 측면에서는, 특히 제목에 있어서는 곰곰이 헤아리려고 하지요. 어떻게 내 뜻을 표현해서 남이 쉽게 이해하도록 할 것인지가 가장 중요해요. 저는 일부러 심오한 척하는 것에는 반대합니다.

류_____ 앞에서 말씀하시길, 『기묘오설』이 본래는 다섯 권의 책이었는데 나중에는 다섯 편의 글로 변했다고 하셨는데요. 이건 선생님께서 오랜 기간 되새긴 대량의 자료를 가지고 농축적인 이론 작품을 쓰셨다는 걸 말해주지요. 준비 시간이 길수록 사고가 성숙하기 때문에 글이 더욱 조리 있고 분명하면서 심미적 정취가 가득한 거죠. 그리고 오랜 시간 감정을 동반한 사고로 인해 집필 과정에서 풍부한 열정을 내포하게 되는 것이고요. 비록 이 열정이 논리적 추론 과정에 잠재된 채 밖으로 드러나진 않지만요. 아마도 좋은 문장은 애써서 추구한다고 되는 게 아니라, 이렇게 자연스럽게 형성되는 것 같습니다.

새로운 견해가 없다면
글을 쓰지 마라

류_____ 『미의 역정』의 문장은 매우 간결한 편인데요. 제가 느끼기엔 나중의 문장과 비교했을 때, '청춘'이 두드러지는 것 같습니다.

리_____ 다시 강조하지만, 세 권의 '사상사론'은 '사상사'가 아니라 몇 가지 문제와 몇 명의 인물을 말한 겁니다. 하지만 사상사에서 중요한 대상과 문제는 모두 언급했지요. 『미의 역정』은 예술사가 아니고 문학사도 아니에요. 하지만 심미의 각도에서 예술사와 문학사의 중요한 문제들을 논했답니다. 방금 『미의 역정』의 문장이 간결하다고 하셨는데, 저는 문장 외에 구상에 있어서도 간결을 추구한답니다.

저는 스스로에게 두 가지를 요구하는데요. 첫째는 새로운 견해가 없다면 글을 쓰지 말라는 것이고, 둘째는 명예와 이익을 위해서 글을 쓰지 말라는 것이죠. 애초에 스스로를 이렇게 규정했답니다. 자신의 시간과 독자의 시간을 낭비하지 말자고 다짐했지요. 수십 년 동안 기본적으로 지킨 것 같아요. 그래서 학생이 논문을 쓸 때 저한테 주제를 달라고 하면, 저는 정말 이상하게 여긴답니다. 주제라는 건, 온갖 책을 다 보고 난 뒤에 어떤 문제가 있다고 생각되거나 이해한 바가 있어야 비로소 생겨나는 건데, 선생이 주제를 준다면 무슨 의미가 있겠어요? 물론 연구가 필요한 문제를 학생이 참고하도록 선생이 알려줄 수는 있죠. 글을 쓰려면 새로운 게 있어야 해요. 다른 사람이 아직 철저하게 말하지 않았거나 분명하게 말하지 않은 것, 혹은 남이 아직 발견하지 않은 문제나 자료 등을 발견해야 하지요. 그래야만 자신의 연구 성과라고 할 수 있어요.

독서나 글쓰기를 막론하고 저는 일정하게 정해진 시간 안에서의 효율을 중요시합니다. 여태 억지로 읽거나 쓴 적이 없어요. 글이 안 써지면 차라리 나가서 놀지요. 제가 늘 하는 말이, 잘 놀면 잘 쓴다는 겁니다. 그런데 애석하게도 저는 잘 못 놀아요. 그래서 글도 잘 못 쓰지요. 이제는 늙어서 놀 수도 없어요. 그러니 안 쓰는 거죠. 글쓰기 자체는 노는 게 아니니까요. 적어도 저한테는 그래요. 다른 사람은 아마도 글쓰기를 노는 것으로 생각할 겁니다. 저는 그렇게 안 돼요. 저한테 글쓰기는 아무래도 괴로운 일이랍니다. 글이라는 것은 한 편씩 쓸 때마다 욕먹을 걸 두려워해서도 안 되고 자만해서도 안 되지요. 글은 천고에 남는 일이고, 득실은 자신의 마음이 알잖아요.³ 득도 알고 실도 알지요. 따라서 매번 처음부터 다시 시작한다는 태도를 지녀야 해요. 지금 어떤 사람은 책 한두 권을 쓰고서 상태가 아주 심각해지는데, 밑천이 아주 충분하다고 생각하는 거죠. 그러는 건 자신에게 좋을 게 없어요. 중국 전통의 경험담들은 아주 훌륭해요. 예를 들자면 "자만하면 손해를 초래하고, 겸손하면 이익을 본다"⁴는 말이 있는데, 자만하게 되면 진보하기가 무척 어렵답니다. 어떤 학자들은 본래 아주 훌륭한데, 나중에는 정체된 채 앞으로 나아가지 못하고 심지어는 퇴보하지요. 이건 자아 감각이 지나치게 뛰어나고 자아 평가가 과도하게 높은 것과 관계가 있을 겁니다. 정말 안타까운 일이지요. 최근 20년 동안 이런 현상을 굉장히 많이 봤답니다.

이미 말씀드렸지만, 작품이 많다고 좋은 건 아니랍니다. 천인커는 몇 권의 소책자밖에 안 썼고, 탕융퉁湯用彤의 7만 글자로 이루어진『위진현학논고魏晉玄學論稿』는 다른 사람의 70만 글자에 맞먹을 정도죠. 책은 많이 집필하는 게 능사가 아니고, 글 역시 길이가 중요한 게 아니라 비중에 달려 있는 거예요. 소설도 그렇답니다. 저는 고골에게 탄복하는데, 그는『죽은 혼』을 쓴 다음에 제2부가 만족스럽지 않자 그 원고를 불태웠어요.5 지금은 "10년을 들여 검 한 자루를 연마"6하고자 하는 정신이 부족해요. 특히 문학작품이 그렇죠. 작가는 글을 발표할 수 있을지에 대해서는 전혀 상관하지 말아야 해요. 오로지 쓰기 위해서 써야죠. 쓰고 난 뒤에 그냥 내버려 뒤도 괜찮아요. 카프카도 그러지 않았습니까?7 문학작품은 때를 놓칠게 될 것을 염두에 두면 안 돼요. 수십 년 뒤에 출판된다 해도 괜찮아요. 그래야 참된 문학일 겁니다. 제가 왜 가오싱젠高行健을 좋아할까요? 그의『영산靈山』은 쓰고 난 뒤에 7년을 놔뒀던 거예요.8 진정한 문학작품의 영향력은 현재에만 미치는 게 아니에요. 오래도록 전해지는 것이죠. 이런 생각이 있다면, 발표를 할 수 있느냐 없느냐에 상관하지 않을 수 있답니다. 저는 제 생각에 따라서 쓰고 싶으면 바로 쓰지요. 그리고 양에도 신경 쓰지 않아요. 루쉰도 작품이 많지 않았죠. 그리고 모든 작품이 성공한 것도 아니에요. 그리고 그다지 잘 쓰지 못한 작품도 많답니다. 소설 역시 성공하지 못한 것이 많지만 그가 가장 훌륭한 작품을 써냈다는 것을 부인할 수 없지요.

교육의 최종 목적은 인간을 전면적으로 발전시키는 것이다, 여기에는 독특한 잠재능력을 집중적으로 발전시키는 것도 포함된다

류_____ 또 질문이 있는데요. 21세기는 교육의 세기라고 말씀하셨는데, 왜 그렇게 말씀하신 건가요? 그 근거가 무엇인지요?

리_____ 21세기라고는 하지 않았고요. 미래를 총괄적으로 지칭한 겁니다. 교육은 특정한 사회 수요를 위해 기능하는 것이기 때문에, 중국의 고대 교육은 사대부를 양성하는 것이었지요. 배워서 뛰어나면 벼슬을 했어요.**9** 자본주의 사회에서는 대량의 전문 인재를 양성하지요. 각종 과학자, 엔지니어, 의사, 경제관리 인재 등등 말이죠. 그래서 지금 인문교육은 줄곧 열세에 처해 있어요. 사회는 확실히 다양한 전문 인재를 필요로 하지요. 하지만 인류 총체의 미래를 놓고 볼 때, 이게 바로 교육의 최종 목적일까요? 미래 세기의 교육은 각 개인의 잠재능력을 진정으로 발견하고 발휘함으로써 각 개인의 '전면적인 발전'을 실현하도록 해야 한다고 생각합니다. 여기에는 각자의 장점을 집중적으로 발전시키는 것도 포함되지요. 몸과 마음이 건강하기만 하다면, 한 가지를 집중적으로 발전시키는 것도 일종의 전면적인 거랍니다. 이런 발전이야말로 인생 최대의 기쁨이지요. 교육은 이것을 목적으로 삼아야 해요. 하지만 이건 요원한 일이지요. 여기에는 유전자 연구의 발전, 심리학의 발전, 사회적 수요의 발전 등이 필요해요. 그래서 저는 사람들이 일주일에 사흘만 일하게 될 때, 이런 문제들이 두드러지게 될 것이고 비교적 쉽게 해결될 거라고 봅니다.

지금 우리 교육은 엉망진창이에요. 얼핏 보기에는 인간이 비교적 높은 수준까지 발전한 것 같지만, 사실 전체적으로는 아직 상당히 낮은 단계에 머물러 있답니다. 게다가 전쟁·기아·질병, 이런 문제들을 아직 해결하지 못했잖아요. 그래서 아직은 몹시 이르지요. 이 세기에 도달할 수 있는 게 결코 아니에요. 그래서 저는 '이상사회'를 요구하지 말고 '사회의 이상'을 요구할 것을 이야기합니다. 인간은 사회의 이상을 위해 분투해야 해요. 그래야 인생이 비로소 의미로 충만해지지요.

생물과학이 발전하지 않으면 미감에 대해 확실히 말할 수 없다

류____ 또 질문이 있는데요. 20세기의 철학과 미학에 대해서 간단한 총평을 해주실 수 있나요? 그리고 왜 나중에는 미학 연구를 하지 않으셨는지요?

리____ 20세기의 가장 중요한 두 명의 철학자는 바로 비트겐슈타인과 하이데거라고 생각합니다.

20세기 전반에 걸친 인문 영역에 대해서 저는 그다지 높게 평가하지 않아요. 문학·예술·철학을 막론하고 죄다 19세기보다 못했으니까요. 20세기는 과학기술이 발전한 시기였지요. 과학기술이 비약적으로 발전했지요. 21세기는 분명히 생물 과학기술이 크게 발전하는 시기일 겁니다. 저는 뇌과학에 주목하고 있답니다. 외재세계에 대한 인간의 이해는 인간 자신의 내부세계에 대한 이해보다 양적으로 훨씬 많아요. 저의 철학적 시각의 사변이 과학의 인증을 받을 수 있을까요? 뇌과학에 희망을 걸어봐야지요. 제가 두 권의 책을 추천한 적이 있는데요. 『하늘보다 넓다Wider Than the Sky』와 『제2의 자연Second Nature』이지요.10 이 책들이 말하는 건, 인간의 뇌는 하늘보다 더 광활하고 더 복잡하며 제2의 대자연이라는 겁니다. 지금 이것에 대한 우리 이해는 이제 막 걷기 시작한 유아 단계일 뿐이에요.

미학을 왜 그만뒀냐고요? 생물과학이 발전하지 않으면 미감에 대해 확실히 말할 수 없거든요. 미감은 네 그룹의 종합이지요. 지각·상상·이해·정감, 각각이 하나의 요소가 아니라 하나의 그룹이에요. 매우 복잡하지요. 그래서 예술과 문예의 다양성이 존재하는 겁니다. "사람의 마음이 다른 것은 각자 얼굴 생김새가 다른 것과 같은데"11 각자의 뇌 구조 역시 다르지요. 이것은 생물적 기초 위에 문화의 누적과 침전이 더해진 겁니다. 개체 간의 차이는 아주 크기 때문에 저마다 사랑하는 바가 있고 각자의 미美를 추구하는 것이죠. 각자의 잠재능력을 발휘하는 것 그리고 온갖 서로 다른 사랑과 아름다움, 이게 사람을 가장 즐겁게 만드는 일이고 이것이야말로 진정한 행복이지요.

이 기회를 빌려서 미육에 대한 제 견해를 다시 말씀드려야겠군요. 두 가지가 아주 중요한데요. 하나는 형식감 그리고 다른 하나는 경외감이에요. 지금은 이 두 가지에 그다지 주의하지 않는 것 같은데, 사실 이게 바로 미육이 길러내야 하는 것이랍니다. 먼저 형식감에 대해 말씀드리자면, 형식감이라는 건 아주 구체적인 균형·

대칭·비례·리듬으로 형성된 질서감·운율감·조화감·단순감 등이에요. 이것들에는, 노동하면서 받는 느낌에서부터 자연을 조용히 관찰하거나 창조와 발명을 하는 것에 이르기까지 여러 차원의 다양한 종류가 있답니다. 광대하고도 심각한 정감의 체험과 느낌이 있지요. 앞에서 말씀드렸던 '천인합일'과 '협동 공존'도 그 안에 포함되어 있고요. 이것들은 예술에만 머물러 있지 않고 훨씬 더 나아갑니다. 이것들에 대한 감수성을 지녀야 하는 것과 더불어서 우주 존재에 대한 경외감을 길러야 해요. 이러한 경외로 종교에서의 신에 대한 경외를 대신하는 거죠. 이건 모두 '정 본체'의 범위에 속합니다. 앞에서 아인슈타인에 대해 말씀드렸는데요. 그의 과학 발견은 감각과 직관과 자유로운 상상에서 비롯되었다고 했잖아요? 사실 아인슈타인의 과학은 경외와 호기심에서 나온 겁니다. 그가 믿은 신은 실제로 전체 우주였지요. 바로 우주의 합법칙적인 운행이죠. 그래서 그는 이 최대 최고의 '형식감'에 사로잡혀 그것을 탐구할 수 있었던 거예요. 미육은 일반적인 형식감에 대한 깨달음과 터득을 배양해야 하는 것과 더불어서 천지·우주·자연이라는 '대大형식'에 대한 신앙을 길러내야 해요. 이 둘의 관계가 어떤지에 대해서는 제대로 연구할 필요가 있답니다. 미육을 잘해서 고차원에 도달하게 된다면, 하느님이나 신에게 기댈 필요가 없어요. 이 문제는 매우 심오한 거예요. 여기서 이렇게 언급해보았습니다. 어쨌든 '정 본체'에서 말한 것은 단지 인정뿐만이 아니고 '일상의 인류'의 정에서 훨씬 나아가 우주와 천지에 대한 경외의 정을 포괄하는 겁니다. 음악의 철리성, 석도石濤가 말한 '일획一畫'[12], 중국이 말하는 '천도', 이 모두가 그것과 관계가 있지요.

자기가 한 말에는
책임을 져야 한다

류＿＿＿＿ 제 생각엔 선생님과 왕위안화 선생이 매우 비슷한 점이 있는데요. 바로 본인이 한 말, 특히 중요한 관점에 있어서는 몇 년 전에 했던 말을 다시 하게 되었을 때 한 글자도 어긋나지 않는다는 겁니다! 참 놀라운 느낌이 들었는데, 자세히 생각해보니 일리가 있더군요. 그러니까 두 분 모두 굉장히 진지하게 사고하셨고 그것이 확실한 관념이라고 생각하신 거죠.

리＿＿＿＿ 그건 아마도 자기가 한 말에는 책임을 져야 하기 때문이겠지요. 제가 한 말은 제가 책임집니다. 그래서 저는 철학 '놀이'와 학문 '놀이'를 하는 이들에게 그다지 찬성하지 않아요. 제 태도는 그렇지가 않거든요. 진웨린 선생 역시 학문을 하는 것은 기호의 유희이며 놀기에 좋다고 말한 적이 있죠. 이에 비하면 저는 평유란 선생에게 찬성하는 편입니다. 평유란 선생에게는 책임감이 있었죠. 그는 "지나간 성인을 위해 끊어진 학문을 잇는다"[13]고 했잖아요. 놀기 좋다, 그건 포스트모던 철학의 "실컷 즐기고 죽자"는 거죠.

류＿＿＿＿ 선생님과 펑유란 선생은 비슷한 점이 있는데, 바로 꾸준히 노력해서 평생 그토록 많은 일을 하셨다는 거죠.

리＿＿＿＿ 아, 저는 비교가 안 되지요. 그는 날마다 글을 썼어요. 저는 단숨에 다 쓰든가 그게 아니면 아예 쓰지도 않아요. 저는 게으르고 게걸스럽답니다. 먹는 걸 좋아하지요. 선유딩沈有鼎 선생이랑 좀 비슷해요. 선유딩 선생은 저한테 자주 밥을 사주셨는데, 저랑 한담을 나누기 위해서였죠. 이것저것 잡다하게 이야기를 나누고 주역과 논리에 대해서도 많은 이야기를 나누었답니다.『비판철학의 비판』이 출판된 뒤에 철학연구소의 어떤 이가 말하길 저의 칸트는 선유딩 선생한테서 배운 거라고 하더군요. 사실 우리는 칸트에 대해서는 이야기하지 않았어요. 선유딩 선생은 칸트에 대해 아는 게 많지 않았고, 제가 마르크스를 이용해서 칸트를 말하는 것에도 전혀 흥미가 없었답니다.

    류_____ 감사합니다. 단숨에 이렇게 많은 문제를 말씀해주셨어요.

    리_____ 저는 평생 단순하고 단조롭게 살았답니다. 변화가 거의 없었지요. 해마다 경력을 쓸 때 단 두 줄이에요. 1950년부터 1954년까지 베이징 대학에서 공부하다, 1955년부터 지금까지 철학연구소에 있다. '사회관계'도 극히 단순하고, '발자취'라고 할 만한 건 더더욱 없답니다. 그리고 다른 사람과의 왕래도 드물어요. 작은 풍파가 있었던 사소한 일들에 대해서는 이미 여러 번 말한 적이 있고요. 10년 전『부생론학浮生論學』14에서 오늘보다 더 상세하게 말했지요. 그런데 그 책에 대해서 많은 사람이 모르더군요. 그래서 지금 다시 말씀드린 겁니다.

    저는 하이네가 칸트를 두고 딱히 말할 만한 생애가 없는 사람이라고 한 것15과 정말 똑같답니다. 저라는 사람이 책이고, 책이 바로 저라는 사람이죠. 저는 고금의 많은 서재의 학자들과 마찬가지로 오로지 책 읽고 글 쓰는 일만 했답니다. 이 두 가지 일만 하고 다른 일은 하지 않았어요. 인터뷰를 그토록 많이 했지만『부생논학』을 제외하면 저에게 책 읽고 글 쓰는 것에 관한 질문을 한 사람이 없답니다. 이상하지요? 질문이 다 끝난 지금 제가 이 두 가지에 대해 말한 게 지나친 대답일지도 모르겠군요. 어쨌든 오늘 아주 즐겁게 이야기를 나눴습니다. 이론 문제와 관련해서는, 제 옛 글들을 모아서 편집한 『철학강요』가 곧 나올 텐데 거기에 대체로 논의되어 있어요. 이번 대담은 그 책에 대한 해설과 보충이라고 할 수 있겠군요. 감사합니다!

2010년 10월 18일부터 19일까지
베이징에서

제2부

팔순의 리쩌허우: 적막한 선지자

1장

시 대 와

그 시대의

리 쩌 허 우[2]

_『남방인물주간』
편집부

루쉰은 장편소설을 쓰고 싶어했다고 한다. 자신의 세대를 포함한 4세대의 지식인을 묘사한 소설인데, 안타깝게도 결국 실현되지 못했다.3 리쩌허우는 일찍이 중국 근현대의 6세대4 지식인을 기록한 사상사론을 쓰고 싶어했다. 각 세대 사람들의 시대적 사명, 도덕적 책임, 현실적 기능 그리고 그들 사이의 전승과 충돌에 대해 연구하고자 했던 것이다. 그의 구상에서 캉유웨이(제1대), 루쉰(제2대), 마오쩌둥(제3대)은 아마도 가장 중요한 세 사람일 것이다. 리쩌허우가 자신을 어느 세대에 귀속시킬지, 자기 세대 사람들의 시대적 사명, 도덕적 책임, 현실적 기능에 대해서는 또 어떻게 인식하고 실천했을지, 우리로서는 알 도리가 없다. 왜냐하면 그의 사상사론은 결국 그가 예상한 면모대로 세상에 나오지 않았기 때문이다.

지금 리쩌허우는 한물갔는가? 시대의 흐름에 뒤떨어졌는가? 그는 한동안 '극성기'를 누리고 이제는 '쇠락'한 것일까? 비할 데 없이 출중했던, '젊은이들의 멘토'가 이제 그의 사명을 다하고 묵묵히 퇴장한 것일까? 만약 그렇다면 그는 어떤 '시대'에서 한물간 것이고, 어떤 '시대의 흐름'에서 뒤떨어진 것일까? 만약 그렇지 않다면, 그는 또 어떤 말을 하면서 무엇을 전달하고 있을까?

먼저 그의 전성기를 보자. 1950년대 '미학 논쟁'에서, 리쩌허우는 '이립而立(서른)'도 되지 않은 나이에 이미 일가지언一家之言을 이루었다. 1970~1980년대, 20년을 잠자코 있던 그는 단숨에 『비판철학의 비판』(1979), 『중국사상사론』(근대: 1979, 고대: 1985, 현대: 1987), 『미의 역정』(1981), 『화하미학』(1988), 『미학사강』(1989)을 내놓으면서 일시에 낙양의 지가를 올렸고 청년들의 우상이 되었다. 어떤 사람은 이렇게 개괄한다. "1980년대에 덩리쥔鄧麗君은 애정의 계몽 스승이었고, 리쩌허우는 사상의 계몽 스승이었다." 이와 동시에 그는 원로 학자와 청년 학자로부터 양면 협공을 받았다. 한쪽에서는 그를 '자유'라고 힐문하고, 다른 한쪽에서는 그를 '보수'라고 힐문했다.

당시의 '문화열'은 명실상부했다. 베이징에서 상하이까지, 관방에서 민간에 이르기까지, 대학원생과 대학생에서부터 원로 학자와 원로 교수에 이르기까지, 모두가 무대로 나왔다. 각종 강습반과 세미나가 여기저기서 열렸다. 사람들한테서 완전히 잊힌 구순도 넘은 고령의 량수밍 선생이 다시 학술 강단에 올라 그의 중서문화와 철학을 강연하면서, 유가의 공맹孔孟이 장차 전체 세계문명의 방향임을 여전히 강조했다. 더 뜨거웠던 것은 사실 개혁 시국時局의 마음이었다. 하지만 열정은 넘치나 이성이 부족했고, 욕속부달欲速不達이었다.

단절점은 20년 전에 나타났다. 1992년, 리쩌허우는 중국을 떠나 미국으로 갔다. 우연한 정치적 상황이 필연적인 경제 조류와 서로 손잡았고, 그 결과 "1990년대 대륙의 학술 풍조에서는 사상가가 조용히 사라지고 학자가 부각되었다. 왕궈웨이·천인커·우미吳宓가 하늘 높이 치켜세워지고, 천두슈·후스胡適·루쉰은 '이선으로 물러났다.'"5 리쩌허우는 총괄해서 말하길, 최근 20~30년 사이에 중국 사회에는 네 가지 붐이 일었는데 미학열·문화열·국학열·서학열이라고 했다.**6** 이를 거칠게 나눠본다면, 앞의 둘은 사상에 귀속되고 현실에 관심을 갖는 것이며, 뒤의 둘은 대체로 학문에 편중되고 시국을 방관하는 것이다. 리쩌허우의 철학적 시각과 논강식 글쓰기는 물론 "조용히 사라진" 사상가에 속한다. 더욱 중요한 것은 사상과 학술을 막론하고 대중은 이미 그것들에 근본적으로 무관심하다는 사실이다. 경제적 수입과 물질생활만이 주류가 되었다. 문화 영웅은 이제 자취를 감추었다.

이역에서 지내는 그는 매우 적막하다. 다른 것은 차치하더라도, 날마다 먹는 음식마저도 고향에 대한 그리움을 자아낸다. 비교적 큰 슈퍼마켓에 가서 장을 볼 때 리쩌허우는 '중국 배추'가 있는지 살펴보는 것을 늘 즐긴다. 위스콘신, 미시간, 스워스모어, 튀빙겐, 콜로라도 등의 대학을 쭉 돌고서 그는 마지막으로 콜로라도의 작은 도시 볼더에 정착했다. 미국에는 그를 아는 사람이 별로 없다고 한다. 그래서 고향의 젊은이가 갑자기 전화를 걸어와서 리쩌허우에게 서문을 써달라고 부탁했을 때, 그는 고향 말씨에 '극도의 친밀감을 느껴서' 결국 자신이 지켜오던 관례대로 거절할 수가 없었다.

다행히도 그는 해마다 한 차례씩 중국으로 돌아온다. 짧으면 한 달, 길면 반년 동안 머물면서 친구를 만나고 책을 읽고 학계의 가십도 알아본다. 본인 저작의 매출 상황도 알아보고, 고서점에 가서 혹시 누가 책을 '덤핑'으로 내놓았는지 살펴본다. 다행히 별일 없으면 그것으로 기쁘다.

리쩌허우는 자신의 생각을 점해왔던 것이 무엇인지 이렇게 말하고 있다.

(10여 년 동안 나의 사고와 문장 속에서—옮긴이) 직접적으로 전부 말한 건 아니지만, 실제로 핵심적 지위를 차지해온 것은 아마도 소위 '전환적 창조'의 문제일 것이다. 이것은 바로 중국이 어떻게 자신의 현대화 길을 걸어갈 것인가의 문제이기도 하다.[7]

리쩌허우가 미국으로 갔을 때 어떤 사람은 그를 두고, "민주를 찾으러 미국으로 도망갔다"고 비판했다. 그런데 그는 마음속으로 이렇게 생각했다. '지금 내가 다시 돌아오지 않았는가? 그리고 앞으로도 돌아올 것이다. 결국 나에게는 베이징의 민주, 중국의 민주가 미국의 민주보다 훨씬 중요하다.'[8]

리쩌허우는 류짜이푸와 함께 쓴 『혁명과 고별하다告別革命』에서 "개량이 필요하고 혁명은 필요 없다"고 주장하면서 중국 현대화의 '4가지 순서'를 내놓았다. 즉 경제 발전, 개인의 자유, 사회 정의, 정치 민주화다. 그리고 그 전제는 '사회 안정'과 '생태 환경'이다.

지금은 리쩌허우의 많은 사상이 이미 '상식'이 되어서 대중이 익숙한 탓에 알아차리지 못하거나, 혹은 여전히 '이견'으로 여겨져서 널리 퍼지지 못하거나, 혹은 "또 이거야"라는 짜증을 유발하거나, 혹은 더 많은 무관심한 대중으로부터 그냥 등한시된다. 이는 리쩌허우가 말한 것이 옳은지의 여부와는 무관하다. 아마도 그는 다만 이 시대 사람들의 흥분 포인트를 놓쳤을 뿐이다. 어쩌면 시대가 그를 저버렸는지도 모른다. 일찍이 그는 친구에게 "지난 세기의 중국인上世紀中國人"이라고 새겨진 도장을 파달라고 할 참이라고 하면서 이렇게 말했다. "책 표지에 그 도장을 찍어서 확실히 본인이라는 것을 밝히기 위해서다. 이 책은 확실히 낙후된 나라의 한물간 인물의 작품으로, 지금 이 시대 영웅호걸들의 '국제화에 부합하는' 수준 높고 심오한 저작이 결코 아니다."[9]

하지만 리쩌허우는 확실히 중국에서 손꼽을 정도의 오리지널형 사상가다. 서양 학문도 익히 알고 본토의 자원 및 정신과도 내재적으로 연결되어 있다. 10여 권의 저서에 담긴 수십 개의 개념은 거의 스스로 체계를 이룰 정도다. 또한 사람이 평생 살아가면서 직면해야 할 다음 문제까지도 포괄하고 있다. 어떻게 인식할 것인가, 어떻게 미美를 가늠할 것인가, 어떻게 몸과 마음의 안식처를 찾을 것인가?

리쩌허우는 더 이상 모방되지 않는다. 하지만 여전히 그 누구도 그를 뛰어넘지 못했다.

이제 팔순이 된 그가 인생을 돌이켜보면서 우리에게 무엇을 말해주고 싶어할까?

2장

적막한 사상가

_웨이이[1]

리쩌허우는 오후 3시 이후에 내방객을 접대하는 것이 습관이 되었다. 충분한 휴식을 취하면 응답할 힘이 더 나게 마련이다. 그는 스무 살 무렵부터 불면증이 시작되었는데, 지금은 날마다 수면제를 먹어야만 한다.

"총 11종류를 먹어봤답니다. 각 종류의 약의 성질을 알지요."

그는 다른 사람이 새로운 문제를 언급하는 것을 좋아하고, 자신이 여태 말한 적이 없는 것을 말하길 좋아한다. 어떤 문제들은 그냥 건너뛰면서 이렇게 말한다.

"그 문제는 이미 말했던 겁니다."

여름부터 겨울까지 그리고 또 여름이 될 때까지 우리는 여러 차례 긴 이야기를 나누었다.

겨울에 있었던 어느 담화에서, 집 안의 난방은 충분했는데도 리쩌허우는 옷을 두껍게 입고 있었다. 스웨터에 모직 바지를 입고 게다가 오리털 조끼까지 껴입었다. 그는 이미 연로하고 추위를 탄다. 올해 6월 13일이 되면 그는 만으로 팔순이다. 베이징 추이화후퉁翠花胡同에 있는 그의 집은 번화한 왕푸징王府井 거리 뒤편에 감추어져 있다. 그는 매년 미국에서 돌아와 이곳에서 한동안 지낸다. 그의 집 창문에서 밖을 내다보면 징산景山·톈안먼天安門·미술관을 볼 수 있다. 리쩌허우가 서재에 앉아서 망원경을 들고 말했다.

"봐요. 여기에 앉아 있으면 미술관에서 무슨 전시를 하고 있는지 볼 수 있다니까요."

눈이 내린 뒤의 베이징은 만물이 스산하다. 하지만 오후의 광택이 살짝 어려 있다.

50여 제곱미터의 집은 눈과 마음을 즐겁게 해주는 정돈의 미를 지니고 있다. 리쩌허우는 그것이 부인의 공로라고 했다. 리쩌허우의 부인은 그의 서재에 잘 들어가지 않을뿐더러 서재에 있는 책도 보지 않는다.

"그 사람이 뭘 쓴지는 저도 다 알아요."

리쩌허우의 서가에는 '초녀超女'2, 장원리蔣雯麗, 장쯔이章子怡 등 스타들의 사진이 붙은 액자가 놓여 있다. 2005년에 중국으로 돌아왔을 때 리쩌허우는 〈초녀〉를 시청했다. 그는 저우비창周筆暢3을 좋아한다. 그가 물었다.

"그녀는 요즘 어떤가요?"

서재에는 이미 책이 많지 않다. 대부분 이미 악록서원嶽麓書院에 주었고, 일부는 다른 사람에게 주었고, 일부는 미국으로 가져갔다. 그런데 『청사고清史稿』 세트가 무척 눈길을 끌었다. 리쩌허우의 조상은 '왕王' 씨였다고 한다. '리李'는 하사받은 성이다. 그의 고조부는 강남수사제독江南水師提督이었고 『청사고』에 그의 전傳이 있다.

"지금의 함대 사령관 같은 건데, 저는 그다지 중요하게 생각하지 않아요. 아들한테도 말한 적이 없어요. 남동생과 여동생도 최근 몇 년 사이에야 알게 되었죠. 마오쩌둥 시대에 이런 건 말할 수 없었답니다."

리쩌허우는 나에게 그의 아버지 리수타오李叔陶가 쓴 붓글씨를 보여주었다. 리쩌허우가 붓글씨를 익힐 때 보고서 따라 쓰라고 그의 아버지가 써주었던 것이다. 그는 손윗사람의 여러 물건을 이토록 오랜 세월 동안 보존하고 있다. 그는 자신의 가정을 깊이 사랑한다. 이는 평생 그의 행보를 결정하는 출발점이었다.

먹고살 만하게 지내다가 생계 곤란에 빠지고, 사범학교를 나와 베이징 대학에 들어가다

리쩌허우의 아버지가 그 붓글씨를 썼을 때의 나이는 35세였다. 3년 뒤에 아버지는 세상을 떠났다. 이때 리쩌허우는 12세였다.

"할아버지한테 돈도 많고 땅도 많았는데, 아버지에 이르러서는 죄다 사라졌어요. 아버지는 우체국의 상급 직원이었는데, 열심히 노력해서 그렇게 되신 거였지요. 아버지는 한 달에 200위안 넘게 버셨답니다. 제가 장부 한 권을 간직하고 있는데, 우리 집은 돈을 거침없이 써서 월말이 되면 남는 돈이 없었어요. 아주 어렸을 때 초콜릿이니 통오리구이니 하는 것들을 다 먹어봤답니다. 그런데 아버지가 돌아가시니 모든 게 사라졌지요."

이로써 리쩌허우는 권세나 재물에 빌붙는 허다한 인간들을 똑똑히 보게 되었다. 그는 루쉰을 좋아하는데, 재물과 관련해서 비슷한 체험을 했기 때문에 동질감을 느껴서다. 루쉰은 이렇게 말했다. "누군가 먹고살 만한 집에서 살다가 생계의 곤란에 빠지게 된다면, 그 과정에서 아마도 세상 사람들의 진면목을 볼 수 있으리라 생각한다."[4]

"상황의 급작스런 변화가 저한테 좋은 점도 있더군요. 세상을 보는 눈이 비교적 이성적으로 되었답니다. 변화무쌍한 세상 인심을 알게 되었죠."

리쩌허우의 어머니는 소학교 교사로 있으면서 리쩌허우와 그의 동생을 간신히 학교에 보냈다. 아들이 크면 편하게 살 수 있을 거라고 누군가가 말하면, 그의 어머니는 부지런히 농사짓는 것에만 신경 쓸 뿐이고 수확은 바라지 않는다고 대답했다.

몇 년 뒤에 어머니도 세상을 떠났다. 리쩌허우가 가책을 느끼며 후회하는 일은 당시 어머니 곁에 있지 못했던 것이다. 그가 서둘러 도착했을 때 어머니는 이미 돌아가신 뒤였다.

"지금까지도 제 인생에서 가장 고통스러운 일이에요. 그토록 오랜 세월이 지났는데도 이렇게 가슴이 아프답니다."

어머니가 돌아가신 뒤 그는 가장 고통스러운 시기로 접어들었다. 학교도 직장도 없었다.[5] 그의 평생의 성격을 결정한 것은 바로 그 시기였다고 한다.

리쩌허우는 후난湖南에서 제일 좋은 고등학교(후난성립 제1중학[6], 주룽지朱鎔基의 모교)에 합격했지만 가난 때문에 결국 후난 제1사범학교(마오쩌둥의 모교)에 들어갔다. 사범학교는 학비가 면제되는 데다 보조금도 나왔기 때문이다. 그는 마르크스주의자가 되어 관련 서적을 몰래 읽었고, 생명의 위험을 무릅쓰고 문서를 전달하기도 했다. 그런데 연락책과 연락이 끊겼고 결국 일을 매듭짓지 못했다.[7]

"제가 마르크스주의를 접하게 된 건 스스로의 선택이었어요. 당시 국민당의 서점에는 온갖 책이 있었답니다."

사범학교 규정에는 졸업하고 난 다음에 2년 동안 소학교 선생님으로 있어야만 졸업장을 주게 되어 있었다. 리쩌허우의 많은 동창생은 그렇게 해서 평생 교사를 하며 지냈다. 그런데 리쩌허우는 베이징 대학교 철학과에 합격했다. 당시 그는 자연과학 성적이 더 뛰어났다. 그가 이공계에 들어가지 않은 것에 대해 많은 사람이 이상하게 생각했다. 이런 그의 선택은 열두 살 때 부딪혔던 정신적 위기 때문이었다. 그때 그는 인간이 결국은 죽는다는 사실이 두렵고 당혹스러웠다. 그는 며칠 동안 무단결석하며, "무엇을 위해서 사는 것인지 생각했다."

돈이 없어서 기차표를 살 수 없었기 때문에 그는 피를 팔 생각도 한 적이 있지만 몸이 좋지 않았다. 결국 그는 베이징 대학에 한 달이 늦어서야 등록했다. 대학에서 리쩌허우는 치약을 산 적이 없다. 소금으로 양치질하고 매달 3위안의 보조금을 모아서, 부모를 여읜 상태에서 중학교에 다니고 있던 사촌 여동생을 도와주었다. 노트조차 살 수 없었던 그는 낱장으로 된 종이를 사서 썼다. 다른 사람이 달걀부침 먹는 모습을 보면 그게 무척이나 부러웠다. 게다가 그는 폐결핵까지 앓았다. 그래서 그는 활동하는 시간을 줄여야 했고, 뜻밖에 독서와 글쓰기 시간이 늘었다.

당시 전국 각 대학의 철학과가 폐과되고 베이징 대학으로 집중되었다.[8] 그런데 철학과의 유명한 스승들, 예를 들면 펑유란도 '운동원'이었다.[9] 리쩌허우는 온종일 도서관에서 책을 보며 독학할 수밖에 없었다.

"지도교수는 중요하지 않다고 생각해요. 중요한 건 시간과 책 그리고 방법의 측면에서 경험과 교훈을 끊임없이 총결시키는 것이지요."

베이징 대학 철학과의 스승인 린지위가 그를 챙겨주었는데,[10] 후에 린지위는 리쩌허우가 오래도록 연락을 유지했던 유일한 스승이 되었다. 리쩌허우는 린지위 선생이 세상을 떠나기 전에 그를 문안할 기회를 놓친 것을 매우 유감스럽게 생각한다. 당시 미국에 있던 리쩌허우는 국제전화를 통한 나와의 인터뷰에서 이렇게 말했다.
"저와 중국을 연결해주던 끈이 끊어졌습니다."

지진 대비용 임시 천막에서 칸트에 대한 서술과 평론을 탈고하다

베이징 대학을 졸업한 뒤 리쩌허우는 사회과학원 철학연구소(그때는 중국과학원 철학연구소였다)에 들어갔다. 신분증 일련번호는 '철자01호'였다. 그는 곧 미학 대토론에 참여했다. "미美는 주관적인 것인가, 객관적인 것인가"를 두고 벌어진 논전의 상대는 이미 명성이 자자한 주광첸·차이이 등이었다. 리쩌허우의 관점은 다음과 같았다.

"저는 미가 자연에 있고 인간과 무관하다는 논점에 반대했답니다. 그리고 미를 미감과 동일시하면서 미가 단지 인간의 심리활동이나 사회의식과 관련되어 있을 뿐이라는 논점에도 반대했지요. 저는 '자연의 인간화'라는 마르크스의 관점을 가지고 미의 문제를 해석할 것을 주장했어요. 인류의 실천이야말로 미의 근원이고 내재적 자연의 인간화가 미감의 근원이라고 생각했답니다."

이때의 논쟁으로 리쩌허우는 명성을 크게 떨쳤고, 중국 미학의 커다란 유파인 실천미학을 창건했다. 이때 그는 겨우 이십대였다.[11]

리쩌허우 이후로는 그 나이에 학술계에서 자신의 지위를 확립하는 일은 다시 일어나지 않았다. 1950년대에 그는 두 편의 장문을 발표했다.

"그 당시에는 1000글자에 15위안을 줬지요. 두 편을 합하니 딱 1000위안이더군요. 한 편은 『철학연구』에 발표했고, 다른 한 편은 『역사연구』에 발표했답니다."

유명해졌다고 바로 좋은 일이 생긴 것은 아니다. 급료가 오르거나 직급이 오른 것도 아니고, 집을 배정받은 것도 아니다. 여전히 3명이 비좁게 같이 쓰는 공동 숙사에서 지냈다. 나중에 결혼한 뒤로는 부인의 숙사에서 20여 년을 지냈다.[12]

하지만 그의 경제 상황은 크게 개선되었다. 아주 짧은 기간 동안, 그는 돈에 대한 복수 심리 때문에 원고료를 받는 즉시 다 써버렸다. 어떤 친구가 그에게 "돈을 물 쓰듯 한다"고 말할 정도였다.

나이가 명성과는 '비교가 안 될' 정도였기 때문에, 그가 지방 강연을 갔을 때 연단으로 올라가면 아래서는 "정말 젊다"며 소곤거리는 소리가 여기저기서 났다. 한번은 강연이 끝나고 거의 모두가 자리를 떠났는데도 여학생 넷이 여전히 제자리에서 넋을 놓고 있었다. 리쩌허우가 지나가자 여학생들은 마치 갑자기 잠에서 깨어난 듯이 돌연 자리를 떴다. 이 일은 그에게 아주 깊은 인상을 남겼다.

리쩌허우가 두각을 나타낸 지 얼마 안 되었을 때, 푸젠福建 성 난안南安 출신의 소년 류짜이푸가 샤먼廈門 대학 중문과에 입학했다. 미국에서 홍콩으로 와서 객좌교수를 맡고 있던 류짜이푸가 이렇게 말했다.

"그때 리쩌허우는 이미 젊은 미학 전문가였지요. 저는 대학에서 그의 책을 읽었는데, 그가 나중에 저의 스승이자 친구가 될 거라고는 생각지도 못했답니다. 역사가 우리 모두를 로키산맥 아래로 던져버릴 거라고는 더더욱 생각하지 못했고요."

'반우파투쟁'이 도래했을 때, 리쩌허우는 둔황에서 벽화를 조사하고 있었던 덕분에 재난을 피할 수 있었다.

리쩌허우는 가장 좋은 시절을 죄다 하방 노동에 바쳤다. 「철학 종사자가 농촌으로 가서 온몸에 진흙을 묻히다哲學工作者到農村去滾一身泥巴」라는 그 당시 『인민일보』 사설의 표제처럼 말이다. 리쩌허우는 두 차례의 하방과 두 차례의 '사청'을 경험했다. 1958년 대약진 시기에는 온종일 육체노동을 했다. 때로는 '야전夜戰'까지 있었다. 새벽 두세 시쯤 일어나서 밭으로 나가 방수포를 깔고 자다가 날이 밝으면 다시 일어나서 일했다. 이는 리쩌허우에게 무척 난감한 일이었다. 그는 가장 좋은 20년을 이렇게 보낸 것을 자주 개탄스러워한다. 문화대혁명 시기에 리쩌허우는 늘 오전에는 비판·투쟁 집회와 학습회를 열고 오후에는 혼자 디탄地壇 공원에 가서 산책하며 자신이 생각하고 싶은 문제들에 골몰했다.

사회과학원의 다른 많은 사람처럼 리쩌허우도 허난河南 성 신양信陽의 오칠 간부학교五七幹校 13로 하방되어 노동했다. 그는 몸이 좋지 않아서 중노동은 감당할 수 없었기 때문에 '노인·허약자·병자·장애인 조老弱病殘組'에 배정되었다. 그때 그는 자신이 가장 좋아하고 가장 읽을 가치가 있다고 생각되는 책들을 다 가지고 갔지만, 간부학교에서는 오직 『마오쩌둥 선집毛澤東選集』만 읽는 게 허락되었고 마르크스와 레닌의 책마저도 비판을 받았다. 리쩌허우는 1949년에 마르크스와 레닌의 책을 몰래 읽었던 것처럼, 이때도 『마오쩌둥 선집』 밑에다 칸트의 『순수이성비판』 영문판을 놓고서 그것을 자세히 읽으면서 상당한 양의 필기를 했다. 이때 지식인들 사이에서는 목제 가구 같은 일상 집기를 만드는 게 유행했는데, 리쩌허우는 그것이 시간 낭비라고 생각했다. 그는 장칭江靑이 무너지는 건 단지 시간문제라고 믿었다. 간부학교에서 베이징으로 돌아온 뒤, 그는 간부학교에서의 필기를 이용해서 칸트에 관한 저작을 집필하기 시작했다.

1976년, 탕산唐山에서 발생한 대지진으로 인해 베이징에서도 지진이 느껴졌다. 지진 대비용 초라한 임시 천막에서 리쩌허우는 『비판철학의 비판: 칸트에 대한 서술과 평론康德述評』을 완성했다. 여태 그는 자신이 무엇을 연구하는지 말하지 않았고, 과제 신청도 하지 않았기 때문에 책이 출판된 뒤에 철학연구소 사람들은 모두 깜짝 놀랐다. 『비판철학의 비판』은 초판 발생 부수가 3만 부에 달했는데, 당시 가장 잘 팔린 철학서다.

이상한 시험 문제, 호쾌한 스승

1978년 이후, 문화대혁명의 금욕주의로부터 필사적으로 벗어나고자 했던 중국인들은 청바지·선글라스·립스틱의 유혹에 직면하기 시작했다. 그들은 자신의 욕망의 충동에 대한 이론적 지지가 필요했다. 미학은 이때 사상 해방의 조력자가 되었다. 미를 인식하고 추구하는 과정 속에서 사람들은 한동안 잃어버렸던 자아의 가치를 되찾았다.

여러 해 동안 잠자코 있던 리쩌허우의 철학·미학·사상사 저작이 잇달아 출판되었다. 사상과 문장미를 겸비한 진지한 학술 저작이 뜻밖에도 수십만 권이나 팔리며 기록을 세웠다. 이로써 리쩌허우는 그 시대의 학자로서 얻을 수 있는 최고의 명예를 얻었다. 각 분야에서 리쩌허우의 책을 다투어 읽었고, 그는 각종 장소에 초청되어 가서 미학을 강의했다. 심찬沈瓚이 이지李贄를 평가했던 다음 말로써 당시의 광경을 그려볼 수 있을 것이다. "젊고 초탈하고 호방한 많은 사람이 그를 좋아하고 앙모하며, 후학이 미친 듯이 그를 따랐다."14

수많은 사람이 리쩌허우의 학생이 되길 바랐다. 그는 학생을 두고 싶어하지 않았지만 철학연구소의 가장 윗분이 리쩌허우를 불러 이야기하자 대학원생을 받겠다고 응낙할 수밖에 없었다.

1984년, 베이징 대학 철학과 학생 자오스린趙士林은 석사 졸업 후 리쩌허우의 학생이 되고자 박사과정에 응시했다. 자오스린이 그때를 떠올리며 이렇게 말했다.

"그분의 박사과정생으로 응시하는 데는 용기가 필요했어요. 높은 산이니 우러러볼 수밖에요.15 많은 사람이 감히 응시하지 못했지만 저는 두렵지 않았답니다. 떨어진다고 해서 죽는 것도 아니고요."

많은 응시생이 시험지를 받아든 뒤에 멍해지고 말았다.

"그분이 모집한 전공은 중국 미학사인데, 시험 문제는 서양 철학사였답니다. 중국 미학사 문제는 단 하나도 출제되지 않았어요. 그런 식으로 출제하는 사람은 아무도 없지요! 저는 겨우 20점이 조금 넘었고, 영점인 사람도 많았답니다. 상대적으로 말하자면 제 점수가 괜찮았어요."

리쩌허우는 두 명의 학생을 받을 수 있었지만, 결국 자오스린만 뽑았다. 자오스린은 리쩌허우의 첫 번째 박사과정생이 되었다. 지금은 이미 중앙민족대학의 박사과정 지도교수인 자오스린은 그때를 회상하면서, 리쩌허우가 그런 식으로 출제한 게 일리가 있다고 생각한다.

"중국에 관한 학문을 하면서 서양을 모르고 비교의 시야가 없다면, 결국 제대로 된 연구를 할 수가 없는 거죠."

석사과정 응시생도 마찬가지로 경쟁이 치열했다. 1985년, 스물네 살의 자오팅양趙汀陽16은 중국인민대학 철학과를 졸업한 뒤에 리쩌허우의 학생이 되겠다고 응시원서를 냈다. 그는 오로지 리쩌허우라는 이름을 보고 갔던 것이다.

"1980년대에 리쩌허우 선생님은 중국 인문사회과학계에서 가장 걸출한 학자였답니다. 그때는 저명한 학자가 몇 명 없었어요. 그분은 그중에서 가장 두드러지고 가장 유명했지요. 게다가 확실히 그분의 사상은 최신의 독창적인 것이 가장 많았어요. 1980년대의 중국 학술이 장차 어떤 의미와 영향력을 갖게 될 것인가 그리고 리쩌허우는 어떤 의미와 영향력을 갖고 있는가, 이 두 가지는 하나로 얽혀 있는 것이었답니다."

시험장에 들어선 자오팅양은 교실에 있는 60명이 죄다 리쩌허우의 지도학생으로 응시했다는 걸 알게 되었다.

"다른 교실에도 더 있다더군요. 거긴 단지 시험장 중 한 군데일 뿐이었죠. 전국에는 시험장이 아주 많이 있었고요."

문제지를 받고서 자오팅양은 깜짝 놀랐다.

"문제마다 500자를 넘지 않도록 정해놓으셨더라고요. 초과하면

감점이었죠."

리쩌허우의 학생이 된 자오팅양은 왜 그런 규정을 두었는지 그에게 물었다.

"리쩌허우 선생님이 말씀하시길, 500자로 명확하게 말하지 못한다면 그 사람의 머릿속은 극히 뒤죽박죽이라는 것을 증명하는 거라고 하셨어요. 응시생의 머릿속이 충분히 명확한지를 알아보시려고 한 거죠."

자오팅양은 리쩌허우와 상의하면서, 사실은 자신이 연구하고 싶은 게 미학이 아니라 철학이라고 말했다. 그러자 리쩌허우는 더 잘되었다고 했다.

"그분은 우리에게 독립적으로 사고하라고 하셨어요. 단순히 당신을 뒤쫓아서는 안 된다고 하셨지요. 이런 태도는 정말 대단한 겁니다."(자오팅양)

"그분은 학생한테 엄하면서도 너그러우셨어요. 저의 어떤 의견들에 대해서는 들으시고 나서 단번에 안 된다고 하셨지요. 하지만 제가 박사논문을 쓸 때는 이렇게 말씀하셨답니다. '자네 논문이니, 기면서 쓰든 걸으면서 쓰든 달리면서 쓰든 구르면서 쓰든 누워서 쓰든, 나는 전혀 상관하지 않겠네. 내 요구에 부합하기만 하면 된다네.'"(자오스린)

그들은 모두 똑똑히 기억하고 있다. 리쩌허우는 글을 쓸 때 모든 것을 자신이 직접 하고, 여태 그 어떤 자료도 학생을 시켜서 조사하게 한 적이 없다는 것을 말이다.

"이건 두드러지는 덕행이 아니라 기본적인 규칙이죠. 저 역시 학생한테 자료 조사를 도와달라고 하지 않아요. 지금은 많은 선생이

학생들한테 시키는데, 이건 표절과 다를 게 없지요."(자오팅양)

학생들의 기억 속에서 리쩌허우는 무척 재미있는 사람이다.

"우리보다 나이가 훨씬 많은데도 평등하게 대화하고 함께 놀고 함께 술 마시고 함께 말을 타셨답니다. 굉장히 호쾌하셔서, 어떤 때는 20~30명을 불러서 함께 식사하고 혼자서 계산하시기도 했지요."

한번은 리쩌허우가 중국으로 돌아왔을 때 자오팅양에게 번지점프를 하러 가자고 제안했다.

"우리가 전화로 문의했는데 결국 거절당했지요. 우리가 정신 나간 사람들이라고 생각하더군요. 그때 선생님 연세가 벌써 칠순이었거든요."

『혁명과 고별하다』는 누군가의 비위를 맞추려는 게 아니다

1988년 프랑스 국제철학원에서 무기명 투표로 이 시대의 뛰어난 철학자 3명을 뽑았는데, 리쩌허우가 당선되었다. 그때 사회과학원 문학연구소 소장이던 류짜이푸는 그 소식을 알고서 무척 기뻤다. 그런데 그 어떤 신문에서도 관련 보도를 찾을 수 없었다. 그래서 류짜이푸가 홍콩 『문회보』 기자에게 부탁해 기사가 실렸다.

1989년 류짜이푸는 미국으로 떠났다. 3년 뒤에 리쩌허우 역시 미국으로 떠났다. 지금 두 사람 모두 콜로라도의 볼더에 거주하고 있다.

"그곳은 공기와 햇빛이 좋아요. 겨울엔 지나치게 춥지 않고 여름엔 아주 덥지 않아서, 여생을 보내기에 꽤 괜찮답니다."

두 집의 거리는 걸어서 10분밖에 걸리지 않는다. 두 사람은 늘 함께 산보한다. 그리고 매주 한 번씩 함께 수영도 한다. 많은 문제가 바로 이런 때에 토론되었다.

"반드시 리쩌허우에게 문제를 제기해야 해요. 특히 다른 견해를 내놓는다면, 리쩌허우가 말을 술술 풀어놓을 거예요. 문제를 제기하지 않으면 그의 말수는 아주 적을 겁니다."(류짜이푸)

1995년, 두 사람의 담화록인 『혁명과 고별하다』가 홍콩에서 출판된 뒤 광범위한 논쟁을 불러일으켰다. 리쩌허우는 일찍이 혁명의 적극적인 지지자였는데, '문화대혁명' 중반 이후로 '혁명과 고별'하게 되었다.

"『공산당선언』제1장 첫 번째 구절인 '지금까지의 모든 사회의 역사는 전부 계급투쟁의 역사였다'라는 말과 계급투쟁의 철학에 의심이 생겼답니다. 계급투쟁과 혁명은 어떤 시기 어떤 상황에서는 역사에 부합하는 확실히 중요한 출연자이고 더 나아가 주요 출연자이지요. 하지만 그 지위와 작용이 과장되어 있어요. 일상 사회생활 및 장기적인 역사의 진행 과정에서는, 계급의 합작과 협조라는 측면이 더 두드러지지요."

홍콩에서 류짜이푸는 나에게 『혁명과 고별하다』에 대한 이야기를 들려주었다.

『혁명과 고별하다』는 굉장히 온화한 책이에요. 우리는 중국 혁명의 역사를 새로이 인식할 것을 주장했답니다. 세상에는 세 종류의 철학이 있어요. 첫째는 투쟁철학으로, 너 죽고 나 살자는 거죠. 둘째는 화해철학으로, 너 살고 나도 살자는 거예요. 셋째는 사망철학으로, 너 죽고 나도 죽자는 거죠. '혁명과 고별하다'의 의미는 투쟁철학 및 사망철학과 고별하는 겁니다. 우리는 화해철학을 선택했어요.

한쪽이 다른 한쪽을 집어삼키는 건 일방적 사유에요. 쌍방향의 사유는 대화지요. 또한 평등한 대화와 협상이어야 해요. 세상에 협상으로 해결하지 못할 문제란 없답니다. 이런 신념이 있어야 해요. 경제적으로 완전한 평등은 어디에도 없는 유토피아에요. 차별은 영원히 존재하는데, 그렇다면 폭력을 써야 할까요, 아니면 협상으로 해결해야 할까요? 우리는 계급조화로 계급투쟁을 대신해야 한다고 생각했어요. 그렇게 되면 토론을 잘할 수 있지 않을까요? 단번에 우리한테 죄를 덮어씌워서는 안 되지요. 우리는 다만 인류사회가 평화롭고 갈수록 아름다워지길 바랄 뿐이랍니다.

『혁명과 고별하다』의 주제는 이렇습니다. "역사의 발전은 비극적인데, 바로 역사주의와 윤리주의의 이율배반이다. 역사주의는 발전을 강구하며, 개혁개방은 판도라의 상자를 열었고, 욕망이 역사 발전의 동력이 되었다. 이건 맞지만, 욕망이 앞을 향해 발전하는 데는 대가가 따르게 마련이고, 우리의 윤리가 파괴된다. 그래서 이때 우리가 반드시 주의를 기울여야 할 것은, 특정 시기에는 역사주의를 우선순위에 두지만 이와 동시에 손실은 최소가 되도록 줄여야 한다는 점이다. 손실이 전혀 없도록 하는 것은 불가능하기에 역사는 비극적으로 전진하는 것이다." 우리는 바로 이런 이치를 말한 건데, 어떤 사람은 우리가 이러는 게 양쪽에게 다

밉보일 거라고 하더군요. 받아들이든 말든, 어쨌든 우리는 누군가의 비위를 맞추려는 게 아니랍니다.
『혁명과 고별하다』 말고도 『고전으로의 회귀返回古典』라는 책을 같이 구상했는데, 여태 정리할 시간이 없었답니다. 리쩌허우는 나이가 많으니 그에게 정리하라고 할 수는 없겠죠. 하하!

류짜이푸는 나에게 리쩌허우의 일화를 많이 알려주었다. 그중 하나는 류짜이푸가 리쩌허우, 우중차오吳忠超17와 함께 차를 타고 산으로 놀러 갔을 때의 이야기다. 가는 길에 리쩌허우가 차를 나는 듯이 빨리 몰자 류짜이푸가 이렇게 그를 놀렸다.
"리쩌허우 형님한테 하이데거의 격정이 몰려왔군. 죽음도 두려워하지 않는다니까!"
함께 놀다가 산을 내려오는데, 산길이 험준하고 죄다 벼랑이었다. 리쩌허우는 차의 속도를 시속 16킬로미터로 줄였고, 그 결과 교통 체증을 유발했다. 산 아래에 있던 경찰이 그들에게 경고를 주었다.
류짜이푸는 이 일을 두고 이렇게 평가했다.
"생명의 정감이라는 측면에서는 본래 하이데거의 격정이 필요하지요. 하지만 일단 격정이 벼랑 꼭대기까지 올라오면 포퍼가 필요하답니다."18

나는 상상했던 것보다
이미 훨씬 오래 살았다

자오스린이 반복해서 강조한 것은, 리쩌허우는 사상가가 나오기 어려운 시대에 출현한 사상가라는 점이다. 그리고 리쩌허우는 결코 한물가지 않았다는 점이다. 마흔한 살의 덩더룽鄧德隆 대표19는 이런 관점을 확고히 지지한다.

1987년, 열여덟 살의 덩더룽은 후난 유 현攸縣에서 사범학교를 다녔다. 이때 리쩌허우의 영향력은 중천에 뜬 해와 같았다. 하지만 작은 도시에 있었던 덩더룽은 그걸 전혀 알아채지 못했다.

"지금 생각해보면 아주 큰 손실이었죠."

덩더룽의 어떤 동창은 리쩌허우의 팬이다.

"그 친구는 리저허우 선생의 책을 베껴 썼고, 『미의 역정』을 죄다 외울 수 있지요. 그 친구가 저한테 계속 추천했는데도 저는 마음에 두지 않았답니다. 전에는 책 읽는 걸 좋아하지 않았거든요."

그 동창은 기어이 리쩌허우의 책 두 권을 덩더룽에게 보냈다. 『논어금독』과 『세기신몽』이었다. 한번은 덩더룽이 기차를 타고 가다가 그 책을 펼쳐보았는데, 그때부터 리쩌허우의 책을 펼쳤다 하면 덮을 수가 없었다. 결국 그는 리쩌허우의 책을 구할 수 있는 대로 다 찾아서 읽었다. 이게 2002년의 일이다.

덩더룽은 리쩌허우의 이론들을 사업에도 적용했다. 2005년 그는 멀리 미국에 있는 리쩌허우에게 편지를 보냈다. 뜻밖에도 리쩌허우는 그에게 바로 전화를 했다.

"제 책이 그가 사업하고 수신修身하는 데 도움이 된다는 건 정말 뜻밖이었지요. 그는 제 책에 대해 가장 잘 알고 있는 사람이에요. 어떤 내용은 저보다도 더 확실하게 기억하고 있답니다."

이런 독자가 있어서 리쩌허우는 아주 기쁘다.

그 뒤로 리쩌허우가 매번 중국에 돌아올 때마다 덩더룽은 기회를 만들어서 그를 만나려고 한다.

"우리는 점심을 아주 오래 먹는답니다. 열시 반부터 오후 두세 시까지 먹으면서 뉘엿뉘엿 지는 햇살을 맞지요. 사실 이건 생명 최대의 향수享受에요. 이게 바로 생명의 '정 본체'이지요. 가장 소중히 여길 만한 가치가 있답니다."

덩더룽은 지금 다른 이들에게 류짜이푸가 쓴 『리쩌허우 미학개론李澤厚美學槪論』을 읽어보라고 추천하고 있다. 이 책은 2009년 12월에 출판되었다. 류짜이푸는 책에서 리쩌허우를 "중국 현대미학의 제1바이올린 주자"라고 칭했다.

"리쩌허우는 중국 근현대사에서 미학체계를 세운 유일한 철학자에요. 저는 중국 내에서 리쩌허우의 철학체계를 아직 충분히 인식하지 못하고 있다고 생각합니다."(류짜이푸)

류짜이푸는 리쩌허우의 학술정신을 다음 한 문장으로 개괄했다. "자신의 길을 걷는다."

리쩌허우는 자신의 길을 걸으며 체계를 갖춘 일련의 담론 계보를 구축했다. 실용이성, 낙감문화, 무사 전통, 유가와 도가의 상호 보충儒道互補, 유가와 법가의 호용儒法互用, 두 종류의 도덕, 역사와 윤리의 이율배반, 문화-심리 구조, 서체중용, 누적-침전, 주체성 실천, 제1범주로서의 도度, 정 본체, 신新감성, 내재적 자연의 인간화, 인간의 자연화, 인류학 역사 본체론······. 리쩌허우가 내놓은 이 개늼체계는 그의 왕성한 독창력에 경탄하지 않을 수 없게 만든다.

"2008년에 절필했답니다."

베이징 집의 거실에서 리쩌허우가 말하길, 그는 『인류학역사본체론』을 자신의 절필작으로 삼았다고 했다.

"자꾸자꾸 늙어가고 있어요. 제 미래에 대해서는 낙관하지 않아요. 하지만 중국과 인류의 미래에 대해서는 비교적 낙관합니다. 이건 아마도 제 역사 본체론 철학에, 이미 한물갔다고 여겨지는 칸트로부터 마르크스에 이르는 계몽정신 및 중국 전통의 낙관정신이 여전히 간직되어 있는 것과 관련이 있겠지요. 비록 지금의 중국에서는 시류에 매우 뒤처지는 것이겠지만 저는 그 어떤 부끄러움도 느끼지 않는답니다."

"리쩌허우는 아주 재미있는 사람이에요. 방에 해골을 놔두고 죽음을 대면한다니까요. 5년 전에 그가 이렇게 말하더군요. '죽음에 대해서 이런 가정을 해봤네. 내가 이미 죽었다는 가정이라네. 그렇다면 나는 좀 더 넉넉하게 인생에 대처할 수 있을 걸세.' 그러고는 매번 말하길, 상상했던 것보다 이미 훨씬 더 오래 살았다고 하는 거죠."(류짜이푸)

몇 시간의 긴 대화를 나눈 뒤, 리쩌허우의 말하는 속도가 좀 느려졌다. 피곤해진 그는 의자에 조용히 앉아 있다. 저물녘 태양이 빛을 거두기 시작했다. 거실 벽에는 펑유란 선생이 옛날에 그에게 준 대련對聯이 걸려 있다.

서학을 체體로 삼고 중학을 용用으로 삼으라.
홀숫날에는 역사를 읽고 짝숫날에는 경전을 읽으라.[20]

리쩌허우는 작년 겨울에 미국으로 돌아갔다. 이번 겨울은 유난히도 길었다. 다섯 달 뒤에 내가 그와 다시 전화통화를 할 무렵에야 봄이 막 깨어나고 있었다. 리쩌허우가 열두 살이던 그때의 봄으로 돌아가보니, 작은 산비탈에 야생화가 눈부신데 그는 문득 이런 생각에 잠긴다. '나는 죽을 것이다. 그렇다면 이 모든 것이 대체 무슨 의미가 있는가?'

이런 곤혹감이 일찍이 그를 휘감고 있었다. 지금, 그의 답은 이것이다. "인류를 위해 산다."

3장

나는 지금

조용히 살고

있고, 또

조 용 히

죽어가려 한다[1]

_웨이이·스위화

어떤 사람은 '계몽을 뒤집으면서' 계몽했던 것을 다시 몽매로 만들려고 한다

『남방인물주간』(이하 '남방')_____ 사상계의 기준으로서, 선생님은 젊은 시절에 뜻을 이루셨다고 할 수 있는데요. 이십대에 1950년대의 미학 논쟁에서 한 유파의 대표가 되셨어요. 그리고 1980년대에는 선생님이 사상계에서 가장 영향력 있는 사람이었고요. 그들이 선생님을 지지하든 반대하든 상관없이 말이죠.

리_____ 사실 제가 얼마나 영향력이 있는지 1980년대에는 전혀 몰랐답니다. 나중에 알고 나서는 좀 후회가 되더군요. 대학에 많이 가서 캠퍼스 안을 걸어다녀야 했는데 말이죠, 하하. 그런데 정말 몰랐어요. 제가 가장 영향력이 있다는 걸 전혀 못 느꼈답니다. 제 책을 두고 욕하는 사람도 아주 많았지요. 정통 마르크스주의자들도 저를 욕하고, 민주화운동을 하는 사람들도 저를 욕했어요. 그래서 제가 그랬죠. 시간이 검증하게 하자고요.

남방_____ 1980년대의 미학열을 지금 되돌아보면, 불가사의하다는 생각이 드시지 않나요?

리_____ 그래요. 동서고금에 미학이 그렇게 뜨거웠던 적이 없지요. 모든 학교에서 미학 과목을 개설했어요. 의과대학과 이공대학에서도 말이죠. 심지어는 공장에서 저더러 미학 강의를 하러 와달라고 했는데 제가 거절했지요. 정말 이상한 일이고, 아주 좋은 박사논문 주제이기도 해요. 당시 미학은 생활 태도와 생활 규칙에도 영향을 끼쳤답니다. 어떤 사람이 농담으로 말하길, 전에는 정치가 우두머리였는데 이제 미학이 우두머리라고 할 정도였지요.

    남방_____ 왜 그런 이상한 미학열이 나타났을까요?

    리_____ 철학의 측면에서 말하자면, 미학은 아주 중요하지요. 미학이 제1철학이라고 제가 말한 적이 있는데요. 서양 미학에서 많이 말하는 건 예술인데, 중국 미학의 개념은 서양보다 훨씬 광범위합니다. 인생과 정치적 선택까지도 포함하는 것이지요. 당시 미학은 권위적 체제에서의 해방 역량이었어요. 정치적 금기 때문에 다른 것들은 말할 수 없는 것이 아주 많았는데, 미학은 상대적으로 자유로워서 돌파구가 되었고 시대의 조류를 이끌었지요. 지금 미학은 갈수록 물질화되고 있어요. 상업화의 장식품이 되었지요.

    남방_____ '미육이 종교를 대신'함으로써 미학으로 중국인의 마음을 위로할 것을 주장하셨는데요. 지금은 미학이 점점 주변화되고 있는데, 어떻게 제 역할을 발휘할 수 있을까요?

    리_____ 중국인에게는 신앙이 결핍되어 있어요. 차이위안페이蔡元培와 왕궈웨이가 "미육으로 종교를 대신하자"고 했던 게 1920년대에요. 이제 거의 100년이 되어가지요. 저는 이것이 아주 중요한 문제라고 생각합니다. 현대의 삶은 우연성이 증대하고, 사람들은 운명을 파악할 수 없다고 느끼게 마련이죠. 인생의 의미를 알 방법이 없어요. 사는 게 돈을 벌기 위해서일까요? 돈을 번 뒤에는 어떻게 하지요? 왜 사느냐의 문제를 많은 사람이 해결하지 못해요.

아무것도 믿지 않는 사람은 위험합니다. 자신의 이익을 위해서라면 무슨 일이든 할 수 있거든요. 지식인 중에 종교를 완전히 믿는 사람은 많지 않을 겁니다. 종교에는 비이성적인 것이 많으니까요. 저는 '천지국친사天地國親師'의 신앙에 전통을 결합하고 거기에다 현대적인 해석을 더할 것을 주장했지요. 이것은 기독교나 불교처럼 빨리 발전하진 않을 겁니다. 제가 제창하는 신앙은 조직력이 없을 테니까요. 저는, 지금 어떤 사람들이 시도하고 있는 것처럼 공자를 신으로 만들고자 하는 유교에는 반대합니다. 그럴 가능성도 없고 그럴 필요도 없어요. 하느님이나 부처님은 모두 인격신이에요. 제가 말하는 건 아인슈타인과 같은 종류의 신앙이죠. 바로 우주 자체를 믿는 거예요. 이건 유가에서 말하는 '천지'와 같은 것이죠.

남방_____ 미학이 정치에도 영향력이 있다고 하신 적이 있는데, 어떤 의미인지요?

리_____ 서양 정치의 최고 이상은 정의에요. 이성의 판결이 중요하죠. 한편 중국 문화는 정감과 이성의 통일을 강조합니다. 정감과 이성에 모두 부합하고 통해야 하지요. 정치에서도 마찬가지에요. 제가 왜 '정 본체'를 제기하려 했을까요? 중국에서는 이성만 강조해서는 안 된다고 생각하기 때문이죠. 중국인이 싸움을 말릴 때는 누가 옳은지 확실히 따지려 하지 않고 인간관계의 화해를 강구하지요. 〈추쥐가 소송을 걸다秋菊打官司〉2를 예로 든 적이 있는데, 추쥐가 소송에서 이기고 인정을 해치게 되는 건 결코 최선의 결과가 아니에요.

'정 본체'는 미래의 일입니다. 지금 중국은 '이理'도 수립하지 못했어요. 뭐든지 관계와 인정을 따지고 뒷거래를 하지요. 먼저 공공이성의 규범을 세우는 게 필요해요. '이'를 수립해야 비로소 전통을 이어서 '정'을 이야기할 수 있지요. 그래서 저는 국학을 하는 사람들 쪽에 서지 않고, 국학과 관련된 활동에는 죄다 참가하지 않는답니다. 그들이 하고 있는 것들은 바로 보편가치의 수립을 방해하고 있어요.

남방_____ 류짜이푸 선생이, 지금 두 분이『고전으로의 회귀』라는 책을 정리하고 있다고 하셨는데요. 두 분이 생각하시는 '고전으로의 회귀'에 대해 말씀해주시지요.

리_____ 고전으로의 회귀는 현대성의 기초 위에서 이루어져야 해요. 현대성을 요구하지 않는 고전은 퇴보에요. 서구사회는 지금까지 발전해오면서 확실히 많은 문제를 안고 있답니다. 하지만 중국과 서양을 비교하면 여전히 상당히 큰 간극이 있지요. 중국에는 아직 이성적 계몽이 필요해요. 제가 10년 전에 말한 적이 있는데, 어떤 사람은 '계몽을 뒤집으면서蒙啓' 계몽했던 것을 다시 몽매로 만들려고 하는데요. 우리는 무엇보다도 보편가치를 접수하고 받아들이는 게 필요해요. 이 기초 위에서 전통과 결합하고 고전으로 돌아가야 합니다. 그래야만 새로운 것을 창건할 수 있고, 장차 전 세계에 공헌할 수 있어요. 이건 제가 늘 말하는 '서체중용'이랍니다. 저는 오랫동안 이런 입장을 견지해왔답니다.

'반동 학술 권위'라고 하기엔 임금이 무척 낮았다

남방_____ 유가에 대한 인식에 있어서 선생님은 량수밍 선생과 가장 근접하다고 하셨는데요. 사진도 함께 찍으신 적이 있고요.

리_____ 맞아요. 량수밍 선생은 당시 부정적인 이미지였답니다. 1982년에 하와이에서 회의가 있었는데, 량수밍 선생과 펑유란 선생을 초청했지요. 펑유란 선생은 갔는데 량수밍 선생은 가지 않았어요. 못 가게 했던 거죠. 사실 본인은 무척 가고 싶어했답니다. 그때 량수밍 선생과 함께 사진을 찍는 것은 금기를 범하는 일이었죠. 1985년에는 제가 앞장서서 그분과 사진을 찍었더니 다른 사람도 따라서 찍더군요. 그런데 1989년 이후에는 저를 아는 사람들이 사회과학원에서 저를 보면 멀찍이 피하더군요. 정치 분위기가 얼마나 대단한 건지 지금 세대는 이해하기 어렵답니다.

남방_____ 다른 사람들이 선생님을 피하면 어떤 느낌이었나요?

리_____ 피하려면 피해라, 마음에 두고 원망하지 않겠다.

남방_____ 정치운동의 압력 때문에 친구를 비판하신 적은요?

리_____ 그런 적은 아주 드물었어요. 저는 친구가 별로 없답니다. 정치운동 와중에는 피할 수 있으면 되도록 피하면서 발언을 줄일 수 있는 한 줄였지요. 자기비판하는 글은 많이 썼어요. 본심에 어긋나는 글을 쓴 적은 있지만 다른 사람을 비판한 적은 아주 드물지요.

남방_____ 다른 사람을 비판하는 글은 쓰신 적이 없는지요?

리_____ 1964년에 주구청周谷城 비판[3]이 있었을 때 쓴 적이 있지요. 그리고 영화 〈북국강남北國江南〉(1963)을 비판하는 글을 쓴 적이 있어요. 『인민일보』에서 의뢰를 받아 쓴 글이었답니다. 그때 느낌에 재난이 닥칠 것 같더군요. 제2차 '반우파투쟁'을 벌이려 한다는 생각이 들었어요. 지식계가 공포에 떨었지요. 당시 저는 나이가 많지 않았지만 명성이 조금 있었기 때문에 얼른 자구책으로 글을 썼답니다. 그렇게 해야 정치적으로 평온할 거라고 생각했거든요. 사실 아주 유치했던 거죠. 1966년 5월에 잡지 『홍기』에 저를 비판하는 글이 실렸는데, 놀라서 죽을 뻔했답니다. 곧장 반박하는 글을 썼는데, 발표하진 않았어요.

　남방_____ 반우파투쟁은 어떻게 피하셨나요?

　리_____ 주요 원인은 그때 제가 베이징에 없었기 때문이죠. 벽화를 조사하러 둔황에 갔거든요. 그래서 어떤 사람은 저를 두고 말하길 그물을 빠져나간 '우파'라고 하더군요. 또 하나의 원인으로, 우리 철학연구소는 '우파' 비율이 아주 높았어요. 15퍼센트가 넘었지요.

　남방_____ 문화대혁명은 또 어떻게 피하셨나요? 스스로 가책을 느끼는 일은 하시지 않았나요?

　리_____ 기본적으로는 없어요. 문화대혁명 기간에 저는 소요파逍遙派였지요. 두 파4에 모두 참여하지 않았답니다. 저는 당원도 단원도 아니었어요. 저는 평생 그 무엇에 대해서도 선서를 해본 적이 없어요. 정치를 하려면 많은 사람을 상대해야 하는데, 저는 그러는 게 싫답니다. 1966년에 베이징 대학에 가서 대자보를 보니, 제 이름 위에 죄다 가위표가 그어져 있더군요. 제가 대학에 있었다면 어떤 대학에서든 제가 가장 먼저 붙들렸을 거예요. 하지만 사회과학원에는 대단한 인물이 아주 많았죠. 어떤 사람은 리쩌허우가 아주 큰 사회적 영향력을 지니고 있으니 반드시 반동적 학술 권위의 한 사람으로 간주해야 한다고 했지요. 그런데 조사해보니 임금이 무척 낮아서 '반동적 학술 권위'라고 할 수 없었답니다.

　　남방＿＿＿　비판받는 게 두려우셨나요?

　　리＿＿＿　인간에게는 모두 본능이 있답니다. 그 가운데 하나가 바로 두려움이고요. 그때의 풍파 이후로 사람들을 붙잡아갔지요. 저는 붙잡히는 건 오히려 두렵지 않았지만 붙잡힌 다음에 구타를 당할 게 두려웠답니다. 당시 저는 전국인민대표대회 상무위원회 문교文敎위원회 위원으로 인민대표대회 상무위원회에 참석했는데, 회의장에서 제 이름이 불렸어요. '나를 잡아가려는 건가?' 하고 생각했지요. 아마도 제가 회의장을 가장 나중에 떠났을 겁니다.

　　남방＿＿＿　왜 가장 나중에 떠나려고 하셨나요?

　　리＿＿＿　붙잡힐 거라 생각하고 앉아서 기다렸던 거죠. 그런데 결국 아무 인기척도 없어서 그냥 나왔답니다.

　　남방＿＿＿　여러 차례의 정치운동에서 운 좋게도 벗어나실 수 있었던 것 같은데요?

　　리＿＿＿　'반우파투쟁' 때는 저를 '그물을 빠져나간 우파'라 했고, '문화대혁명' 시기에는 제가 비판받아야 했는데 비판받지 않았지요. 정치에 있어서는 비교적 신중했답니다. 도度를 장악하는 데 주의를 기울였지요. 도를 장악해야 인간은 생존할 수 있어요.

　　남방＿＿＿　1980년대에 사회과학원 부원장이 되실 뻔했지요?

　　리＿＿＿　확실히 저를 부원장으로 발탁할 생각이 있었죠. 공공연히 혹은 은밀하게 여러 번 말했거든요. 그래서 저는 아주 강한 반대에 부딪혔답니다. 저는 그 일에 큰 흥미가 없었어요. 일부러 고상한 척하려고 이렇게 말하는 게 아니에요. 관직을 맡으면 좋은 점이 뭐가 있나요? 첫째로 자가용, 이건 저한테 중요하지 않아요. 둘째로 비서, 저는 필요 없어요. 셋째는 집이 좀 크다는 건데, 나중에 제가 살게 된 집도 부원장 집처럼 컸답니다. 제 집 맞은편이 상무부원장 집이었죠. 게다가 관직을 맡으면 아주 나쁜 점이 있답니다. 온갖 지루한 회의를 열어야 하지요. 이 나쁜 점을 필요 없는 세 가지 좋은 점과 바꾸는 건 아무래도 수지가 맞지 않아요. 저는 평생 회의 여는 것을 제일 싫어했어요. 지금도 그렇고요. 학술회의도 포함해서 말이죠. 정말 무료하게 느껴진답니다.

남방_____ 그때 철학연구소에서 어떤 직무를 맡으셨는지요?

리_____ 후차오무와 덩리췬이 원장이었을 때 제가 보조연구원에서 연구원이 되었는데, 그건 직급을 뛰어넘는 승진이었어요. 철학연구소에는 1955년에 들어갔는데, 1986년에야 숙사를 배정받았답니다. 그때까지 집사람이 소속된 기관의 숙사에서 20여 년을 지냈지요. 후차오무가 원장일 때 저에게 숙사를 배정해준 거고, 철학연구소가 배정해준 건 아니에요. 철학연구소는 줄곧 저를 억압했답니다. 제가 가장 명성이 있었을 때인 1979년부터 1989년까지, 『철학연구』(철학연구소의 간행물)는 매년 12기씩 모두 120기를 간행했지요. 그런데 저는 거기에다 고작 두 편의 글만 발표했어요. 그들이 원고 의뢰를 하지 않았지요. 제가 원고를 넘겨봐야 그들이 실을 리가 없지만 다른 간행물에서는 실어줄 거라는 걸 저도 알고 있었고요.

입당 신청서를 썼다가
되찾아오다

　　남방_____ 단원도 아니었다고 하셨는데요. 그런데 1980년대에 입당 신청서를 제출하신 적이 있지요.

　　리_____ 저를 부원장으로 발탁하려 했다고 말씀드렸잖아요. 그러려면 먼저 입당을 해야 했지요. 후차오무와 덩리췬 모두 저더러 입당하라고 하니, 그러지 않겠다고 말하기가 어렵더군요. 하지만 절대 통과될 리가 없다는 걸 전 알고 있었답니다. 철학연구소는 저한테 불만이 있었거든요. 제가 비판을 받은 적이 있기 때문에, 제가 발탁되면 자신들의 직위가 유지될 수 없을 거라고 걱정하는 윗사람들이 있었어요. 저는 입당 신청서를 썼다가 결국 되찾아왔어요. 저더러 입당하라고 또 말했지만 입당하지 않았답니다.

　　남방_____ 그래서 선생님 성격이 지나치게 원만하다고 비판하는 사람도 있지요.

　　리_____ 저는 정말 원만하지 못해요. 제가 다른 사람과 사귀는 걸 좋아하지 않는 것도 바로 제가 원만하지 않아서랍니다. 저는 인간관계가 별로에요. 붙임성도 없고요. 매번 중국에 돌아와도 주위 사람들조차 몰라요. 미국에서도 마찬가지이고요. 홍콩에서 1년 동안 있었는데, 떠난 뒤로 아무와도 전화로 연락한 적이 없어요. 물론 다른 사람이 전화를 하면 받긴 하지요. 어떤 사람은 제가 오만하다고 생각하지만, 사실 저는 일이 없으면 연락하지 않거든요. 학생이 저를 보러 오지 않아도 괜찮아요. 저 역시 다른 사람을 보러 가는 일이 드무니까요. 손윗사람한테도 그렇고요. 제가 쭝바이화의 책에 서문을 써준 적이 있는데, 그전에도 후에도 그를 보러 간 적이 없답니다. 저는 어려서부터 빙신冰心의 영향을 받았어요. 그런데 조군묘皂君廟에서 살 때 그녀의 집이랑 아주 가까웠는데도 보러 간 적이 없지요.

남방_____ 그래도 린지위 선생은 찾아가 뵌 적이 있잖아요.

리_____ 정말 몇 번 되지 않아요. 지금도 마음에 걸리는 건, 본래는 2008년에 그분을 뵈러 가려고 했는데 건강 문제 때문에 앞당겨서 미국으로 돌아가는 바람에 뵙지 못한 거예요. 그게 지금까지 유감으로 남았답니다.

남방_____ 타이완에 계실 때, 누군가 선생님께 머우쭝싼(현대 신유가의 대표 인물)을 만나러 갈 건지 문의했는데도 가지 않으셨다면서요.

리_____ 저는 유명 인사를 찾아가는 데 흥미가 없어요. 다른 사람과 접촉하는 걸 좋아하지 않지요. 누구든지 간에요.

남방_____ 타이완에서 찾아가신 적이 있는 분은 정옌證嚴 법사뿐인가요?

리_____ 그것도 제가 나서서 간 게 아니라, 가오신장高信疆이라는 친구가 저를 데리고 갔던 거랍니다. 그 친구는 지금 세상을 떠났지요. 그가 저를 데리고 타이완을 한 바퀴 돌았는데, 그중에 한 곳이 화롄花蓮이었어요. 정옌 법사가 그곳에 있었죠. 정옌 법사는 타이완에서 영향력이 아주 크지요. 정말 대단한 분이고, 만나볼 가치가 있답니다.

남방_____ 어떤 교류가 있으셨나요?

리_____ 집에서 죽는 게 병원에서 죽는 것보다 좋다고 하시더군요. 병원에는 낯선 사람이 있지만 집에는 육친이 있으니까요. 불가에서는 속세를 떠날 것을 중시하는데 왜 집에서 죽고 싶어할까요? 처음 만남이라서 여쭙지는 않았지만 그 말은 저에게 일깨움을 주었답니다. 고승조차도 이런 생각을 갖고 있으니, 유가적 요소가 소리 소문 없이 불교 안에 스며들어 있다는 것이죠.

남방＿＿＿＿ 이번에 중국에 돌아오셔서, 문화대혁명 때 굉장히 유명했던 분을 우연히 만나셨다면서요?

리＿＿＿＿ 치번위戚本禹와 옌창구이閻長貴를 우연히 만났지요. 전에는 모르는 사이였어요. 옌창구이는 당시 장칭의 비서였고, 치번위는 마오쩌둥을 여러 차례 만난 적이 있지요. 옌창구이가 저한테 준 책에 아주 중요한 자료가 있답니다. 잘못된 유언비어들을 아주 많이 고친 자료인데요. 중국에서도 공식적으로 발행된 책인데, 제목은 『문사구신집問史求信集』5이고 장칭에 대해 쓴 거죠. 마오쩌둥이 문화대혁명을 끝내기로 결심한 시기는, 그 자료에 근거해서 판단해볼 때 우한武漢 '7·20 사건'6 이후랍니다. 이에 대해서 치번위에게 물어봤지요. 그는 당사자이니까요. 그가 제 생각이 맞다고 증명해줘서 정말 기뻤어요. 저는 특히 마오쩌둥이 류사오치劉少奇나 린뱌오林彪와 대체 무슨 일이 있었는지 알고 싶답니다. 반평생 미궁 속에서 시간을 보내고 싶진 않아요.

남방＿＿＿＿ 그런데 왜 그런 역사 연구를 하시지 않는지요?

리＿＿＿＿ 큰 원인은 역사를 믿을 수가 없어서랍니다. 많은 자료를 신뢰할 수가 없어요. 어떤 사람은 한참의 고증을 통해 자료에 근거해서 결론을 도출하지만, 그 자료라는 것 자체가 믿을 수가 없어요. 역사의 진상을 발견하는 건 아주 어렵답니다. 60퍼센트만 발견할 수 있어도 정말 대단한 거죠. 대부분은 10퍼센트도 발견할 수 없어요. 저에 관한 좋거나 나쁜 견해 중에 아주 많은 것이 전혀 근거 없는 것들이랍니다. 이러니 역사는 더 말할 것도 없지요. 살아 있는데도 자료가 이렇게 믿을 수 없으니, 죽은 다음에야 더 말할 것도 없지요.

정치 민주화는 당장 실현해야만 하는 게 아니다

남방_____ 중국의 개혁개방 30년을 어떻게 평가하시는지요?

리_____ 30년 동안 중국 경제는 신속히 발전하면서 자신의 길을 찾았어요. 향진鄕鎭기업, 거시적 조정, 정부가 직접 나서서 투자자를 유치하는 것, 이건 외국에서는 시도한 적이 없어요. 정부의 공을 무시할 수는 없지요. 하지만 정부의 관여로 인해서 민영기업이 억제되는 것에도 주의를 기울여야 합니다. 중소기업이 제대로 발전해야만 중국의 경제적 성취가 군건해질 수 있거든요.

남방_____ 일찍이 중국 현대화의 '4가지 순서'를 제기하셨는데요. 즉 경제 발전, 개인의 자유, 사회 정의, 정치 민주화죠. 그런데 정치 민주화를 제일 뒤쪽에 두셨어요.

리_____ 정치 민주화는 반드시 해야 합니다. 하지만 당장 해야만 하는 건 아니라고 생각해요. 저는 시종일관 무엇보다도 경제 발전을 강조했어요. 그리고 '사회 정의'가 어느 정도까지 이루어져야만 비로소 '정치 민주화'를 할 수가 있답니다. 당내 민주화를 실현하고 여론 감독 시스템을 수립할 수 있는 것이죠. 단번에 죄다 시행할 수 없다면 한정된 몇몇의 신문과 간행물이라도 자유롭게 토론할 수 있도록 해야 하지요. 적어도 학술계에서는 토론할 수 있게 한 뒤에 점차 여론을 풀어주어야 합니다. 우리는 민주로 통하는 중국의 길을 천천히 걸어갈 수 있어요.

남방_____ "폭력 혁명과는 고별하고 점진적인 진보를 이루어야 한다"는 에두아르트 베른슈타인의 사상이 선생님께 어떤 영향을 미쳤는지요?

리_____ 저는 베른슈타인이 옳다고 생각해요. 하지만 그는 저처럼 명확히 이야기하진 않았어요. 엥겔스는 만년에 혁명을 포기하고 개량으로 방향을 바꾸려는 견해를 서술한 적이 있지요. 저는 그걸 1952년에 읽었답니다. 베른슈타인은 그것이 엥겔스의 정치적 유언이라고 말했지요. 마르크스도 그와 비슷한 말을 한 적이 있어요. 수정주의는 옳은 겁니다. 우리가 수정주의에 반대하는 것은 잘못된 거예요.

남방_____ 소위 '중국 모델'에 대해서는 어떻게 생각하시나요?

리_____ 중국 모델은 우리가 추구해야 할 목표에요. 제가 20년 전에 제기했고, 1990년대의 글에서 거듭 말했답니다. 무턱대고 서양을 모방해서는 안 되고 자기 길을 가야 한다고 말이죠. 하지만 지금 '중국 모델'이 형성되려면 아직 한참 멀었답니다. 중국 특색의 사회주의 역시 아직 실현되지 않았어요. 많은 곳이 사실은 '봉건 특색의 자본주의'에요. 예를 들면 대학은 관본위官本位가 심한데, 이건 잘못된 거예요. 스탈린 시대의 구소련에서조차도 과학자가 나타나면 관리는 뒤로 물러섰어요. 왕궈웨이나 천인커 모두 '장長

자가 달린 직함 같은 건 없었는데, 지금은 많은 학자가 죄다 '장'만 바라고 있지요.

남방＿＿＿ 어떤 사람은 선생님께서 중국에 길을 알려주었지만 구준과 왕위안화가 더 좋은 길을 알려주었다고 말하는데요.

리＿＿＿ 그들이 알려준 게 어떤 길인지 저는 모르겠군요. 왕위안화 선생의 책은 읽어봤어요. 그가 저한테 잘해주기도 했고요. 하지만 그가 대체 뭘 말하는지는 확실히 모르겠어요. 구준 선생은 아주 훌륭해요. 그와 천인커 선생의 인격은 정말 대단하지요. 하지만 천인커 선생의 전공은 중고사인데, 그것에 대해 제대로 아는 사람은 얼마 없어요. 구준 선생이 연구한 건 서양 자유주의이고 독창성은 없답니다. 그들이 사람들에게 영향을 미친 건 주로 인격이죠. 바로 중국의 도덕주의 전통이에요. 천인커 선생은 당시 학자들 가운데 유일하게 투항하지 않았어요. 그리고 비교적 깨어 있었지요. 구준 선생은 하방되었을 때 저랑 함께 있었는데, 아주 이성적이고 솔직한 분이었죠. 그는 불행했어요. 가족마저도 그를 인정하지 않고 선을 분명히 그었으니까요.7

남방＿＿＿ 어떤 사람은 이런 견해를 내놓았는데요. 1949년부터 2009년까지의 중국에서 전반 30년의 키워드는 '정치'이고 후반 30년은 '경제'이고, 향후 30년은 '신앙'일 거라는 겁니다. 선생님께서는 앞으로의 30년에 있어서 중국인이 가장 해결해야 할 것이 신앙 문제나 가치관 문제라고 생각하시는지요?

리＿＿＿ 신앙 문제는 일률적으로 해결할 수 없는 겁니다. 신앙 문제가 갈수록 두드러질 거라는 건, 30년을 기다릴 것도 없이 지금 바로 인식해야 해요. 이건 인간이 왜 사느냐의 문제에요. 인간은 무엇보다 먼저 살아가야 하고, 그다음에야 무엇 때문에 살아가느냐의 문제가 생기는 거랍니다. 살아가는 것조차 문제가 되는 때는 다들 필사적으로 돈을 벌게 마련이지요. 물질이 어느 정도 갖춰지면 다들 살아가는 게 무엇 때문이지를 캐묻게 마련입니다. 어째서 사는가를 명백히 아는 건 그렇게 쉬운 일이 아니에요.

남방＿＿＿＿ 지금 사람들은 다들 '개성'을 강조하는데요. 각자 나름대로 살아가는 방법이 있다고 하는 것, 특히 젊은이들이 자아를 극도로 떠벌리는 게 문제를 발생시키지 않을까요?

리＿＿＿＿ 저는 옌푸가 존 스튜어트 밀의 『자유론』을 번역할 때 사용한 '군기권계群己權界'8라는 용어가 아주 훌륭하다고 항상 생각한답니다. 개인의 영역이 간섭을 받으면 안 되고, 집단을 저해하는 것도 안 되지요. 중요한 건 권리 범위의 경계를 정하는 것이에요.

남방＿＿＿＿ 그래서 종교적 사덕私德과 사회적 공덕公德을 구별하자고 주장하신 건지요?

리＿＿＿＿ 두 가지 도덕은 구별해야 합니다. 종교적 도덕이 말하는 건 개인의 몸과 마음의 버팀목이지요. 본인이 성인聖人이 되고자 하는 거야 괜찮지만 모두에게 성인이 되길 강요해서는 안 되지요. 하지만 사회에는 필요한 공공도덕이 있어요. 길을 건널 때 신호등을 지켜야 하지요. 이게 사회적 도덕이에요. 무엇보다도 공공의 질서를 존중해야 합니다.

뇌과학이 신비 체험의 문제를
해결할 수 있다

남방＿＿＿ 미학자, 철학자, 사상가, 이 중에서 어떤 것을 가장 중요하게 생각하시나요?

리＿＿＿ 사상가죠. 영어로는 싱커thinker죠. 저는 하이데거의 관점에 동의합니다. 하이데거가 말하길, 철학은 이미 전문화되었다고 했는데요. 저는 사상가가 되길 바랍니다. 미학자는 성립될 수 없는 거예요. 저는 남들이 저를 미학자로 부르는 걸 제일 싫어합니다. 중국에서는 하이데거를 노자와 비교하는 걸 좋아하는데, 저는 찬성하지 않아요. 저는 하이데거의 철학을 병사의 철학이라고 부르는데, 하이데거는 죽음을 향한 심연을 만들어놓았답니다. 제2차 세계대전 이후 전쟁터를 치우던 이들은 하이데거의 저작을 갖고 있는 독일 병사들을 발견했지요. 말이 길어졌는데, 스스로 잘난 체하는 말을 좀 해야겠군요. 저는 유가의 것으로 하이데거 문제를 해결하고자 합니다. 적어도 제 목적은 그래요. 유가는 정을 이야기하고 구체적인 일상생활로부터 생명감을 획득할 것을 주장하지요.

남방＿＿＿ 인문학자로서 자연과학 영역의 진전에 관심이 있으신지요?

리＿＿＿ 그다지 잘 모르지만 관심이 아주 많답니다. 최근 몇 년 사이에 저는 특히 뇌과학에 관심을 갖고 있어요. 20세기에서 21세기까지는 과학의 발전이 신경생리학에 집중될 것이고, 심리학은 반드시 생리학의 토대 위에 수립되어야 한다고 생각해요. 제가 최근에 절필한 글에서 종교를 이야기했는데요. 종교의 가장 기본은 신비 체험이랍니다. 수련의 정도가 어느 단계에 이르면 자신이 신이 있는 곳으로 갔다는 느낌이 들지요.

남방_____ 그런 경험이 있으신지요?

리_____ 저는 없어요. 하지만 있다고 믿지요. 그런 기록이 많이 있으니까요. 저는 장래에 뇌과학이 신비 체험의 문제를 해결할 수 있을 거라고 생각해요. 그래서 더 이상 신비롭지 않게 될 겁니다. 그건 모든 종교에게 커다란 타격일 거예요. 신은 바로 인간의 뇌 속에 있는 거죠. 지금 저는 뇌과학의 다윈주의를 믿습니다.

남방_____ 팔순이 되셨는데, 자신의 삶이 충분히 풍부하다고 생각하시는지요?

리_____ 풍부하지 않아요. 마오쩌둥 시대가 주요 원인이죠. 하지만 그 시대 사람들 중에서 저는 가장 많은 자유시간을 쟁취했답니다. 저는 두 가지 크게 '만족스러운' 것이 있는데, 그게 바로 그 중 하나에요. 다른 하나는 예순에 외국으로 나가서 새로운 일을 했다는 것이고요. 예순두 살에 운전을 배우고 영어로 강의도 했지요. 영어를 못 하는 저로서는 쉽지 않은 일이었는데 의외로 극복했답니다. 경제적으로도 누구한테 의지하지 않고 독립할 수 있다는 것 역시 아주 만족스러워요.

남방_____ 선생님 세대의 가장 보편적인 문제는 무엇인지요?

리_____ 우리는 길들여진 세대에요. 성실함은 넘치지만 총명함이 부족하지요.

남방_____ 특별히 연약하다고 느껴지실 때는요?

리_____ 제가 강건한 사람이라고는 생각하지 않아요. 하지만 그렇게 연약하지도 않답니다. 그렇지 않다면 일찌감치 죽었을 거예요.

저는 마음을 넓게 가지고, 많은 일에 별로 개의치 않아요. 그런데 자아감이 좋지 않아요. 좌절감이 강한 편이죠. 작은 일에도 패배감을 갖게 되요. 여태 스스로에게 만족스러웠던 적이 없답니다.

남방_____ 어떤 때 연약하신지요?

리_____ 지금은 나가는 것도 두려운데 연약하지 않겠어요?**9** 아무리 강대한 개체라도 미미한 존재랍니다. 사람은 자기 자신을 잘 알아야 해요. 자신에게 고작 아주 적은 역량만 있다는 것을 알게 되면, 자기가 할 수 있는 일에 집중하게 마련이지요.

남방_____ 선생님의 학설은 낙감樂感을 주장하시는 건데, 왜 정작 자신의 심경은 그토록 괴로우신가요?

리_____ 괴로운 게 아니라 자아감이 좋지 않은 거예요. 혈액형이 A형인 사람은 스스로를 들볶기가 비교적 쉬운데, 저는 전형적인 A형이랍니다. 집사람도 A형이에요. 그런데 개성은 저랑 아주 다르지요. 그래서 저는 혈액형을 연구하고 싶어요. 분명히 여러 종류의 아형亞型을 가려낼 수 있을 겁니다.

남방_____ 고독을 느끼실 때가 있는지요?

리_____ 저는 평생을 고독 속에서 지냈답니다. 고독하지 않은 때는 적어요. 곤란한 일에 부딪혔을 때, 예를 들면 비판을 당했을 때 저는 집사람한테 말하지 않아요. 이건 남자로서의 기본 원칙이죠.

남방_____ 고독 역시 선생님을 이루어낸 것이지 않나요?

리_____ 어떤 고독이냐에 따라 다르겠죠. 고독에도 아주 많은 유형이 있답니다. 어떤 것은 객관적인 고독이고 어떤 것은 내면의 고독이죠. 마오쩌둥 시대에 제가 항상 비판받았던 세 가지가 있는데요. 사상을 드러내지 않고, 조직을 가까이하지 않고, 대중에게

다가서지 않는다는 거였어요. 당시에는 전부 큰 문제였지요. 저는 지하에서 사고하고 가장자리에서 글을 쓰는 사람이에요. 조용히 글을 쓰는 저에게는 또 조용한 독자들이 있지요. 제 책은 줄곧 잘 팔렸답니다. 이해하기 어려운 책도 포함해서요. 칸트에 대해 쓴 책은 해적판까지 있었지요. 친구가 저한테 말해줬는데도 제가 믿지 않으니까 그 친구가 그 해적판을 찾아서 저한테 보여주더군요.

미국에는 나를 아는 사람이 없다

남방_____ 1990년대 초에 왜 미국으로 떠나셨나요?
리_____ 그때의 풍파 이후로 외국의 여러 곳에서 저를 초청했어요. 중국 정부에서 말하길, 형사 문제만 없으면 나가도 된다고 하더군요. 그러니까 저는 결코 도망간 게 아니에요. 외교부에서 내준 여권을 들고 당당하게 나간 거랍니다.
남방_____ 미국으로 가시는 게 당시로서는 최선의 선택이었나요?
리_____ 저는 최선의 선택이라고 생각했답니다. 지금도 후회하지 않고요.
남방_____ 그 연세에 미국으로 가시는 건 아주 큰 도전이었겠지요?
리_____ 그렇죠. 국내에 남을 수도 있었어요. 남았어도 저를 어쩌지는 못했을 겁니다. 어쩌면 왕멍처럼 거장으로 받들어졌을 수도 있겠지요. 저는 부럽지 않답니다. 상인은 이익을 좋아하고 학자는 명예를 좋아하지요. 제가 이십대에 특히 명예를 추구했다는 걸 저도 인정해요. 지금은 전혀 그렇지 않다는 건 아니지만, 이제는 그다지 명예에 욕심이 없답니다. 제가 하고 싶어서 한 일에 스스로 만족하면 그걸로 된 거죠. 남이 저를 알든 모르든 그건 상관없어요. 배우는 연기에 의지해야 하고, 학문을 하는 사람은 시간의 검증을 견뎌내야 하지요.

남방_____ 미국의 대학에서는 주로 뭘 강의하셨나요?
리_____ 사상사와 미학을 강의했어요. 미국에는 저를 아는 사람이 없답니다.
남방_____ 독보적 존재로 계시다가 무명의 상태가 되셨을 때, 상실감은 없으셨나요?
리_____ 개의치 않았어요. 저는 늘 보통 백성이었으니까요.
남방_____ 하지만 선생님으로 인해서 가족 역시 미국으로 떠나야 했는데요. 가정에 대한 개인의 책임에 대해서는 어떻게 생각하시나요?
리_____ 저는 늘 가정이 있어야 한다고 주장한답니다. 가정에 대한 감정은 다른 감정으로 대체할 수 없는 것이지요. 하지만 평생 한 사람만을 사랑하고 한 사람하고만 성관계를 가져야 한다는 말은 아니에요. 좀 개방적일 수도 있다고 생각해요. 남자나 여자나 마찬가지로 아내나 남편이 있으면서 애인이 있을 수도 있지요. 상대에게 애인이 있다는 걸 알고서 헤어지는 건 아주 어리석은 거라고 생각해요. 성 심리학의 측면에서 말하자면, 상대를 독점하면서도 자신에게 애인이 있길 바라지요. 여자도 그렇고 남자는 좀 더 강하지요.

남방_____ 선생님도 그렇게 하셨나요?

리_____ 저도 그렇게 했지요. 아내는 반드시 예뻐야 하지만 애인은 꼭 그런 건 아니라고 말한 적이 있는데요. 아내는 내가 기분이 좋든 그렇지 않은 날마다 대면해야 하는 현실이죠. 아내가 예쁘다면 화가 좀 누그러질 수 있어요. 그런데 애인은 예쁘지 않아도 상관없지요. 화가 나면 바로 헤어지면 되니까요. 어떤 점에서 말이 통하기만 하면 좋은 거죠. 아내의 부족한 점을 보충하는 거예요. 저는 이게 일리가 있다고 생각해요. 그렇다고 모두가 저처럼 생각하길 바라는 건 아니랍니다. 이건 개인의 자유이고 개인의 선택이죠. 각자의 생리와 심리 상태는 다르니까 자신이 결정해야지, 일반적인 관념으로 묶어놓을 순 없는 거죠. 그런데 대다수 사람이 납득할 수 없을 겁니다. 납득할 수 없으면 납득하지 않으면 돼요. 그것 역시 일종의 선택이니까요.

남방_____ 부인께서도 아시는지요?

리_____ 다 알고 있어요.

남방_____ 아시는데도 문제가 없나요?

리_____ 문제가 있으면 우리가 이혼했겠지요. 집사람이 다른 남자를 좋아해도 괜찮아요. 결혼할 때 제가 이미 말해두었답니다.

남방_____ 선생님의 성과에 대해서 아드님은 어떻게 생각하는지요?

리_____ 아들은 제 성과가 무엇인지 잘 모를 거예요. 아들은 제 책을 본 적이 없어요. 저 역시 아들더러 보라고 하지 않았고요. 제 학생들한테도 요구하지 않는답니다. 아내한테도 마찬가지고요. 제 책 대부분은 그들이 모른답니다.

남방_____ 부인께서는 인세에도 관여하시지 않는지요?

리_____ 우리 집사람은 돈 쓰는 데만 관여하지요. 돈의 출처에는 관여하지 않는답니다. 하하, 제가 가장 자랑스러워할 만한 일은 집사람이 평생 돈 때문에 걱정한 적이 없다는 거죠.

남방_____ 아들에게 선생님의 일을 잇게 할 생각은 해보신 적이 없는지요?

리_____ 없어요. 아들이 태어나기 전에 이미 문과 쪽 일을 시키지 않겠다고 결정했거든요. 첫째, 문과는 이과보다 어려워요. 문과에서 두 편 정도의 글을 쓰는 건 아주 쉽지만 제대로 된 성과를 내는 건 아주 어렵답니다. 이공계는 성실하기만 하다면 어떻든지 간에 성과를 낼 수가 있지요. 둘째, 당시는 마오쩌둥 시대라서 문과에 종사하는 게 아주 위험했답니다. 까딱했다가는 반혁명으로 몰렸으니까요. 안전을 고려해서도 문과 쪽 일은 하지 않도록 했어요. 저는 아들의 수학능력을 기르는 데 신경을 썼답니다. 수학은 이공계의 기초라고 생각하거든요.

남방_____ 손자를 안고 싶다는 생각은 해보신 적이 없나요?

리_____ 없어요. 비교적 특수한 경우죠. 개성의 문제에요. 대를 이어야 한다는 생각은 없답니다. 평생 손자를 못 보게 되더라도 괜찮아요. 그런 건 중요하게 생각하지 않아요.

나는 장래에
뇌를 냉동시킬 작정이다

　　남방_____ 팔순 생신은 어떻게 보내셨는지요?
　　리_____ 세 식구가 집에서 함께 밥을 먹었으니 그걸로 된 거죠. 많은 사람이 생일잔치를 해주겠다고 했지만 제가 거절했답니다. 마흔, 쉰, 예순에는 할 수 있지만 칠순이 넘으면 할 필요가 없어요. 어떤 사람은 저더러 구순까지 살라고 축원하지만, 저는 듣기 싫어요. 의미가 없답니다. 류짜이푸는 기념으로 책을 내줄 생각이었지요. 그런데 제가 이렇게 말했답니다. 첫째는 내가 참여하지 않을 것이고, 둘째는 자네가 할 수 없을 것이다.
　　남방_____ 자서전을 쓸 생각은 해보셨는지요?
　　리_____ 많은 사람이 쓰라고 했답니다. 위잉스余英時와 허자오우何兆武도 권한 적이 있고요. 저는 원하지 않아요.
　　남방_____ 지금도 여전히 말씀하시고 싶지 않은지요?
　　리_____ 지금 말하지 않으면 평생 말하지 않은 거죠. 저는 그냥 한 해 한 해 지낼 뿐이에요. 지금은 이렇게 이야기를 나눌 수 있지만 아마도 내년에는 힘들 거예요.
　　남방_____ 특별히 완성하고 싶으신 일은 없는지요?
　　리_____ 늙어서 하고 싶어도 할 수가 없어요. 20년을 허비했지요. 저는 고통스럽게 죽지 않길 바랍니다. 죽긴 죽을 텐데, 저는 죽는 게 두려운 게 아니라 고통이 두려워요. 제가 죽을 때 가족 외에는 그 누구도 몰랐으면 합니다.
　　남방_____ 누구의 삶의 경지가 마음에 드시는지요?

리_____ 도연명陶淵明의 삶을 좋아한답니다.

남방_____ 개인적으로 어떤 때 행복하다고 느끼시는지요?

리_____ 물론 행복을 느낄 때가 있지만 말할 수는 없어요. 사람은 육체와 정신이 모두 즐거움을 느낄 때 가장 행복하죠.

남방_____ 성애性愛를 말씀하시는 건지요?

리_____ 성애에도 여러 차이가 있지요. 단지 섹스의 순간만이 아니라 두 사람의 관계와도 관련되어 있답니다. 저마다 정신과 육체가 차지하는 비율이 다르지요. 정신적 비율이 얼마나 큰지, 생리적 비율이 얼마나 큰지, 각자 큰 차이가 있을 겁니다. 어떤 사람한테는 순전히 육체적인 만족만 있을 수도 있지요. 플라톤처럼 순수한 정신적 만족의 경우, 저는 그다지 믿지 않지만 있을 수도 있지요.

남방_____ 현재 생활이 행복하신가요?

리_____ 저는 자아감이 좋지 않다고 말씀드렸는데요. 그렇다고 제가 불행하다고는 생각하지 않아요. 지금 살아 있는 것만으로도 좋은 거죠. 그렇게 많은 정치적 고난도 피해왔고요. 아주 운이 좋았다고 해야겠지요.

남방_____ 열두 살 때 정신적 위기를 겪으셨다면서요?

리_____ 그때 이런 생각을 했죠. 인간은 결국 죽는데 무엇을 위해 사는 걸까?

남방_____ 왜 사는지 지금은 생각이 명확하신가요? 만약 묘지명을 쓴다면, 평생을 어떻게 총결하실 건지요?

리_____ 어떤 이는 명예와 이익을 위해 살고, 어떤 이는 자식을 위해 살고, 어떤 이는 국가와 민족을 위해 살지요. 제 바람은 마르크스와 비슷합니다. 인류를 위해 사는 거죠. 그래서 제 책 중에

『인류학역사본체론』도 있잖아요. 저는 지금 조용히 살고 있고, 또 조용히 죽어가려 합니다.

저한테 묘지명은 없을 거예요. 저는 장래에 뇌를 냉동 보존시킬 작정이랍니다. 300년이나 500년쯤 지난 뒤에 다시 꺼내게 할 거예요. 아내와 아들에게 다 일러두었답니다. 미국에서는 많은 사람이 이미 이렇게 하고 있어요. 어떤 사람은 부활을 바라지만, 저는 부활하는 건 불가능하다고 생각해요. 저는 문화가 대뇌에 영향을 미치는지를 증명하고 싶답니다. 수백 년 뒤에 제 뇌에서 중국 문화의 자취를 발견할 수 있는지, 저의 누적-침전 이론을 증명할 수 있는지 말이지요. 만약 문화가 대뇌에 끼치는 영향을 증명한다면, 그건 저의 모든 책을 합한 것보다도 더 큰 공헌이라고 생각합니다.

2010. 6. 18.

4장

민족주의와

포퓰리즘의

합류를

경계한다[1]

_이중톈

리쩌허우와의
세 번째 만남

"우리, 세 번째 만나는 거죠?"

2010년 9월 12일, 나는 베이징으로 리쩌허우 선생을 만나러 갔다. '팔순'이 넘은 선생은 평상복을 입고 있었다. 표정은 맑고 허리는 꼿꼿한 선생이 현관 앞에 서서 악수하며 나에게 물었다.

"세 번째라고요?"

나는 잠시 헷갈렸다.

"그래요. 바로 전에는 1990년대에 샤먼에서 만났고, 그전에는 1980년대에 우한武漢에서 나를 기차역까지 배웅해줬잖아요. 그때는 참 의기소침해 보였는데."

리쩌허우 선생의 기억력은 깜짝 놀랄 정도다. 1980년대에 분명히 그를 만난 적이 있다. 그리고 류강지 선생과 함께 리쩌허우 선생 일행을 우한 대학에서 둥후 호텔까지 배웅했다. 그 당시에는 자가용은 물론이고 택시도 없어서, 산보 삼아 걸어서 갔다. 나는 '한참 어린 연배'라 감히 말을 섞을 수가 없었다. 대체로 리쩌허우 선생과 류강지 선생이 어깨를 나란히 하고 앞에서 걸어가며 이야기를 나누었다. 나로서는 '제자의 예'를 취한답시고 그 뒤를 가만히 따라갔다. 그다음인 1990년대에는 샤먼에서 좌담회가 열렸는데, 그때도 나는 그저 가만히 듣기만 했다. 질문하자니 학생 같아서 선뜻 질문하지도 못하고, 대답하자니 선생인 양 행세하는 것 같아서 대답하는 것도 불편했다.

그래서 이번 만남에서만큼은 많이 질문하고 내 의견도 개진했다. 전체적으로 보자면, 내 의견을 말하는 건 적었고 여전히 질문이 많았다. 리쩌허우 선생은 아주 신나게 말하면서 질문에는 반드시 답해주었다. 선생은 고금을 논하고, 천하를 이야기하며, 강산을 가리켜 알려주고, 인물을 비평하면서 조금도 꺼리지 않고 거침없이 말했다. 이야기의 핵심 부분으로 들어가면, 재치 있는 말이 끝없이 이어지고 표정에 생기가 돌았으며 곁에 있는 사람은 의식하지 않았다. 자리에 있던 이들을 죄다 절로 경탄하게 만들었다.

대담을 마친 뒤 식사하러 갈 때 엘리베이터 앞에서 내가 말했다.

"선생님께 보내드린 책에 「리쩌허우를 점검하다盤點李澤厚」라는 글이 실려 있는데요."

"하하, 진즉 봤지요."

나도 웃었다. 나는 "남몰래 나쁜 짓을 하지 않는 떳떳한 사람"이다. 「리쩌허우를 점검하다」라는 글을 윈난雲南인민출판사에서 나온 『서생의기書生意氣』(2001)에 수록했는데, 그때 인편으로 한 권을 보내드렸다. 그런데 그 뒤로 아무 소식이 없어서 선생이 언제 봤는지는 알 수 없었다.

선생이 말하길 2002년에 봤다고 했다.

'아, 이렇게 정확히 기억하시다니!'

"실례가 된 부분이 있다면, 부디 넓은 아량으로 용서해주십시오!"

"질문할 수 있고 비평할 수 있는 거죠. 아무 상관없어요!"

선생이 나를 쳐다보며 말했다.

"하지만 그 관점에는 동의하지 않아요!"

이건 뜻밖이었다. 선생이 '동의하지 않는다'는 것이 무엇에 관한 것인지 알 수가 없었다. 선생이 '늙었다'는 나의 말에 동의하지 않는다는 것인가? 아니면 선생의 '서체중용'에 대한 나의 질의에 동의하지 않는다는 것인가? 전자에 관한 것이라면, 아마도 내가 틀렸을 것이다. 왜냐하면 선생의 마음은 확실히 아주 젊기 때문이다. 반면 '서체중용'에 대해서라면 나의 생각에는 변함이 없다. 확실하진 않지만, 장래에 글을 통해서 선생과 의견을 나눌 것이다.

리쩌허우 선생은 나에게 이렇게 말했다.

"저를 비평하고 싶으면 비평하세요. 저도 지지할 겁니다. 하지만 두 가지 제안이 있어요."

선생은 두 가지 제안을 다 말한 뒤에 갑자기 걸음을 멈추더니 나를 쳐다보며 말했다.

"봐요, 나는 아주 진실한 사람이라니까요!"

아, 리쩌허우는 역시 리쩌허우다. 후난 사람은 필경 후난 사람이다. 나는 문득 선생의 거실에 있던, 펑유란 선생한테서 선물로 받았다는 대련이 생각났다.

서학을 체體로 삼고 중학을 용用으로 삼으라.
홀숫날에는 역사를 읽고 짝숫날에는 경전을 읽으라.

리쩌허우 선생은 이 대련을 가리키면서 얼마간 득의양양하게 나한테 말했다.

"하하, 이건 내용을 전부 뒤집어서 쓴 거랍니다."

분명 죄다 뒤집어서 쓴 것이다. 옛사람이 한 말에는 "중학을 체로 삼고 서학을 용으로 삼으라" "홀숫날에는 경전을 읽고 짝숫날에는 역사를 읽으라"2고 되어 있다. 하지만 정작 내가 우러러보는 바는 '뒤집은' 것이 아니라, 이 말을 할 때 선생의 태도다.

그 태도에서 다음과 같은 '리쩌허우의 인상'을 도출했다.

확실히 보검은 녹슬지 않는 법, 그는 여전히 감정이 풍부하고 솔직한 사람이다.

고독을 말하다
― 무리 짓는 것을 좋아하지 않는다3

이중톈(이하 '이')_____ 선생님에게도 고독감이 있으신지요?

리_____ 물론이죠. 강렬한 편이랍니다. 인간은 본래 사교적 동물이에요. 사교의 본능과 욕망을 갖고 있지요. 그런데 저의 개성은 다른 사람과 교류하는 것을 그다지 좋아하지 않아요. 저한테는 선천적인 결점 세 가지가 있는데, 제 개성이랑 얽혀서 악순환한답니다. 첫째는 얼굴을 기억하지 못해요. 이건 이미 따로 말한 적이 있지요. 둘째는 목소리를 기억하지 못해요. 누가 전화를 하면 늘 "누구세요?" 하고 물어봐야 한답니다. 어떤 때는 제 아들 목소리도 분간하지 못한다니까요. 그래서 제 아들은 일단 먼저 누군지 밝힌답니다. 셋째는 길을 기억하지 못해요. 1950~1960년대에 저한테는 세 가지 딱지가 붙었는데요. 당시로서는 아주 심각한 거였죠. 첫째는 대중에게 다가서지 않고, 둘째는 조직을 가까이하지 않고, 셋째는 사상을 드러내지 않는다는 거였어요. 일단은 개성 문제이고, 또 하나는 혁명 시대의 요구에 부합하지 않는다는 문제죠. 이 둘은 성질이 다르지만 관련이 있어요.

1년 동안 홍콩에서 지낸 적이 있는데, 홍콩을 떠난 뒤로 제가 나서서 누군가와 연락한 적이 없답니다. 타이완에서 반년을 머물렀을 때도 떠난 뒤에 누구와도 연락하지 않았지요. 중국에서나 미국에서도 대체로 이와 비슷합니다. 이건 개성이에요. 어려서부터 낯선 사람을 제대로 쳐다보지 못하고 늘 뒤로 숨었지요. 어른들은 저를 부끄럼쟁이라고 꾸짖었고요. 수십 년 동안 산보할 때도 늘 혼자였어요. 집사람조차 따라오지 못하게 했답니다.

이____ 저는 이해할 수 있답니다. 제가 이 질문을 드렸던 건, 저한테도 그런 문제가 있기 때문인데요. 사실 저는 한데 모이거나 무리 짓는 것을 좋아하지 않아요. 조직이나 단체에 참가하는 건 싫고 혼자 있는 걸 좋아하지요. 적어도 혼자 있을 시간이 있어야 해요. 어딜 가든 조수가 따라다니는 건 견딜 수가 없답니다. 수행원들에게 둘러싸인 채 사람들과 끊임없이 왕래하는 건 더 견딜 수가 없고요.

리____ 이 선생은 이제 어쩔 수 없어요. 어딜 가든 남들이 다 알아볼 테니까요. 제가 만약 그렇다면 온몸이 거북할 겁니다. 몇 년 동안 저는 '3가지 가可한 것과 3가지 불가不可한 것'의 원칙을 세웠지요. 밥을 먹는 건 가하나 회의를 하는 건 불가하다, 좌담은 가하나 강연은 불가하다, 인터뷰와 사진촬영은 가하나 텔레비전에 나가는 건 불가하다. 후자의 것들은 무척 공식적이잖아요. 전자의 것들은 잡담에 속하니까, 이야기하고 싶은 게 있으면 이야기하면 되고 아주 자유롭지요. 그리고 텔레비전에 나가기에는 제 생각엔 '말도 재미없고 생긴 것도 별로'랍니다. 이 선생과는 다르지요. 이중톈은 유머가 넘치고 외모도 훌륭하지요, 하하!

철학을 말하다
- 학자에게는 책임감이 있어야 한다

이____ 중국에서 나치 사조가 생겨날 가능성에 대한 우려를 표하신 적이 있는데요. 구체적으로 말씀해주실 수 있나요?

리____ 올해 7월에 유럽을 다녀왔는데, 아우슈비츠 강제 수용소를 보러 폴란드에 갔어요. 제가 늘 가보고 싶었던 곳이죠. 전에 모처럼 워싱턴에 가서 아우슈비츠 강제 수용소의 실물 자료들을 본 적이 있답니다. 이번에 유럽에 가는 김에 현장을 보고 싶었지요. 20세기 최대의 사건 가운데 하나의 현장이니까요.

가스실과 시체 소각로는 제가 상상했던 것보다 작더군요. 현대 과학기술을 이용해서 단시간 내에 수백만 명을 소멸시킬 수 있다는 게 정말 무시무시하지요. 유대인뿐만 아니라 소련의 전쟁포로, 공산당원, 집시까지 죽임을 당했어요. 나치가 '순수 아리아인'과 '非아리아인'을 감별하는 데도 일련의 '과학'적 방법이 동원되었지요. 골상학 데이터 같은 것 말이죠.

이____ 바로 '인종학'의 소위 '과학적 연구 성과'라는 것이죠.

리_____ 그곳에서 저는 사악한 이론, 그것도 매우 천박한 이론이 일단 군중을 현혹시키고 권력과 결합함으로써4 아주 거대한 재난을 조성할 수 있었던 거라고 생각했답니다. 이로써 이론 작업의 의미를 짐작할 수가 있지요. 즉 악한 이론과 사조와 사상에 반대하는 것이 매우 중요하답니다.

학자는 전혀 쓸모가 없다고 예전에 자주 말했는데, 지금은 학자야말로 역사감과 책임감을 가져야 한다고 생각해요. 자기가 쓰고 말한 것에 책임을 져야 합니다. 사람들을 잘못된 방향으로 끌어들이면 안 되지요. 지금은 그럴 위험이 있어요.

이_____ 이전에 이런 말이 있었지요. "진리가 광대한 인민에게 장악되면, 무궁무진한 역량으로 변하게 되고 비할 데 없는 위력을 지닌 정신의 원자탄으로 변하게 된다."5

리_____ 레닌도 이렇게 말했답니다. "혁명적 이론이 없으면 혁명적 행동은 없다."

하이데거의 철학 사상은 히틀러 이전에 존재했는데요. 저는 그것을 병사의 철학이라고 칭했는데, 앞을 향해 돌격하고 앞을 향해 행동하게 만드는 철학이지요. 죽음을 향해 나아가는 하이데거 철학의 거대한 심연은, 제2차 세계대전 때 나치의 물질적 역량에 의해 메워졌답니다. 개체 생명의 의의는, 모든 것을 돌보지 않고 오로지 명령에 따라 앞으로 나아가는 병사의 희생을 겨냥한 격정과 동력이 되었지요. 저는 정치적인 면에서 하이데거와 나치의 관계는 부차적인 거라고 생각해요. 그의 사상이 심층적인 면에서 매우 위험하다는 게 더 중요하지요.

이_____ 그런데 왜 그토록 많은 사람이 하이데거를 좋아할까요? 왜 그토록 많은 사람이 '모던이나 포스트모던'을 좋아하는 걸까요? 왜 지금 학술계는 서양의 고전철학을 이렇게 던져버리고, 칸트나 헤겔을 말하지 않는 걸까요?

리_____ 중국 학술계의 큰 문제는 바로 지나치게 국제적 시류를 뒤쫓는다는 것이지요.

하이데거는 철학에서 확실히 성과가 있었어요. 그는 죽음의 문제를 제기했지요. 오로지 죽음만이 인간에게 대체할 수 없는 유일무이한 것이라고 했고, 이로써 이 시대의 가장 선명한 특징, 즉 개체의 중요성이 유난히 부각되었답니다. 그래서 흡인력이 있지요.

한편 계몽은 서양에서도 확실히 곤경에 처했어요. 이성주의는 서양에서 많은 문제를 낳았지요. 저는 미국에서 생활하고 있는데, 미국이 완전무결하진 않아요. 문제가 아주 많고 아주 크답니다. 그래서 많은 사람이 온갖 반이성적인 철학으로 생존의 의미를 추구하길 좋아하지요.

사상을 말하다
― 민족주의와 포퓰리즘을 경계한다

이_____ 자유주의와 신좌파에 대해서는 어떻게 생각하시는지요?

리_____ 『기묘오설』의 「역사의 비극을 말하다說歷史悲劇」라는 글에서 그 두 파의 다른 점과 같은 점을 말한 적이 있답니다. 10년 동안 저의 기본적인 생각은 변함이 없어요. 변화가 있다면, 바로 신좌파와의 거리가 갈수록 멀어진다는 거죠.

자유파와는 이론적으로 차이가 있답니다. 예를 들면, 저는 '천부인권'이나 '원자原子로서의 개인'에는 동의하지 않아요. 저는 이런 게 비역사적인 가정이라고 생각합니다. 저는 역사주의자이기 때문에 이런 주장에는 동의하지 않아요. 실천적인 측면에서도 자유파와는 견해가 달라요. 예를 들면, 중국이 일인일표제의 보통선거로 총통을 선출하고 다당제와 의회제를 실시하는 것에 대해서 저는 1980년대부터 줄곧 찬성하지 않았어요. 그랬다간 나라 전체가 몹시 어지러워질 겁니다.

이＿＿＿ 천부인권에는 왜 동의하시지 않나요?

리＿＿＿ 천부인권은 근대에 와서야 제기된 겁니다. 고대 그리스에는 없었던 것이고, 원시사회에는 더더욱 없었던 것이죠. 봉건사회에서도 없었어요. 그래서 저는 마르크스의 논조에 동의합니다. 공업사회의 경제적 변화로 인해 고공雇工과 농민이 노동력을 팔면서 시장에 진입하게 되는데, 이것이야말로 전제가 되는 것이지요. 신분제에서 계약제로 넘어오면서 인권을 포함한 온갖 사상이 파생되어 나온 겁니다. 따라서 근본적으로 천부인권이 아닌 거죠. 자유주의의 천부인권이라는 가정은 전제군주의 '왕권신수'와 마찬가지로 이론적으로 부정확해요.

부정확한 이론이지만 특정한 조건 하에서 좋은 역할을 하는 경우도 있지요. 예를 들면, 계몽하고 민지民智를 여는 데 있어서 천부인권의 역할 같은 거죠. 그래서 저는 세계가 공동으로 추구하는 가치는 반드시 견지되어야 한다는, 자유주의가 강조하는 내용에 매우 찬성합니다. 현재로서는 사회에 대한 비판의 중점은 여전히 반봉건·반전제에 있어요. 이건 아주 중요합니다. 경제의 신속한 발전성과가 우수한 지금 같은 상황에서는 많은 문제를 그냥 덮어버리고 어떤 분야에서의 정체와 후퇴도 덮어버리니까요.

저는 자유파가 생각하는, 현대화가 바로 미국화라는 견해에 동의하지 않아요. 저는 중국이 자신의 길을 가야 한다고 생각해요. 만약 이 길을 잘 간다면 그건 인류에 대한 최대의 공헌이에요. 중국에는 13억 인구가 있으니, 만약 중국이 완전히 미국화된다면 그건 인류에게 거대한 재난일 거예요. 그래서 신좌파가 중국이 자신의 길을 갈 것을 제기했을 때, 제가 적극 찬성했던 겁니다. 하지만 10년 동안 그들이 가고자 한 자신의 길은 서양의 '포스트모던, 포스트콜로니얼, 문화상대주의'를 모방한 것이었고, 나중에는 또 신유가 및 신국학과 동맹을 맺어서 민족주의를 부르짖었지요. 저는 이것에 굉장히 반대합니다.

이____ 어떤 사람은 저를 신국학에다 집어넣는데, 저는 가는 곳마다 아니라고 밝힙니다. 저는 강제로 편입되어버린 거예요. 하지만 그들은 전혀 들으려 하지 않고, 자신들이 그렇게 하는 게 저를 추어올려주는 거라고 생각한답니다.

리____ 저를 그 안에다 집어넣는 사람도 있어요. 그런데 무엇이 국학이죠? 제 글에서는 여태 이 단어를 쓴 적이 없어요. 국학이라는 개념 자체가 명확하지 않기 때문이지요. 국학을 하는 어떤 이들은 '삼강三綱'을 역설하면서 공개적으로 전제를 주장해요. 만약 이런 주장이 "중국은 '노No'라고 말할 수 있다"[6] "중국은 불쾌하다"[7] 등의 견해와 결합하게 된다면, 가장 쉬이 대중적인 민족 정서를 부채질하게 된답니다. 이건 정말 좋지 않아요.

이____ 만약 누군가가 중국이 일본과 미국이랑 한판 싸워야 한다고 주장하면, 대중의 감정이 격앙되어서 다들 그러길 원할 겁니다.

리＿＿＿ 빈부의 균등과 평등을 부르짖고 일인일표의 총통 직선제를 주장하는 포퓰리즘이 유학 최고와 전통 만세와 '세계를 주재하는 중국 용'을 주장하는 민족주의와 결합해서, 만약 주도적인 이데올로기로 변한다면 굉장히 위험합니다. 그중에는 신·구 좌파와 후현대 및 전현대의 합류도 포함되고요. 그런 것들이 주도적인 이데올로기가 된다면, 장차 대외적으로는 전쟁을 발동하고 대내적으로는 전제를 단행하게 되지요.

민족주의와 포퓰리즘의 합류는 바로 '국가사회주의', 즉 나치즘입니다. 이것은 지금 중국이 어디론가 나아가는 데 있어서 가장 위험한 방향이에요. '중국 모델'을 부르짖는 데는 이런 위험이 있답니다.

법치를 말하다
― 천부인권은 이론적으로 틀렸다

이＿＿＿ 선생님께서는 민족주의에 포퓰리즘이 더해진 '나치적 경향'에 반대하시는데, 저 역시 선생님 견해에 전적으로 동의합니다. 쌍수를 들어 찬성합니다. 저 역시 '국학'을 강조하는 것에 반대하고, 소위 '유가사회주의'에도 반대하고, 유학을 '국교'로 정하는 것에는 더더욱 반대합니다. 중국의 길은 그런 식으로 가는 게 아니지요. 하지만 제 생각엔, 선생님께서 자유주의에 억울한 누명을 씌운 것 같은데요. 자유파라고 해서 모두가 현대화의 길이 바로 미국의 길이라고 생각하지는 않거든요.

리____ 같은 파벌이라도 사람마다 다르겠죠. 반드시 구체적인 인물에 따라 구체적으로 다루어야 합니다. 자유파, 신좌파, 국학파 모두 그렇게 해야 하지요. 다만 지면 관계상 일률적으로 말할 수밖에 없었던 겁니다.

이____ 선생님께서는 천부인권이라는 건 근본적으로 존재하지 않는 거라고 하셨는데요. 그렇다면 선생님께서는 '어떤 인권'을 주장하시는 건가요?

리____ 천부인권은 이론적으로 틀렸어요. 하지만 현실에서는 유용하지요. 책략으로는 말할 수 있답니다. 인권에는 좋은 점이 있지요.

이____ 그런데 좀 더 철저하게 생각해보자면, 책략상 말할 수 있고 이론상으로도 사용할 수 있는 것으로서 천부인권을 대체할 표현법이 있을까요?

리____ 물론 있지요. 저는 줄곧 우리 모두가 인권을 갖고 있다고 했어요. 이 인권은 타고나는 게 아니라 인류의 역사가 일정한 단계까지 발전해야만 있게 되는 거라고 했지요.

이____ '인부인권人賦人權(인간이 부여한 인권)'이라고 말할 수 있을까요?

리____ 물론이죠.

이____ 그렇다면 대체 '인부인권'인가요, 아니면 '법정인권法定人權'인가요?

리____ 그건 단지 용어상의 문제이지요.

이____ 아니요. 그래도 분명하게 가려야 합니다.

리＿＿＿ 저는 법치를 주장합니다. 그래서 1980년대 말에 저는 왕위안화 선생 등이 제기한 '신계몽'에 동의하지 않았어요. 지금은 계몽성의 군중운동을 다시 부추겨서는 안 되고 인권이 확실히 제도적으로 구현될 수 있도록 해야 합니다. 바로 법치에요. 1980년대 후반부터 저는 줄곧 법치를 강조했어요. 예를 들면, 절차법을 강조하고, 형식적 정의의 중요성을 강조하고, 법치 실행의 구체적인 조치를 강조했답니다.

제가 어떤 자료를 봤는데, 정법政法위원회의 어떤 서기書記가 최근에 뜻밖에도 이런 말을 했더군요. "그런 법률 조문들에는 상관하지 않는다." 이런 생각에는 내력이 있답니다. 1954년에 최초의 헌법이 통과되었는데도, 1958년에 어떤 고위층 지도자가 대놓고 이렇게 말했거든요. "형법이니 민법이니 하는 건 다 필요 없고, 우리가 회의를 하면 그게 법률이다." "법률이 우리 손발을 묶었다."

따라서 지금 인권과 민주를 말하려면, 법률을 통해서 각종 구체적인 규범과 조례를 확정하고 그것을 단호하게 집행해야 하는 게 중요하지요. 다음 세 가지를 반드시 해야 합니다. 첫째는 당내 민주화에요. 둘째는 여론의 감독이고요. 셋째는 사법부의 독립이고, 검찰 역시 독립해야 해요. 중국은 무척 크고 상황이 복잡합니다. 이것들은 천천히 할 수 있어요. 점진적으로 조금씩 쌓아가면서 말이죠. 지금 상당수 대학교수가 거짓말에 큰 소리에 빈말이나 하는 프로젝트를 하면서 경비를 따내고 있는데, 이건 교수들을 탓할 수가 없어요. 체제가 그렇게 만든 거죠. 오히려 좋은 미디어들이 날마다 실천하고 추진하고 있지요. 그래서 저는 미디어를 중시한답니다.

대학을 말하다
- 상아탑을 다시 세워야만 한다

이_____ 그건 제가 10여 년 동안 생각해온 문제이기도 한데요. 대학의 학술이 정량적으로 관리되던 날부터 저는 자신의 길을 가기로 결정했답니다. 저는 그 서식란을 채우고 싶지 않거든요. 저는 제가 하고 싶지 않은 말은 하고 싶지 않고, 제가 쓰고 싶지 않은 글은 쓰고 싶지 않아요. 그리고 다른 사람이 정한 '프로젝트'에 신청하고 싶지도 않고요.

리_____ 하지만 이 선생처럼 그렇게 뚫고 나올 수 있는 사람은 많지 않답니다. 쉬운 일이 아니에요.

이_____ 누구든지 가족을 부양하고 생계를 꾸려야 하니까요! 그래서 저는 10년 전의 이 말을 여전히 견지하고 있답니다. 경제적 독립이 없으면 인격의 독립도 없다. 인격의 독립이 없으면 사상의 독립도 없다.

리_____ 아주 고생스럽게 학문을 하고 있는 사람도 있답니다. 냉대를 받으면서도, 바람이 동서남북 어디서 불든지 아주 청빈하지요.

이_____ 그런 사람은 정말 감탄스러워요. 하지만 모두가 그럴 수 있는 건 아니지요. 이게 바로 "묵자墨子가 비록 혼자서는 감당할 수 있다 하더라도 천하 사람들은 어찌할 것인가?"[8]라는 겁니다. 더군다나 청빈하다고 해서 무일푼이어야 하는 건 아니지요. 기본적인 생활은 아무래도 보장되어야 해요. 도연명이 "다섯 말의 쌀을 위해 허리를 굽히지 않겠다"[9]고 한 것은 그가 "남산 아래에 콩을

심을"**10** 수 있었기 때문이지요. 위로는 기와 한 장 없고 아래로는 송곳을 세울 만한 땅도 없고, 끼니조차 남한테 얻어먹어야 하고, 절에 가서 지내고 싶어도 그것마저 불가능하다면, 매수되지 않을 사람이 몇 명이나 될까요? 수양산首陽山에서 굶어 죽을 것을 결심하지 않는 이상, 사람에게는 더 견딜 수 없는 때가 있게 마련이죠. 설사 자신은 감당할 수 있다 하더라도 처자식은요? 돌보지 않고 내버려둘 수 있나요?

  리____ 그래서 지금 "상아탑을 다시 세워야 한다"고 제기해야 하는데, 이것 역시 막대한 자금이 보증되어야만 가능한 거죠.

  이____ 상아탑을 다시 세우는 건 정말 필요한 일입니다. 막대한 자금의 보증 역시 아주 중요하고요. 하지만 관건은 '상아탑' 안에 있는 사람이에요. '뒷걱정'을 해서는 안 되고, '학설을 팔아서 자본을 추구'하거나 관점을 팔아서 '자금 보증'을 획득하는 건 더욱 안 됩니다. 그래서 저는 '경제적 독립'을 강조하는데요. 경제적 독립은 '엄청난 부'를 의미하는 게 아니라, 단지 '남의 눈치를 볼 필요가 없는 것'이지요. 이건 '안빈낙도安貧樂道'와도 모순되지 않아요. 개인이 아무리 청빈하다 하더라도, 얼마 안 되는 돈이나마 지니고 있어야 '인격의 독립'을 계속 지킬 수가 있지요.

개혁을 말하다
 – 한결같은 '신중한 낙관'

  이____ 요즘 아주 심각한 문제가 있는데요. 막대한 민간 자금이 외국으로 흘러나가고 있어요. 이민이 신조류가 되었지요. 그 가운데 많은 사람이 엘리트입니다. 어떤 사람의 글에서, 지금은 자본과 사상이 이민 중이라고 하더군요. 뭐가 남아 있을지 모르겠어요. 선생님, 희망은 어디에 있는지요?

리＿＿＿ 제 관점은 여전히 '신중한 낙관'입니다. 중국에 그토록 많은 사람이 있는데, 모두가 밖으로 나갈 수 있는 건 아니지요. 설령 기득권자라 하더라도 그들 역시 혼자가 아니라 연관된 사람이 아주 많아요. 그 모두가 이민하는 건 불가능해요. 그러니 그들 역시 사회가 갈수록 나빠지길 바라진 않아요. 그들에게도 이로울 게 없으니까요.

반드시 생각해야 하는 건, 이런 상황일지라도 우리가 어떤 것들을 할 수 있는가 하는 겁니다. 바로 "안 될 줄 알면서도 하는"[11] 것이지요.

이＿＿＿ 하나 더 여쭙겠는데요. 선생님께서는 자유주의의 미국화에도 찬성하시지 않고, 신좌파의 나치화에도 찬성하시지 않는데요. 그렇다면 중국의 길은 어떻게 가야 하는 건지요?

리＿＿＿ 중국의 길은 어떻게 가야 하는가에 관해서, 저는 돌다리도 두들겨보고 건너라는 덩샤오핑鄧小平의 말에 여전히 찬성합니다. 지금은 "중국은 어떤 방향으로 가서는 안 된다"는 것을 반드시 제기해야 한다고 생각해요.

이＿＿＿ 아주 좋습니다! 선생님 말씀은, 중요한 건 "중국이 어디로 가느냐"가 아니라 "어디로는 가지 말라"는 것이라는 얘기인데요. 작은 보폭으로 전진하자는 선생님의 견해에 저 역시 찬성합니다. 그런데 문제는, 작은 보폭으로 전진하다가 만약 무엇엔가 부딪혀서 더 나아가지 못한다면 어떻게 하나요?

리____ 10년 전에 저는 신좌파와 격렬한 논쟁을 벌인 적이 있답니다. 그들은 중국이 붕궤될 거라고 생각하면서 WTO에 가입하면 안 된다고 했지요. 저는 그럴 리가 없으니 반드시 WTO에 가입해야 한다고 생각했어요. 지금 그들은 이미 과거의 논조를 완전히 바꿨지요.

미국에서도 '중국 붕궤론'을 말하는 사람이 있지요. 유명한 책[12]도 냈는데, 지금은 그들 역시 할 말이 없게 되었어요.

이____ 저 역시 붕궤되지 않을 거라 생각합니다. 하지만 기어코 쿠란을 불태우려는 목사를 만나게 될까 걱정인데요.[13]

리____ 아마 불태우지 않을 겁니다. 상대가 '9·11' 테러 현장에 모스크를 건립하지 않겠다고 제안해서, 그 목사도 불태우지 않기로 했거든요. 늘 타협의 방법은 있게 마련이지요. 그런데 이 소식이 정확한 건지 모르겠네요. 확인해보지 않았거든요.[14]

저는 시종일관 '신중한 낙관'이랍니다. 전에도 그랬고 지금도 그렇지요. 다만 때로는 '낙관'이 좀 더 많고, 때로는 '신중'이 좀 더 많을 뿐이에요. 지금은 경제가 많이 발전했는데도 어떤 영역은 도리어 정체되거나 후퇴하고 있어요. 경제 영역에서도 심각한 문제가 있고요. 그래서 신중해야 합니다.

국학을 말하다
- '문화상대주의'는 착오다

이____ 또 질문이 있는데요. 왜 사상계에서 그토록 많은 사람이 좌로 방향을 틀었을까요?

리____ 빈부가 불공정하고 사회모순이 두드러진 게 큰 원인이죠. 정경유착이 사회에 미치는 해로움이 아주 커요. 빈부 격차의 속도가 무척 빠르고 그 정도가 심한 것도 잘 해결해야만 합니다.

이____ 한한韓寒15을 주목하시는지요?

리____ 누군지 알아요. 그가 카레이서라는 게 제일 마음에 듭니다. 카레이스는 생명을 잃을 수도 있죠. 그런데 그는 성적도 꽤 좋아요. 쉽지 않은 일인데 말이죠. 이 점에 있어서는 경의를 표하고 싶군요. 다른 것에 대해서는 말하지 않겠습니다. 전혀 모르기 때문에요.

이____ 천원첸陳文茜이 한한을 욕한 것16도 아시는지요?

리____ 모릅니다.

이____ 사람들이 왜 좌로 방향을 틀까요? 제가 아는 어떤 사람은 전에는 철저한 반전통주의자였어요. 중국의 전통은 당나라 시나 송나라 사詞를 포함해서 죄다 철저하게 부정해야 한다고 저한테 말했는데, 결국 지금은 전향했답니다.

리____ 국학열 때문이죠. 경제가 발전하니 모든 게 대단하게 여겨지는 거예요. 열등감과 우월감을 동시에 지니고 있는 민족 정서이지요. 루쉰이 일찍이 말한 적이 있죠. 예전에 반전통일 때는, 중국 문화를 만신창이가 되도록 욕하면서 전통을 일률적으로 부정했지요. 그때 제가 『중국고대사상사론』을 썼는데, 많은 사람이 욕을 했답니다! 지금의 국학열로 인해 저는 또 욕을 얻어먹고 있어요. 국학을 하는 것에 제가 찬성하지 않기 때문이죠. 저는 그것을 '몽계蒙啓'라고 부릅니다. 계몽한 것을 다시 뒤집어놓고 있으니까요.

'문화상대주의'는 잘못된 겁니다. 문화는 무엇보다 의·식·주·행의 물질생활이에요. 량수밍은 마차를 타는 게 기차를 타는 것보다 안락하다고 했지만, 베이징에서 광저우廣州까지 마차를 타고 갈 수 있겠어요? 1980년대에 어떤 외국인이 저에게 이렇게 말하더군요. "너희 중국은 자동차가 많아지면 안 된다. 자전거를 타는 게 정말 좋다. 너희 지식인의 상산하향上山下鄕17도 아주 좋다." 그래서 제가 말하길, 너는 자전거를 타고 뉴욕에서 워싱턴까지 가고 싶냐고 했지요. 여름에 에어컨이 없는 걸 원하나요? 겨울에 스팀이 없길 원하나요? 대다수 사람은 원하지 않을 겁니다. 여기에는 상대니 하는건 없어요.

저의 '밥 먹는 철학'은 문화상대주의를 비판하는 중요한 무기랍니다. 15년 전에 저는 현대화의 4가지 순서를 제시했는데요. 경제 발전, 개인의 자유, 사회 정의, 정치 민주화이고 그중에서도 가장 중요한 건 경제를 발전시키는 거라고 했지요. 그때 많은 사람이 저를 욕했답니다.

5장

개량은 투항이

아니다,

계몽의 완성은

아직 한참

멀었다[1]

_샤오쌴짜

리쩌허우와 인터뷰하기 전에 나는 폭넓게 질문을 수렴했다. 한 친구가 물었다.

"홍콩에 가려고?"

내가 대답도 하기 전에 그 친구가 나에게 건의했다.

"그가 슈퍼맨超人2을 계승하게 될 건지 물어봐줄래?"

알고 보니 그는 리쩌허우를 리쩌카이李澤楷3로 착각했던 것이다.

1980년대에 리쩌허우는 젊은이들의 '정신적 지도자'였다. 중국의 역사와 현실에 대한 그의 논변에는 사상가 특유의 심도와 관통력이 드러났다. 그 논변들 가운데 대부분은 오늘날에도 시대에 뒤떨어지지 않는다.

1990년대에 리쩌허우가 말하길, 사상가는 조용히 사라지고 있는 한편 학자가 부각되고 있다고 했다. 하지만 21세기의 중국에서는 비단 사상가뿐만 아니라 학자 역시 대중의 시선에서 이미 조용히 사라졌다.

재미있는 것은, 팔순 고령의 리쩌허우가 늘 적막을 느끼는데도 경제건설을 중심으로 하는 지금 중국의 조류에 실망을 느끼지 않는다는 것이다. 오히려 그는 이것이 그의 '4가지 순서'설에 아주 부합한다고 생각한다. "경제적 기초가 가장 중요하다"고 리쩌허우는 말한다.

1992년에 중국을 떠나 미국으로 건너가 대학생을 가르쳤던 리쩌허우는 매년 중국으로 돌아와 서너 달씩 머문다. 중국 사상계의 동태와 사회가 발전하는 경과를 이해하기 위해서다. 내가 중국사회과학원의 그다지 크지 않은 숙사에서 리쩌허우를 만났을 때, 그는 막 유럽 여행에서 돌아온 다음이었다. 그는 유럽 사상계의 근황에도 관심을 갖고 있다. 고령임에도 입담이 좋고 목소리는 큰 종이 울리듯 쩌렁쩌렁하다. 사유는 민첩하며, 질문을 하면 반드시 답했다. 지난날과 다름없이 거리낌 없이 말했다.

거실 벽에는 그가 25년 전에 펑유란한테서 받은 대련이 걸려 있다.

서학을 체體로 삼고 중학을 용用으로 삼으라.
홀숫날에는 역사를 읽고 짝숫날에는 경전을 읽으라.

펑유란의 서예 솜씨도 훌륭하다. 캉유웨이의 글씨처럼 기운차다. 반대의 목소리가 가득하던 당시에, 펑유란은 리쩌허우의 '서체중용설'에 확고하게 찬성했다. 리쩌허우가 말하길, 자신의 사상은 일찌감치 형성되었으며 오래도록 큰 변화가 없다고 했다. 이는 캉유웨이와 상당히 비슷하고 펑유란과는 차이가 있다.

내가 리쩌허우 선생의 집을 떠날 때, 그는 자신이 미디어에 아주 큰 희망을 걸고 있음을 거듭 강조했다. 그와 악수를 나눌 때, 팔순 노인이라고는 전혀 생각되지 않을 정도로 강한 힘이 느껴졌다.

리쩌허우 집의 거실 벽에는 펑유란이 1986년에 써서 선물한 대련이 늘 걸려 있다. "서학을 체體로 삼고 중학을 용用으로 삼으라. 홀숫날에는 역사를 읽고 짝숫날에는 경전을 읽으라."

유가: 정치는 정치이고 윤리는 윤리다

『남방주말南方週末』(이하 '남방')_____ 선생님께서는 중국 전통 사상을 아주 중시하시죠. 『중국고대사상사론』과 『논어금독』을 쓰셨는데요. 유가 사상을 민주나 자유와 접목하는 게 가능하다고 생각하시는지요?

리_____ 제가 책에서 시도한 게 바로 그거에요. 하지만 저는 지금 국학이나 유학을 하는 이들한테는 반대합니다. 저는 여태 어떠한 유학활동에도 참가하지 않았어요. 많은 사람이 저를 불렀지만 말이에요. 원장이니, 명예원장이니 하는 것들을 맡아달라고 했는데 죄다 거절했답니다. 제 글에는 아직까지 '국학'이라는 두 글자를 쓴 적이 없어요.

중국인은 정교政敎 합일을 강구하지요. 장지동張之洞은 '중체서용'을 말했는데, "중학을 체로 삼는다"는 게 무슨 의미일까요? 바로 왕에게 충성해야 한다는 거예요. 장지동이 말한 건, 바꿀 수 있는 건 기계이지 성인의 도聖道가 아니라는 거예요. 바꿀 수 있는 건 명교名敎와 강상綱常이 아니라는 거죠. 그 핵심은 바로 전제체제를 수호하려는 겁니다. 지금 유학을 한다는 이들 가운데 대부분은 무의식적으로 또 일부는 상당히 명확하게 이것을 주장하는데, 이건 바로 제가 반대하는 거예요. 그래서 저는 다만 중국 전통을 해석할 뿐이지요. 이번에 유럽에 가서 보고 온 뒤로 중국의 장래가 아주 희망적이라는 생각을 했답니다.

남방_____ 왜 그렇게 말씀하시는지요?

리_____ 제가 실용이성을 말했잖아요. 요전에 제가 베를린에 있을 때, 일요일에는 채소와 과일조차 살 수가 없더군요. 밥 한 끼도 먹을 수가 없었어요. 모든 상점이 죄다 문을 닫고 쉬더군요. 그들에게는 『성경』의 교의가 있기 때문에 일요일은 쉬는 날로 정해놨지요. 길 네 곳을 걸어가면서 보니, 작은 커피숍 두 군데서만 커피를 팔고 있더군요. 이것 말고도 예를 들 수 있는 일이 아주 많아요.

중국은 경험적 합리성을 강구하지요. 서양처럼 선험적 이성을 강구하지 않아요. 선험적 이성은 절대적인 거죠. 중국은 경험에 근거해서 합리적으로 변화해야 합니다. 1980년대에 어떤 사람이 말하길 중국인은 무척 보수적이라고 하더군요. 저는 절대 보수적이지 않다고 생각해요. 어떤 방면이든 합리적이라면 모두 받아들이죠. 제가 대학 1학년일 때만 해도 도포를 입었는데, 이듬해에 완전히 사라졌어요. 불편하기 때문에 소리 소문 없이 바꾼 겁니다. 서양에서는 종교 교의가 굉장히 명확하기 때문에 이렇게 하기 어려운 경우가 있지요.

하지만 저는 지금의 '국학'에는 반대합니다. 영합하려고 하기 때문이죠. 제가 '서체중용'을 제기한 것은, 경제에서 정치에 이르는 보편 이념을 견고하게 한 다음에 중국 정신을 더하고자 하기 때문이랍니다.

남방_____ 중국 정신이란 구체적으로 무엇을 가리키는지요?

리_____ 예를 들면, 중국의 주민위원회는 중재를 중시하는데 이건 서양보다 나아요. 서양은 부부가 싸우면 각자 자기 변호사를 찾아가죠. 적당히 화해하는 건 나름대로 이점이 있어요. 중국에서는 두 사람이 싸울 때 말리는 사람이 그만 됐다고 말하지요. 누가 맞고 누가 틀린지 기어코 따지려고 하나요? 큰일은 작게 만들고 작은 일은 없는 일로 만드는 것이야말로 화해지요. 그런데 여기에는 전제가 있어야 해요. 반드시 법제도를 전제로 이루어져야 합니다.

남방_____ 그렇다면 이렇게 말할 수 있을까요? 중국의 전통 사상, 특히 유가 사상에서 정치학은 제외하고 윤리만 남겨놓는 것이 좋겠다고요.

리_____ 맞습니다. 중국은 어버이와 자식을 중요하게 생각하지요. 그래서 저는 중국에서 말하는 사랑은 서양과 다르다고 늘 이야기하는데요. 중국에서 말하는 사랑은 무엇보다도 어버이와 자식

간의 사랑이에요. 자식에 대한 부모의 사랑, 부모에 대한 자식의 사랑이죠.

남방   중국에서 말하는 건 은애恩愛죠.

리   중국의 부부들에게는 사랑愛만이 아니라 은혜恩도 중요하지요. 서양에서는 하느님이 사랑하라고 했기 때문에 사랑하는 거죠. 자신의 부모를 사랑하는 것도 어버이와 자식의 관계이기 때문이 아니라 하느님이 사랑하라고 했기 때문이에요.

이론과 실천에 있어서
나는 자유주의와 다르다

남방   선생님 사상의 원천 가운데 하나는 마르크스이고, 그 밖에 두 가지 원천은 칸트와 중국 전통 사상이지요. 그런데 저는 선생님께서 사실상 자유주의를 배척하시지 않는다는 생각이 드는데요.

리   당연히 배척하지 않습니다. 저는 그야말로 자유주의에 관한 것을 많이 말했답니다.

남방   선생님과 자유주의자의 근본적인 차이는 무엇인지요?

리   저는 자유주의와 이론과 실천 면에서 모두 차이가 있답니다. 자유주의는 원자로서의 개인을 단위로 하는데, 이건 역사에서 존재하지 않는 거예요. 그런데 어떤 사람들은 이게 바로 진정한 역사라고 생각하지요. 사실 그건 단지 가설일 뿐이에요. 다음으로 그들은 천부인권을 이야기하는데, 사실 천부인권이라는 건 없어요. 권리는 역사를 통해 변화한 것이지요. 마르크스가 말하길, 사회가 자본주의까지 발전했을 때라야만 천부인권의 관념이 있을 수 있다고 했지요.

이 두 가지 점에서 저는 자유주의와 이론적 측면에서 다릅니다.

남방＿＿＿＿ 인하이광殷海光과 린위성 두 사제 간의 서신집[4]에서 분명하게 말하길, 민주를 하려면 첫 번째로 법치가 있어야 하고, 두 번째로 시민의 소양이 있어야 하고 시민사회가 형성되어야 한다고 했는데요. 지금 타이완처럼 '입법'기구 안에서 온종일 싸우면서 신발이나 던지면 안 될 텐데요.

리＿＿＿＿ 그런 문제가 아니지요. 타이완에는 중산층이 있어요. 그런데 중국 대륙은 지금 중산층이 엷어요. 제가 왜 중산층이 사회 진보의 가장 기본적인 역량이라고 말할까요? 중산층은 중소기업가를 주체로 하는데, 이 기업가들이야말로 진정한 현대사회의 기초에요. 지식인은 그저 그 위에 붙어 있는 거죠.

지금은 주로 봉건주의에 반대해야 한다

남방＿＿＿＿ 신자유주의와 신좌파 간의 논쟁을 어떻게 보시는지요?

리＿＿＿＿ 신좌파의 기본 관점에 저는 찬성하지 않습니다. 왜냐하면 지금 주로 반대해야 하는 것은 봉건주의이기 때문이죠. 신좌파는 자본주의에 반대하는데, 그들이 들여온 이론 역시 틀렸어요. 제가 신좌파와 비슷한 점은 바로 우리 모두가 중국 자신의 길을 가야 한다는 겁니다.

저는 현대화가 미국화라는 이의 말에 반대합니다. 그건 아니라고 봐요. 중국이 만약 미국화를 한다면, 엉망진창이 될 겁니다. 중국뿐 아니라 인류에게도 재난이지요. 그런데 어떻게 자신의 길을 가느냐? 제가 보니 신좌파는 외국의 유행 이론을 들여오더군요. 포스트모던 이론, 포스트콜로니얼 이론, 이 이론들은 잘못된 건데 그걸 들여와서 사용하니 더 잘못인 거죠.

남방_____ 시공간적 착오겠죠?

리_____ 외국의 좌파는 자본주의를 비판할 수 있어요. 거기에 어느 정도 좋은 점도 있고요. 하지만 중국은 근본적으로 아직 진정한 자본주의가 없어요. 그래서 신좌파의 총체적 방향은 틀린 겁니다. 자유주의는 그저 이성만 주장하는데, 제가 강조하는 것은 인정을 중시하는 중국의 전통을 현대사회 안에서 관철시켜야 한다는 거예요.

제가 '정 본체'를 강조하고 중국 전통을 말하긴 하지만, 실천적 측면에서는 자유파 쪽으로 좀 더 기울어 있답니다. 지금은 무엇보다도 공공이성을 건립해야 하지요. 그 뒤에야 정감을 강구할 수 있는 겁니다.

남방_____ 그러니까 지금 선생님께서 강조하시는 건 이성과 '정 본체' 간의 관계이군요. 캉유웨이의 『공자개제고孔子改制考』와 『대동서大同書』 간의 관계랑 조금 비슷하네요.

리_____ 맞습니다. 그렇게 말씀하시니 아주 기쁘군요, 하하!

계몽이 참된 건설로 나아가려면 법치가 먼저다

남방_____ '5·4' 시기에는 구망이 계몽을 압도했다고 말씀하셨지요. 또 지금 이 시대는 이미 계몽의 시대가 아니라고 생각하시는데요. 이건 지금 사람들이 개혁의 방향에 있어서 공감대를 이미 형성했다는 걸 암시하는 건지요? 그런데 이런 공감대가 형성되려면 아직 요원하다는 걸 다들 알고 있는데요. 예를 들면 신좌파와 자유주의는 굉장히 대립하고 있잖아요.

리_____ 계몽의 완성은 아직 한참 멀었어요. 그런데 계몽의 방향은 무엇일까요? 왕위안화 선생 등이 다시 한 차례의 계몽운동이 있어야 한다고 할 때 저는 반대했어요. 계몽의 방향은 군중운동 내지 부르짖음이 아니라 어떻게 제도적 측면의 개혁을 완비할 건가랍니다. '5·4' 70주년 때 저는 「계몽의 방향啓蒙的走向」이라는 글을 썼는데, 거기서 확실히 말했지요. 계몽은 진정한 건설로 나아가야 하고, 무엇보다도 법치를 수립해야 하며, 이와 관련해서 구체적인 방법과 순서가 필요하다고 말이죠.

남방_____ 게다가 다시 한 차례의 계몽운동이 있다 하더라도 성공하긴 어렵지요.

리_____ 지금으로서는 성공하기 어려워요.

남방_____ 몇 년 전에 류쥔닝劉軍寧 선생이 「중국, 너에겐 한바탕의 문예부흥이 필요하다」[5]라는 글을 발표했는데요.

리_____ 문예부흥은 제가 미국에 있으면서 말했던 겁니다. 인류에게는 제2차 문예부흥이 필요하다고 했지요. 문예부흥은 혁명이 아니에요. 그것은 문화 전체에 인문화라는 새로운 국면을 가져오는 겁니다. 즉 인간이 어떻게 기계의 지배로부터 해방되어 좀 더 큰 자유를 획득할 것인가 하는 거죠.

제1차 문예부흥은 인간이 신의 지배로부터 해방되는 것이었고, 지금은 인간이 어떻게 기계의 지배로부터 해방되느냐 하는 거예요. 현대인을 지배하는 기계에는 물질적 기계도 있고 사회적 기계도 있지요. 이건 비단 중국인만의 문제가 아니에요. 따라서 계몽의 임무가 완성되려면 한참 멀었답니다.

자유주의와 신좌파는 함께 가기 어렵다

남방_____ 자유주의와 신좌파가 중화中和되어서 적당한 정도에 도달하면 바로 사회민주주의가 아닐까요?

리_____ 그 둘은 함께 가기 어려울 겁니다. 지금은 양자가 아니라 삼자예요. 제3자는 문화보수주의, 즉 국학과 유학을 하는 이들이죠. 이 집단은 정말 대단해요. 아래로는 민간의 지지를, 위로는 정부의 지지를 받고 있으니까요. 어디서나 존공尊孔을 부르짖고, 황제黃帝나 복희伏羲 등에게 제사지내지요.

남방_____ 지식인이 이런 세력을 반드시 마음속으로 인정하는 건 아닐 텐데요.

리_____ 대학교수들 중에는 인정하는 사람이 아주 많답니다. 그들이 내는 간행물이 그 어떤 곳에서 내는 것보다도 많아요. 대학마다 국학원이 있지요. 칭화清華 대학, 베이징 대학, 런민人民 대학부터 시작해서 각지에 다 있어요.

어떤 학교에는 뜻밖에도 유학원이 있는데 국학원도 있어요. 정말 우스운 거죠. 국학원 하나를 설치하면서 프로젝트를 신청하는 거죠. 1990년대 사상계에는 두 세력이 있었는데, 최근 10년 사이에 셋으로 변했답니다.

중산층은 관료에게 종속된 채 독립성이 전혀 없다

남방_____ "중국 자유주의파의 비극은 그들에게 대중적 기초가 없다는 데 있고, 그들은 시종일관 정치 무대에 진정으로 오를 수가 없다"고 선생님께서는 생각하시는데요. 지금은 대중적 기초가 갖추어졌나요?

리_____ 아직 한참 멀었어요. 대중의 기초는 바로 중산층이에요. 중국의 중산층은 지금 간신히 존재하고 있어요. 중산층이 형성되었는지조차 모르겠군요. 게다가 중산층은 관료에게 종속된 채 독립성이 전혀 없어요. 현재의 정책 역시 중소기업을 도와주고 장려해야 한다고 이제 막 말하기 시작했는데, 바로 중산층을 형성하기 위해서죠. 이 기초가 점차 강대해지길 바라는데, 현재로서는 무척 늦게 성장하는 것 같군요.

남방_____ 중국에 수백만 명의 기업가가 출현하길 바라시는데요. 지금 이미 그런 경제 역량이 존재하는 것 같은데, 그들이 과연 개혁의 추진에 반드시 유리할까요? 우징롄吳敬璉 선생이 근년에 정실자본주의6에 반대해야 한다고 지적했는데요. 자본과 권력이 결탁하는 경향에 대해 어떻게 생각하시나요?

리_____ 그들(기업가)의 세력은 아직 무척 적어요. 생존해야 하니까 방법이 없는 거죠. 관리와 결탁하는 수밖에 없는 거예요. 기업가의 세력이 좀 더 커진다면, 의존성도 줄어들 겁니다.

개량은 투항이 아니다

남방_____ 선생님께서는 혁명에 반대하고 개량을 주장하시는데요. 그런데 점진적인 개량은 막다른 골목으로 갈 수도 있다고 생각하는 사람도 있습니다. 개량의 심화를 저지하는 이익집단이 있기 때문이라는 건데요. 이에 대해서는 어떻게 생각하시나요?

리_____ 혁명이라고 해서 제가 다 반대하는 건 아니에요. 문제는 어떤 방식의 혁명이냐는 거죠. 학문을 하든 글을 쓰든, 사유의 구체화에 주의해야 합니다. '혁명'에 대한 제 정의는 아주 명확해요. 현정권을 뒤엎는 것을 목표로, 시일을 오래 끄는 대규모의 군중 유혈운동이야말로 혁명이에요. 다른 건 혁명이라 할 수 없고 그저 항쟁이죠. 근년 들어서 권익을 지키기 위한 사건이 자주 발생하지 않았습니까? 투쟁은 당연히 필요합니다. 네가 하는 짓을 모두가 알고 있다면, 사회는 경계하게 마련이고 개량하고자 하지요.

제가 개량을 강조한다고 해서 모든 투쟁에 반대하는 건 아닙니다. 그건 투항이지 개량이 아니지요. 개량은 투항이 아닙니다. 순종이 아니에요. 개량이 바로 투쟁입니다. 게다가 매우 첨예한 투쟁일 겁니다. 이것을 독자들에게 명확하게 전달해주신다면, 정말 좋겠군요.

절대 권위는 일시적으로 유지할 수 있을 뿐 마구 부르짖어서는 안 된다

남방_____ 선생님께서는 중앙에 권위가 있어야지, 안 그러면 지방 세력이 형성되기 십상이라고 주장하시는데요. 하지만 중국은 지역이 광대하고 각 지역의 사회발전 상황이 크게 차이 나기 때문에 지방자치를 실시해야 경제발전에 유리하다고 주장하는 사람도 있습니다. 이에 대해서는 어떻게 생각하시나요?
리_____ 지금으로서는 안 됩니다. 그랬다간 내란이 일어나요. 분열 세력은 중국 역사에 늘 있어왔어요. 저는 미국인과 티베트 문제에 대해 이야기하지 않는답니다. 저는 달라이 라마 집단의 방식에 반대해요.
한국이나 일본 모두, 중국이 무척 커서 흥기했다간 야단날 테니 가장 좋은 건 중국이 몇 개의 작은 나라로 분열되는 거라고 생각한답니다.
유럽 연합은 가장 대단한 진보를 이루었어요. 그렇게 많은 서로 다른 국가와 서로 다른 이념을 가지고 있는데 말이지요. 게다가 엄청난 원한도 있지요. 두 차례의 세계대전 모두 독일이 일으킨 거잖아요. 그런데도 결국 함께했어요. 왜일까요? 연합해서 단일시장을 만들어야 모두에게 이롭기 때문이죠. 중국은 이렇게 좋은 단일시장이 있는데, 설마 그걸 없애버리려 하진 않겠지요?

남방＿＿＿＿＿ 선생님께서는 신권위주의에 반대하시는데요. 신권위주의와 선생님이 주장하시는 중앙이 가져야 하는 권위의 근본적인 차이는 무엇인지요?

리＿＿＿＿＿ 근본적인 차이는, 제가 말하는 권위에는 전제가 하나 있다는 겁니다. 즉 절대 권위는 일시적으로 유지할 수 있을 뿐 마구 부르짖어서는 안 된다는 거예요. 이걸 이론적으로 공고히 하려고 하면 안 돼요. 중국에서 어떤 일들은 말할 수 없고 그저 할 수밖에 없거든요.

남방＿＿＿＿＿ 말했다가는 그것이 고착될 수 있는 건가요?

리＿＿＿＿＿ 그렇지요. 지금 어떤 사람은 '중국 모델'을 말하는데, 중국 모델은 아직 없어요. 어떤 사회든, 특히 어떤 정부든 비판의 목소리가 필요하지요. 이건 자유주의에서 아주 중요한 점이에요. 절대 권위가 모든 것을 억압할 수 있다는 걸 강조하시려는 거죠? 제가 말하는 절대 권위는 결코 모든 것을 억압하지 않아요. 그것과는 반대랍니다.

역사는 비극 속에서 전진하지만 비극은 되도록 줄여야 한다

남방＿＿＿＿＿ 중국 현대화의 '4가지 순서'설에 대해 말씀하셨는데요. 경제 발전 → 개인의 자유 → 사회 정의 → 정치 민주화인데, 이 순서에 변화가 있는지요?

리_____ '4가지 순서'설은 15년 전에 제기한 겁니다. 당시에는 반대하는 의견이 아주 많았어요. 흠씬 욕을 먹었지요. 그들은 정치 민주화를 요구했으니까요. 대체로 말하자면 저는 '4가지 순서'설을 여전히 견지합니다. 다만 지금 제가 비교적 관심을 갖고 있는 건 교육 문제에요.

남방_____ 순서를 그렇게 두신 이유가 무엇인지요?

리_____ 저는 정치 민주화를 마지막에 두었는데요. 그때는 대부분의 사람이 정치 민주화를 제일 앞에 놓아야 한다고 생각했지요. 우선 정치 민주화를 이루어야 경제가 비로소 발전할 수 있다는 거였어요. 저는 여태 그런 생각에 찬성하지 않았답니다. 1980년대에 저는 경제적 기초가 가장 중요하다고 생각했어요.[7] 정치 민주화가 오늘 이루어졌다 하더라도 경제적 기초가 변하지 않는다면, 하룻밤 사이에 전제로 되돌아갈 수 있거든요. 아프리카에 많은 예가 있지요. 필리핀과 아이티의 정치 민주화 역시 엉망진창이 되었고요.

1990년대 초에 제가 프랑스 나폴레옹 3세의 예를 든 적이 있는데, 그의 20년 동안 경제가 신속하게 발전했지요.[8] 한국과 타이완에서 경제가 신속히 발전할 수 있었던 이유가 뭘까요? 절대 권위가 있었기 때문이에요. 중국이 길을 닦으려면, 정부가 결정한 것을 다른 이들이 모두 복종해야 해요. 절대 권위는 초기에 경제가 신속하게 발전할 수 있도록 보장해주지요. 때로는 대가를 치러야 하는 것도 불가피합니다. 모든 것이 앞으로 나아가는 건 불가능하니까요.

장자莊子가 일찍이 이렇게 말했죠. "기교한 일機事이 있으면 기교한 마음機心 있게 마련이다."9 하지만 두레박으로 물을 긷는 게 아무래도 사람이 직접 긷는 것보다는 훨씬 편하지요. 역사는 후퇴할 수 없어요. 역사는 비극 속에서 전진합니다. 관건은 이 비극을 최소한으로 줄이는 것이지요. 그래서 제가 전문적으로 '도度'를 이야기한 겁니다.

1980년대에 이런 이야기를 했죠. 어느 곳에 공장을 짓게 되면 환경이 오염될 텐데, 당시 그곳 사람들은 공장 짓는 걸 반겼어요. 왜 일까요? 공장을 들여오면 돈을 벌 수 있으니까요. 그게 농사짓는 것보다 훨씬 나았기 때문에 반긴 거예요. 그래서 정부의 결정에는 '도度'를 강구해야 합니다. '도'는 시간과 장소에 따라 변동하는 것이죠. 그걸 잘 파악하는 것을 예술이라고 하지요.

남방_____ 그 도는 누가 파악하나요?

리_____ 정부·학자·인민이 함께 파악해야지요. 최후에는 역시 정부가 결정해야 하고요. 하지만 여론 수렴을 충분히 해서 학자들로 하여금 과학적인 토론을 하게 해야 합니다.

작게는 하나의 마을에서부터 크게는 전국에 이르기까지, 도를 파악해야 해요. 화가가 그림을 그리는 것처럼 말이죠. 한 획을 더하면 지나치게 길어지고, 한 획을 덜하면 지나치게 짧아지는 거예요. 조금이라도 어긋나면 안 됩니다. 이게 가장 어려운 거죠.

무엇을 비극이라고 할까요? 악인이 선인을 때려죽이는 건 비극이라고 할 수 없어요. 선인이 선인을 때려죽이는 것이야말로 비극이죠. 환경을 보호하자는 것도 일리가 있고, 공장을 짓자는 것에도 일리가 있어요. 이것이 바로 비극이에요. 역사는 이것의 평형 속에서 전진하지요. 이 전진은 '도'를 파악할 수 있느냐에 달려 있는 겁니다.

하지만 절대 권위가 오래도록 변하지 않으면 부정적인 면으로 나아가게 되지요. 그래서 저는 중국 모델을 강구하는 것에 반대합니다. 중국 모델을 강구한다는 건 지금만으로도 이미 아주 좋다는 말인데, 이건 전적으로 잘못된 거예요.

남방_____ 그 절대 권위가 만일 관성이 된다면 어떻게 하나요?

리_____ 변화하고자 하지 않는다면 모두가 그 절대 권위를 변화하게 만들어야지요. 경제가 발전했는데, 세계와 발맞추지 않을 수 있나요? 절대 권위가 점차 변화하도록 많은 것이 그것을 다그치고 있답니다.

남방_____ 그래서 민주의 문은 벌컥 열어젖히는 게 아니라 천천히 열어야 한다고 말씀하셨군요.

리_____ 1980년대에 말했죠. 함부로 부딪혔다가는 다치고 죽어요. 냅다 부딪히면 문은 죽어라 닫히고 말지요.

남방_____ 그 과정에서 지식인과 시민은 어떤 역할을 할 수 있을까요?

리_____ 현재 대학교수의 프로젝트 하나에 수만, 수십만, 심지어는 수백만 위안이 달려 있고 다들 그걸 하고 있지요. 저는 학술계에 희망을 걸고 있지 않아요. 제가 희망을 거는 건 아무래도 미디어와 민간 자본가에요. 지금 경제에 있어서 가장 큰 문제 가운데 하나는, 민간자본과 중소기업에 대한 차별이랍니다. 아주 많은 규제를 두고 있지요.

남방_____ 덩샤오핑에 대해서는 어떻게 평가하시나요?

리_____ 덩샤오핑은 정말 대단합니다. 그는 구체제 아래에서 특구를 만들 수 있었잖아요. 당시 많은 노인이 그의 조치에 불만을 가졌지요. 1992년에 덩샤오핑은 전체 국면을 근본적으로 바꿔놓는 강화講話10를 했는데, 정말 대단해요.

남방_____ 선생님께서는 줄곧 이성정신을 주장하셨는데요. 중국에서 문화대혁명과 같은 집단적이고 비이성적인 운동이나 혁명이 폭발할 가능성이 있을까요?

리_____ 그럴 가능성은 크지 않다고 봅니다. 사회의 기초가 변했어요. 제 생각엔 설령 마오쩌둥이 있다 해도 일으키지 못할 겁니다.

나의 새 책은 한 번 읽어서는 안 읽은 것과 마찬가지다

남방_____ 선생님께서는 루쉰을 좋아하시죠. 그런데 루쉰은 사회의 뜨거운 화제에 굉장히 관심을 가졌는데요. 선생님은 중국이 당장 직면한 사회모순에 대해서는 토론을 많이 하시지 않는 것 같습니다.

리_____ 대부분의 시간은 국내에 없기 때문이죠. 제가 매년 중국에 머무는 시간은 석 달 정도에요.

남방_____ 미국에서의 10여 년의 생활이 선생님의 사상체계가 완전해지는 데 도움이 되었는지요?

리_____ 별 영향은 없었어요. 기본적으로 원래 생각의 맥락을 따랐지요. 저는 미국에서 아주 고요하고 단조롭고 적막한 생활을 했답니다.

제가 일흔이 넘어서 쓴 책들이 사실은 아주 중요하답니다. 분량

1981년의 어느 날 밤. '가짜 문학청년'이었던 본 만화의 작가가 덩리쥔의 노래를 들으면서 리쩌허우의 『미의 역정』을 베껴 쓰고 있다.

은 짧지만 비중은 이전보다 무겁지요. 제가 기쁜 건 30년 전의 제 책을 지금도 사람들이 본다는 거예요.

남방_____ 『미의 역정』은 지금도 많은 사람이 읽는답니다. 문장이 상당히 아름다워요.

리_____ 1981년에 출판되었는데, 1980년에 원고를 넘겼으니 올해로 꼬박 30년이 되었네요.

최근에 나온 『인류학역사본체론』이라는 책이 가장 중요한데요. 제가 유명한 교수들한테 하는 말이, 『미의 역정』은 한 번만 읽으면 되지만 이 책은 한 번 읽어서는 안 읽은 것과 마찬가지라는 겁니다.

학술계는 지금 죄다
남을 따라하고 있다

　남방＿＿＿＿ 선생님께서는 일련의 사상체계를 갖추셨는데요. 지금 많은 사람이 다른 사람의 사상을 해석하고 있지요.

　리＿＿＿＿ 현재 중국의 큰 문제는 바로 독창성이 부족하다는 겁니다. 다들 남을 모방한 거예요. 그래서 저는 학술계에 무척 실망했어요.

　남방＿＿＿＿ 선생님 말씀 중에 '전환적 창조'라는 게 있는데요. '전환적 창조'와 '창조적 전환'은 근본적으로 무슨 차이가 있는지요?

　리＿＿＿＿ '창조적 전환'은 린위성 선생이 제기한 건데, 제가 그것을 뒤집었지요. '창조적 전환'은 이미 정해진 모델 속으로 전환하는 것이기 때문이죠. 그 모델이 무엇일까요? 바로 미국 모델이에요. 제가 말하는 건 새로운 모델을 창조해야 한다는 겁니다. 그런데 이 창조는 혁명적 창조가 아니라 전환적 창조여야 해요. 저는 천천히 바꿔가는 창조를 말하는 겁니다. 그래서 이것은 혁명이 아닌 개량을 요구하는 제 생각과 한데 연결되어 있는 것이지요.

　남방＿＿＿＿ 인하이광 선생의 마지막 책은 『중국 문화의 전망中國文化的展望』인데요. 제 생각에는 인하이광 선생도 실제로는 선생님과 같은 생각이었던 것 같아요.

　리＿＿＿＿ 인하이광 선생은 대륙에 있을 때는 공산당에 의해서 반공 학생으로 간주되었답니다. 장제스蔣介石를 옹호했기 때문이죠. 그런데 그는 타이완으로 간 뒤로는 장제스에 반대하다가 결국 박해를 받았어요. 저는 요즘 장제스를 훌륭하게 묘사하는 사람들한테 반감을 갖고 있답니다. 솔직히 말해서 마오쩌둥과 비교하면 장제스는 재능이 한참 부족해요. 장제스는 엄청난 우위를 점하고 있었죠. 마오쩌둥조차 그렇게 빨리 정권을 탈취할 수 있으리라고는 생각하지 못했어요. 2년 반 만에 장개석을 무찔렀잖아요.

고통을 다시
회상하고 싶진 않다

　　남방＿＿＿ 선생님께서는 철학의 근본 문제가 왜 사느냐의 문제라는 견해를 쭉 견지하셨는데요. 개인적으로는 인생의 의미가 대체 뭐라고 생각하시는지요?
　　리＿＿＿ "저는 인류를 위해 삽니다." 하하, 이건 마르크스가 한 말이지요.
　　남방＿＿＿ 살아오시면서 유감스러운 일은 있으신지요?
　　리＿＿＿ 유감스러운 일이야 당연히 많지요……. 많은 사람이 저더러 자서전을 쓰거나 구술사口述史를 내라고 하는데 저는 원하지 않아요. 이유는 두 가지에요. 첫째, 저는 평생 책 읽고 글쓰기만 했답니다. 다른 일은 해본 적이 없어요. 사람들과의 교제도 극히 적어서 쓸 만한 게 없어요. 둘째 이유는, 회상이 저를 고통스럽게 만들기 때문이지요. 저는 고통을 통해서 다시 고통을 회상하고 싶진 않아요.
　　남방＿＿＿ 젊은이들에게 몇 권의 책을 추천해주신다면 어떤 책을 추천하시겠는지요?

리_____ 범위가 무척 크군요. 인문학과의 책은 한두 권 보는 걸로는 안 되거든요. 수학·화학·물리는 교과서로 한 권만 읽어도 되겠지만 인문학과는 안 돼요. 인문학은 한 단계씩 가는 게 아니라 김치를 담그듯이 오랜 시간 담가야 하지요. 오래 담가야 발효가 되고, 담근 시간이 짧으면 익지 않는답니다. 저는 역사서 읽는 걸 비교적 좋아하는데요. 『강감이지록綱鑑易知錄』11이나 『국사구문國史舊聞』11 모두 아주 좋은 책이랍니다.

주註

책머리에
1_ 제2부에 해당되는 내용이다. —옮긴이

제1부 새로운 철학시대의 개막

1장 현대철학에 아직 무엇이 남아 있는가?
1_ 우웨吳越, 「왕쯔쑹汪子嵩: 고대 그리스에서 온 사람古希臘來的人」, 『문회보文匯報』, 2010.9.13.—편집자 주
2_ 『문회보』와의 인터뷰에서 왕쯔쑹이 했던 말을 그대로 옮기면 다음과 같다. "서양 문화의 발전사에서 최초에는 모든 것을 포함한 학과, '지혜Sophia'라고 불리는 하나의 학과만 있었지요. 그 이후 2000여 년 동안 수많은 학과가 거기서 분리되어 독립적인 학과가 되었지요. 원래는 철학이 탐구하고 토론하던 문제를 과학이 연구하게 되었어요. 비교적 실재적이고 구체적인 문제들을 각종 과학이 정확하게 연구하게 된 뒤로, 소위 철학(지혜)이라는 것에 아직 무엇이 남아 있을까요? 저는 중요한 건 방법이라고 생각해요. 좋은 성과를 얻으려면 좋은 방법이 있어야만 합니다. 철학 자체는 황금이 아니지만 돌을 황금으로 변화시킬 수 있어요. 철학자가 내놓은 방법은, 이성적인 방법이든 경험적인 방법이든 분석적인

방법이든 변증적인 방법이든 해석적인 방법이든 간에 철학을 연구할 때만이 아니라 그 어떤 과학을 연구하는 데 있어서도 사용하지요. 그리고 각 개인이 생각하고 언어를 구사하는 데 있어서도 늘 사용하지요." — 옮긴이

3_ 진시핑靳希平, 『하이데거전海德格爾傳』(뤼디거 자프란스키, 상무인서관商務印書館, 1999)의 옮긴이 후기, 578쪽.

4_ '그녀'는 한차오韓潮의 아내 멜리사 콕스를 가리킨다. 이 문장 바로 앞에 "나는 이 책을 나의 아내 멜리사 콕스에게 바친다"라는 구절이 나온다. '이 책'은 『하이데거와 윤리학 문제海德格爾與倫理學問題』를 가리킨다. — 옮긴이

5_ 한차오, 『하이데거와 윤리학 문제』, 347쪽, 퉁지同濟대학출판사, 2007.

6_ 공안낙처孔顔樂處는 공자와 안회顔回가 즐겼던 안빈낙도安貧樂道의 경지를 뜻한다. 『논어』「술이」에서 공자는 이렇게 말했다. "거친 밥을 먹고 물을 마시고 팔을 베고서 누웠어도 즐거움이 그 가운데 있다. 의롭지 않은데도 부귀한 것은 내게 뜬구름과 같다飯疏食飮水, 曲肱而枕之, 樂亦在其中矣. 不義而富且貴, 於我如浮雲." 또 『논어』「옹야」에서는 공자가 안회를 이렇게 칭찬했다. "훌륭하구나, 안회여! 대그릇에 담긴 밥과 표주박에 담긴 물을 마시며 누추한 곳에서 산다. 다른 이들은 그 고통을 견디지 못하거늘 안회는 그 즐거움을 바꾸지 않는다. 훌륭하구나, 안회여賢哉, 回也! 一簞食, 一瓢飮, 在陋巷. 人不堪其憂, 回也不改其樂. 賢哉, 回也!" '공안낙처'는 유학자들이 최고의 인격 이상이자 최고의 도덕적 경지로 받들었던 명제다. 수신을 통해 공자와 안회가 즐긴 경지를 실현하는 것이 그들 삶의 목표였다. — 옮긴이

7_ 타오레이陶磊, 『자사와 맹자 사이의 유학과 초기 역학사에 대한 새로운 탐색思孟之間儒學與早期易學史新探』.

8_ 천즈陳致, 『의례화에서 세속화로: 『시경』의 형성從禮儀化到世俗化: 『詩經』的形成』.

9_ '후철학後哲學'은 철학 일반이 아닌 형이상학을 염두에 둔 말이다. 따라서 포스트메타피직스postmetaphysics, 즉 탈형이상학으로 옮기는 것이 더 바람직하지만, 뒤에 '전철학前哲學'이라는 표현이 나오기 때문에 원문의 표현 그대로 옮겼다. — 옮긴이

10_ "위왕선구爲王先驅(왕을 위해 앞장서겠다)"는, 『시경』「위풍衛風·백혜伯兮」의 "위왕전구爲王前驅"라는 구절을 원용한 듯하다. 리쩌허우가 『중국고대사상사론』 후기에서 말한 '왕'은 창조정신을 지니고 있는 청년 세대를 의미한다. 리쩌허우는 자신의 저서가 다음 세대의 창조에 도움이 되길 바란다고 여러 번 밝힌 바 있다. — 옮긴이

11_ "형이상을 도라 하고, 형이하를 기라 한다形而上者謂之道, 形而下者謂之器."(『주역』「계사전繫辭傳」)—옮긴이
12_ 진웨린金岳霖(1895~1984)이 펑유란馮友蘭(1895~1990)의 『중국 철학사』심사 보고에서 제기한 문제를 가리킨다. 진웨린은 고유성과 보편성이라는 측면에서 철학을 대하는 두 가지 태도를 언급하면서 중국 철학이 과연 무엇인지 질의했다. 이는 중국 철학의 정체성에 대한 질문이다. 펑유란은 서양 철학의 틀로 중국 철학사를 집필함으로써 중국에도 철학이 있음을 증명하고자 했다. 진웨린의 질문은 서양 철학만이 철학의 유일한 합법적 형식인지에 관한 것이라고 할 수 있다. 중국 철학이 무엇이며 중국 철학이 무엇을 해야 하는지, 중국 철학의 합법성 논의는 21세기에 들어와서 다시 활발히 전개되고 있다.—옮긴이
13_ "道始於情""禮生於情""禮因人之情而爲之"
14_ 푸코는 근대 주체철학의 비판이라는 관점에서 "인간은 죽었다"고 한 것이다. 이는 서구의 근대 주체는 어떻게 만들어지는가에 대한 문제와 연관되어 있다. 여기서 인간은 보편 명사로서 종種을 의미한다.—옮긴이

2장 나의 학술 사상의 세 단계
1_ 가오강高崗(1905~1954)은 중화인민공화국 중앙인민정부 부주석을 지낸 인물이다. 1954년 2월, 중국공산당 7기 4중전회中全會에서 라오수스饒漱石와 함께 당을 분열시키고 당과 국가의 최고 권력을 탈취하려는 음모를 꾸몄다는 죄목으로 비판받은 뒤 그해 8월 17일에 자살했다.—옮긴이
2_ 삼팔식三八式 간부는 1938을 전후한 시기인 항일전쟁 초기에 혁명에 참가한 간부를 가리킨다. 대부분 지식인이었다.—옮긴이
3_ 독일의 철학자이자 사회주의자인 프리드리히 알버트 랑게(1828~1875)를 가리킨다.—옮긴이
4_ 수잔 랭어(1895~1985)는 미국의 미학자로, 대표작으로『예술이란 무엇인가 Problems of Art』가 있다.—옮긴이
5_ 후성胡繩(1998~2000)은 1985년부터 1992년 2월까지 중국사회과학원 원장을 지냈다.—옮긴이
6_ 항미원조抗美援朝전쟁이라 번역하는 것이 문맥에 더 어울리므로 한국전쟁으로 바꾸지 않고 원서의 용어 그대로 옮겼다.—옮긴이
7_ 그 당시 항미원조운동의 중요 일환으로 대대적인 모금운동이 있었다. 또한 학교에서는 학생들에게 글을 쓰는 방식으로 항미원조운동에 참가할 것을 독려했

다. 리쩌허우는 담사동을 연구함으로써 항미원조운동에 호응했다.―옮긴이

8_ 차이이蔡儀, 「'이익을 취하는 자의 미학에 대해 논하다'를 평하다評'論食利者的 美學'」, 『인민일보』, 1956.12.12.―편집자 주

9_ 황야오몐黃藥眠에게는 이론이라고 할 것이 없었기 때문에 따로 하나의 유파로 헤아리지 않았다.

10_ 차이이(1906~1992)는 중국과학원의 연구원이었다.―옮긴이

11_ 사청四淸이란 사회주의 교육운동을 가리킨다. 1963년부터 1966년 5월 사이에 농촌 대부분과 몇몇 도시의 공업·광업 기업 및 학교 등에서 전개된 운동이다. 정치·경제·사상·조직을 깨끗하게 하자는 운동이다. 사청은 이후 문화대혁명의 발동과 관련되어 있다.―옮긴이

12_ 『미학개론美學槪論』은 중화인민공화국 성립 이후 국가 주도하에 전국의 미학 연구자를 조직해 편찬한 첫 번째 미학 교재다. 대학교 문과 교재 편찬 작업은 당시 중공중앙선전부 부부장이었던 저우양周揚이 직접 주관했다. 그때 기획 편찬된 대학 문과 교재로는 중국 철학, 서양 철학, 논리학, 미학 등 여러 학과에 걸쳐 80여 종이 있다. 편찬 단계에서 원래 책 제목은 『미학원리美學原理』였는데, 1981년에 정식으로 출판할 때 『미학개론』으로 바꿨다.―옮긴이

13_ 1962년에 국무원에서 저우양에게 대학 문과 교재 편찬 작업을 주관하게 했는데, 당시 기획된 미학 교재는 3권이다. 왕자오원王朝聞이 책임편집을 맡은 『미학개론』, 주광첸朱光潛이 단독으로 편찬한 『서방미학사西方美學史』, 쭝바이화宗白華가 책임편집을 맡은 『중국미학사中國美學史』다.―옮긴이

14_ 1966년에 문화대혁명이 일어나면서 『미학원리』 편찬 작업이 중단되고 편찬 팀도 해산되었다. 문화대혁명이 끝난 뒤에 『미학원리』 편찬 작업이 다시 이뤄졌고, 오랜 시간 수정을 거쳐 인민출판사에서 『미학개론』으로 1981년에 정식 출판했다.―옮긴이

15_ 리쩌허우는 1979년에 잡지 『미학역문美學譯文』 주간으로 있으면서 '미학역문총서'를 펴내며 서양의 현대 미학 원저를 번역 소개했다. 이 시기에 그가 쓴 글이 「미국과 영국의 현대 미학 약술美英現代美學述略」이다. 이 글은 1979년에 『미학』 제1기에 발표되었고, 이듬해에 출간된 『미학논집』에도 수록되었다.―옮긴이

16_ '정감-이성 구조情理結構'란 정감과 이성으로 형성된 구조를 의미한다. 리쩌허우는 '정감-이성 구조'를 '문화-심리 구조'라고도 한다.―옮긴이

17_ 4개의 주체성 논강이란 다음을 가리킨다. 「인류기원 논강人類起源提綱」 「칸트 철학과 주체성 건립 논강康德哲學與建立主體性論綱」 「주체성에 관한 세 번째 논강

關於主體性的第三個提綱」「네 번째 논강第四提綱」. 이 글들은 모두『실용이성과 낙감문화實用理性與樂感文化』(싼렌三聯서점, 2005)에 실려 있다.—옮긴이
18_ 리쩌허우,『철학강요哲學綱要』, 베이징대학출판사, 2011.1. 이 책은「윤리학강요」,「인식론강요」,「존재론강요」로 구성되어 있다.「인식론강요」에 들어 있는 답문은 2008년과 2010년의 것이다.—옮긴이
19_ "天地有大美而不言, 四時有明法而不議"(『장자莊子』「지북유知北遊」)—옮긴이
20_ "窮天人之際"(사마천司馬遷,「임소경에게 보내는 편지報任少卿書」)—옮긴이
21_ '적전積澱'은 누적과 침전을 결합한 단어로, 리쩌허우가 만들어낸 미학 용어다. 오랜 역사 속에서 형성된 심층 문화심리와 관련된 '적전'이라는 용어는 리쩌허우 미학 이론의 핵심이기도 하다. 적전을 일반적으로는 '침적'이라고 번역하지만, 침적이라는 단어로는 적전에 담긴 함의를 제대로 전달할 수 없다고 판단하여 '누적-침전'으로 옮겼다.—옮긴이
22_ 원서에서는 주체간성主體間性이라는 용어를 썼다. 상호주관성을 중국어로는 주체간성 외에 교호주체성交互主體性, 주체제성主體際性이라고도 한다. 이는 inter subjektivitae(intersubjectivity)의 번역어다. 우리말로는 상호주관성, 간주관성, 공동주관성 등으로 번역된다.—옮긴이

3장 몇 권의 책에 대해 이야기하다
1_ '지진 대비용 임시 천막'은 디전평地震棚을 옮긴 말이다. 문화대혁명이 끝난 1976년은 베이징 동쪽으로 150여 킬로미터 지점에 있는 탕산唐山이라는 작은 도시에서 대지진이 일어난 해이기도 하다. 1976년 7월 28일 새벽에 탕산 대지진이 일어난 뒤 지진에 대비하기 위해 베이징 사람들은 임시 천막을 치고 지냈다.—옮긴이
2_ 칸트의 3대 비판서인『순수이성비판』『실천이성비판』『판단력비판』을 가리킨다.—옮긴이
3_ 전체 맥락을 보면 "이성적 혹은"을 생략해야 더 자연스러운 문장이라고 생각하지만, 원서의 내용 그대로 옮겼다.—옮긴이
4_ 리치Vincent B. Leitch 편,『노턴 이론과 비평 선집The Norton Anthology of Theory and Criticism』, 노턴출판사. 2001년에 제1판이 출판되었다. 고전 시기부터 오늘날에 이르기까지, 세계 각국의 비평이론과 문학이론을 채택·소개·평론하는 권위 있는 저작이다. 출판 이후 미국은 물론이고 서구권에서 가장 전면적이고 가장 권위가 있는 문학이론 및 비평선집으로 인정받았다. 2010년 2월에 개정판으로

제2판을 내면서 처음으로 비서구권 학자의 저작을 수록했다. 리쩌허우는 유일하게 채택된 중국인 학자다.—편집자 주

5_ 다음 기사에 이와 관련된 자세한 내용이 나온다. 구밍둥顧明棟, 「독창성은 학술에서 가장 높은 성취의 구현이다原創性是學術最高成就的體現」, 『문회보』, 2010.7.7. 미국 텍사스 대 교수인 구밍둥은 리쩌허우의 글을 노턴 선집에 추천한 당사자다. 그는 이 글에서 리쩌허우를 추천한 가장 중요한 이유가 바로 독창성이라고 밝혔다. 노턴 선집에 실린 리쩌허우의 글은 『미학사강美學四講』 「예술」에 나오는 '형식층과 원시 적전形式層與原始積澱, The Stratification of Form and Primitive Sedimentation'이다.—옮긴이

6_ 리쩌허우, 「20세기 초 자산계급 혁명파 사상 논강二十世紀初資産階級革命派思想論綱」, 『역사연구歷史研究』, 1979년 제6기. 이 글의 제2절 두 번째 부분이 '추용鄒容과 진천화陳天華'이고, 제3절이 '역사적 교훈'이다.—편집자 주

7_ 리쩌허우가 「20세기 초 자산계급 혁명파 사상 논강」의 '역사적 교훈'에서 압도라는 용어를 쓰긴 했지만, "구망이 모든 것을 압도했다"는 문장을 쓰진 않았다. "국가의 독립은 시종일관 중국 혁명의 첫째가는 주제였다"라는 문장에 대한 주에서 다음과 같이 '압도'라는 용어를 사용했다. "혁명파뿐만 아니라 당시 개량파가 민권(예를 들면 담사동)과 자유(예를 들면 옌푸嚴復)를 말한 것도 '구국', 즉 침략에 반대하고 독립을 쟁취하기 위해 내놓은 수단과 방법이었다. 반제구국反帝救國은 중국 근대사상 전체에서 모든 것을 압도하는 첫째가는 주제가 되었다."—옮긴이

8_ 세 사람의 생졸년은 다음과 같다. 왕궈웨이王國維(1877~1927), 천인커陳寅恪(1890~1969), 첸중수錢鍾書(1910~1998).—옮긴이

9_ 천인커는 『수당제도연원약론고隋唐制度淵源略論稿』에서 '법률의 유가화'라는 명제를 제시했다. 또한 그는 펑유란의 『중국 철학사』 심사 보고에서 말하길, 진秦의 법제는 사실 유가 학설에 딸려서 나온 것이라고 했다. 또한 "수레는 차축을 동일하게 하며, 글씨는 서체를 동일하게 하며, 행위는 규범을 동일하게 한다車同軌, 書同文, 行同倫"는 『중용』에 나오는 유가의 이상적 제도가 진시황에 의해 실현되었다고 했다. 이런 견해에 따르면 진의 법률은 유가 학설의 법제화인 셈이다. 리쩌허우가 말하고자 한 천인커의 견해는 바로 이것이다.—옮긴이

10_ 중국사회과학원에서 격월간으로 발행하는 『역사연구』는 1956년에 창간된 이래 지금까지 역사 관련 정기 간행물 가운데 핵심적인 지위를 차지하고 있다. 특히 리주黎澍(1912~1988)가 책임편집을 맡았던 기간에는 새로운 관점을 지닌

글을 지지하고 우수한 청년 사학자를 발굴하는 데 힘을 기울였다.―옮긴이
11_ 중국사회과학원에서 발행하는 『철학연구』는 1955년에 창간되었으며 현재 월간으로 펴낸다.―옮긴이
12_ 중국사회과학원 부원장을 지낸 리선즈李愼之(1923~2003)는 중국 지식계에 계몽, 자유주의, 민주, 세계화 등의 중요한 일련의 명제를 제시한 인물이다. "사람마다 자신의 양심에 따라 참된 말을 하라"고 주장했던 그는 반우파투쟁 때 '대민주大民主'와 관련된 발언으로 인해 우파로 몰려 고초를 겪기도 했다.―옮긴이
13_ 본문의 이해를 돕기 위해서 리쩌허우와 마궈촨馬國川의 대담 「신해혁명과 고별하다告別辛亥革命」(『신예信睿』 제6기, 2011.8)에 나오는 내용을 간략히 소개한다. 리쩌허우는 자희慈禧(서태후)가 10년 일찍 죽었다면 무술변법이 성공했을 것이고, 그녀가 10년 늦게 죽었다면 신해혁명이 일어나지 않았을 거라고 본다. 그리고 신해혁명이 일어났을 당시에 만약 그녀가 살아 있었다면 혁명을 신속히 진압할 수 있었을 것이기 때문에 신해혁명은 결국 실패했을 거라고 본다. "신해혁명은 반드시 실패하고 무술변법은 성공했을 것"이라는 말은 이런 맥락에서 이해해야 한다. 이 대담에서 리쩌허우는 이렇게 말했다. "1980년대 후반에 이와 비슷한 의견을 말한 적이 있지요. 광저우廣州에서 제가 이렇게 말했답니다. 신해혁명이 반드시 성공할 것도 아니었고, 무술변법이 반드시 실패할 것도 아니었다고요. 당시 한 신문에서 이 내용을 실었지요. 그리고 1995년에 '혁명과 고별하다告別革命'를 정식으로 제기했답니다." 여기서 1980년대 후반에 광저우에서 했다는 말이 본문에서 언급한 내용이라고 여겨진다.―옮긴이
14_ 물론 두세 군데의 오류와 '노예제' '봉건' 등의 단어는 수정했다.
15_ 「봄 강의 꽃 핀 달밤春江花月夜」은 초당初唐 시인 장약허張若虛의 작품이다. 리쩌허우는 『미의 역정』에서 이 시가 탄생한 배경인 초당을 16~18세 소년에 비유하면서 이 시에 대해 이렇게 말했다. "봄날의 꽃, 봄날의 달, 유유히 흐르는 강물, 무궁한 우주를 마주하고서 심각하고도 절실하게 느끼게 되는 것은 청춘의 촉박함과 생명의 유한함이다. 이는 성숙기를 향해 나아가는 청소년기에 인생과 우주를 처음으로 깨닫게 되면서 생겨나는 '자아의식'이다. 즉 광대한 세계, 자연의 아름다운 풍경, 자기 존재에 대한 심각하고 절실한 느낌과 애착이자 자기 존재의 유한성에 대한 속수무책의 감상과 슬픔과 미련이다."―옮긴이
16_ '실습연구원'은 연구소의 직무상 칭호 가운데 초급에 해당된다. 중급에 해당되는 칭호는 '보조助理연구원'이고, 고급에 해당되는 칭호는 '연구원'이다.―옮긴이

17_ 리쩌허우,「유가와 현대 신유가儒家與現代新儒家」,『나 자신의 길을 간다走我自己的路』, 223쪽, 싼롄서점, 1986.『베이징만보北京晚報』(1984.11.24)에서도 언급한 적이 있는 말이다. 리쩌허우는 이 문장 바로 앞에서 기존의 공자 연구는 "진정한 공자의 원래 사상"이 무엇인지 말하고자 하는 것이었음을 언급했다. 이어서 자신의 흥미는 그것과 다름을 밝히고 있다.―옮긴이

18_ 리쩌허우,「공자 재평가孔子再平價」,『중국고대사상사론』, 32쪽, 인민출판사, 1985.―옮긴이

19_ 칸트의 3대 비판 가운데, 판단력비판을 제외한 순수이성비판과 실천이성비판을 가리킨다.―옮긴이

20_ 제3비판은 '판단력비판'을 가리킨다. 이밖에 제1비판은 순수이성비판, 제2비판은 실천이성비판을 가리킨다.―옮긴이

21_ 판단력비판을 가리킨다.―옮긴이

22_ 레이펑雷鋒(1940~1962)은 모든 것을 바쳐 인민을 위해 봉사한, 중화인민공화국의 영웅으로 일컬어지는 인물이다.―옮긴이

23_ 리쩌허우가 말하는 '도度'란 딱 알맞음, 딱 들어맞음이다. 리쩌허우는 인간의 생존을 위한 생산활동에서 '도'가 생겨났으며, '도'가 예술 창조의 동력이라고 했다.―옮긴이

24_「만술장선漫述莊禪」은 1985년『중국사회과학』제1기에 발표되었으며,『중국고대사상사론』에는「장자·현학·선종에 대한 만필莊玄禪宗漫述」이라는 제목으로 실려 있다.―옮긴이

25_ 문공단文工團은 '문예공작단文藝工作團'의 약칭으로, 노래·춤·연극 등을 통해 선전활동을 하는 종합 문예단체다.―옮긴이

26_ 중선부中宣部는 '중국공산당 중앙위원회 선전부'의 약칭이다.―옮긴이

27_ "縱使文章驚海內, 紙上蒼生而已. 似春水, 干卿何事."「금루곡金縷曲·계유년 가을에 도성을 떠나며 마음속 생각을 읊다癸酉秋出都懷有賦」에 나오는 구절이다. 1813년에 스물두 살이던 공자진龔自珍은 4월에 과거에 낙방했는데, 7월에는 아내마저 병으로 세상을 떠났다. 그는 8월에 도성을 떠나 남쪽 고향으로 돌아오면서 자신의 낙담과 슬픔을 이 사에 담았다. 과거에 낙방했기 때문에 정치에 참여해 현실적으로 백성을 다스릴 수 없기에 "그저 종이 위의 백성"이라는 표현을 쓴 것이다. 여기서 "봄물처럼 그대와 무슨 상관이랴"라는 구절은 오대五代 남당南唐의 풍연사馮延巳의「알금문謁金門」이라는 사와 관련이 있다. "바람이 갑자기 일어나 연못의 봄물에 주름이 지네風乍起. 吹皺一池春水"라는「알금문」의 구

절을 놓고서 남당의 황제 이경李璟이 "바람이 불어 연못의 봄물에 주름이 지는 것이 그대와 무슨 상관인가吹皺一池春水. 干卿底事"라는 농담을 던졌다고 한다.—옮긴이

28_ 『내경의 철학과 중의학의 방법內經的哲學和中醫學的方法』이라는 책으로, 1982년에 출간되었다.—옮긴이

29_ 중국의 학문을 중심으로 해서 서양의 과학기술을 도입해 부국강병을 꾀하자는 중체서용中體西用에 맞서는 개념이 서체중용西體中用이다. 리쩌허우는 서체중용을 주장하면서, 중국이 서양의 제도뿐 아니라 본체 의식까지 '체體'로 삼아서 중국을 개조해야 한다고 했다.—옮긴이

30_ 티호빈스키С.Л.Тихвинский의 마체중용馬體中用은 마르크스주의를 체體로 삼고 중국의 학문을 용用으로 삼아야 한다는 주장이다.—옮긴이

31_ 류모모劉某某로만 칭하고 이름을 밝히지 않은 이는, 중국의 반체제 인사이자 2010년 노벨 평화상 수상자인 류샤오보劉曉波(1955~)를 가리킨다. 류샤오보의 저서 가운데 『선택의 비판: 리쩌허우와의 대화選擇的批判: 與李澤厚對話(1988)』가 있다.—옮긴이

32_ 〈하상河殤〉은 CCTV에서 1988년에 방영했던 다큐멘터리다. 남색문명(해양문명)이 황색문명(황하문명)을 이긴다는 내용의 이 다큐멘터리는 당시 엄청난 반향을 불러일으켜 중국인이 중국 문화를 새롭게 인식하도록 했다.—옮긴이

33_ 린위성林毓生(1934~)은 위스콘신 대학 역사학과 교수로 있었다.—옮긴이

34_ "往事已成空, 還如一夢中." 남당의 마지막 황제였던 이욱李煜이 지은 「자야가子夜歌·인생의 슬픔과 한을 언제야 면할 수 있으리人生愁恨何能免」라는 사에 나오는 구절이다.—옮긴이

35_ 『논어역주論語譯注』를 가리킨다.—옮긴이

36_ 단원團員은 공산주의 청년단의 성원을 가리킨다.—옮긴이

37_ 「문예 영역에서 반드시 마르크스주의 인식론을 견지해야 한다文藝領域裏必須堅持馬克思主義的認識論」라는 글로, '형상사유론에 대한 비판對形象思維論的批判'이라는 부제가 달려 있다. 형상사유는 러시아의 문학비평가 벨린스키(1811~1848)가 주장한 것으로, 그는 "철학자는 삼단논법으로 자기의 사상을 표현하지만 시인은 형상으로 말한다"고 했다. 중국에서는 1950년대에 형상사유론을 받아들였는데, 중공중앙선전부 부부장이었던 저우양의 지지로 문예이론의 금과옥조가 되었다. 정지차오鄭季翹(1912~1984)는 마오쩌둥의 『실천론』에 나오는 인류 보편의 인식 규율을 내세우며 형상사유론을 비판하는 글을 1963년 2월에 완성했다.

그런데 저우양의 반대로 계속 발표가 무산되다가 1966년 『홍기紅旗』 제5기에 그 글이 실리게 된다. 이는 문화대혁명의 서막이 열리던 시점과 맞물려 있었다.—옮긴이

38_ 야오원위안姚文元(1931~2005)은 문화대혁명 기간에 장칭江青·장춘차오張春橋·왕훙원王洪文과 함께 '사인방'을 결성한 인물이다.—옮긴이

39_ '자유산만自由散漫'이라는 표현은, 마오쩌둥의 「당내의 잘못된 사상을 바로잡는 것에 관하여關於糾正黨內的錯誤思想」라는 글에서 유래했다. 그는 이렇게 말했다. "극단적인 민주화의 기원을 지적한다면 소부르주아 계급의 자유산만성에 있다." 자유산만은 속박과 제약을 받지 않고 기율을 지키지 않는 것을 의미한다.—옮긴이

40_ 펜대筆杆子는 가치중립어로, 글을 잘 쓰는 사람을 비유한다. 리쩌허우가 이 말을 혐오한 것은 그 당시에 글이 정권과 권력을 옹호하는 데 동원되었기 때문일 것이다.—옮긴이

41_ '백전도로白專道路'란 공부와 업무에만 몰두하고, 정치에는 그다지 민감하지 않은 부류의 사람을 가리킨다. 정치사상이 투철하고 업무도 우수한 이를 가리키는 '우훙우전又紅又專'과 대비되는 말이다.—옮긴이

42_ 『칸트와 헤겔의 철학을 논하다論康德黑格爾哲學』, 상하이인민출판사, 1981. 칸트의 『순수이성비판』 출간 200주년, 헤겔 서거 150주년을 기념해서 열린 국제학술토론회의 기념 문집이다.—옮긴이

43_ '두 개의 무릇兩個凡是'은 "무릇凡是 마오 주석이 내린 결정은 우리 모두가 반드시 옹호해야 하고, 무릇 마오 주석의 지시는 우리가 시종일관 따라야 한다"라는 말에서 나왔다. 1977년 2월 7일에 '두 신문과 한 잡지兩報一刊', 즉 『인민일보』와 『해방군보解放軍報』 및 『홍기』의 사설에 '두 개의 무릇'과 관련된 글이 발표되었다. 『인민일보』(중국공산당 중앙위원회 기관지), 『해방군보』(중국공산당 중앙군사위원회 기관지), 『홍기』(중국공산당 중앙위원회의 이론 간행물)는 1967년 10월 1월부터 1978년 4월 1일까지 공동으로 사설을 발표했다.—옮긴이

4장 '정 본체'에 관하여

1_ 리쩌허우, 『윤리학강요倫理學綱要』, 인민일보출판사, 2010.—옮긴이

2_ 『이것이 전부 무엇을 의미하는가What Does It All Mean?』(한국어판 제목은 『우리는 무엇을 아는가』)를 가리킨다. 토머스 나겔은 이 책에서 우리는 외부세계의 존재를 어떻게 아는가를 비롯해 타인의 마음, 정신과 육체의 문제, 말의 의미, 자유

의지, 정의, 죽음, 삶의 의미 등을 논했다.—옮긴이
3_ "不飾則惡, 惡則不哀"(『순자』「예론禮論」)—옮긴이
4_ "杜宇一聲春曉"(소식蘇軾, 「서강월西江月」)—옮긴이
5_ "但知日暮, 不知何時"
6_ 『기묘오설己卯五說』을 보라.
7_ "未知生, 焉知死"(『논어』「선진先進」) 계로季路가 공자에게 죽음에 관해 질문하자 공자가 말하길, "아직 삶도 모르는데 어찌 죽음을 알겠느냐?"라고 했다.—옮긴이
8_ 안셀무스Anselmus(1033~1108)는 스콜라 철학의 대표적 철학자이자 신학자로, 실재론의 대표자이기도 하다. 그는 신의 존재에 대해 다음과 같은 본체론적 증명을 내놓았다. 신은 완전한 존재다. 존재하지 않는 것은 완전한 것이 아니다. 따라서 신은 반드시 존재한다.—편집자 주
9_ 철학인류학은 일반적으로 '철학적 인간학philosophical anthropology'이라고 하지만, 리쩌허우의 인류학 본체론 및 인류학 역사 본체론이라는 개념과의 상관성을 살리기 위해서 철학인류학이라고 그대로 옮겼다. 막스 셸러(1874~1928)가 철학적 인간학의 선구이고 미카엘 란트만(1913~1984) 등에 의해 종교철학인류학, 생물철학인류학, 심리철학인류학, 문화철학인류학, 기능주의적 철학인류학 등 다양한 분과가 생겨났다. 철학적 인간학은 이처럼 자연과학적·역사학적·사회학적 측면에서 이루어지는 인간 연구를 의미한다. 란트만은 철학적 인간학은 인간의 본질 및 근본적으로 구별되는 인간의 특성에 관해서 묻는다고 말했다.—옮긴이
10_ 「인류기원 논강人類起源提綱」을 가리킨다.—옮긴이
11_ 「주체성에 관한 보충 설명關於主體性的補充說明」을 가리킨다.—옮긴이
12_ 「네 번째 논강第四提綱」을 가리킨다.—옮긴이
13_ 「주체성에 관한 세 번째 논강關於主體性的第三個提綱」을 가리킨다.—옮긴이
14_ 「철학탐심록哲學探尋錄」은 1994년에『밍바오월간明報月刊』제7기에서 제10기까지 실렸으며, 후에『실용이성과 낙감문화』에 수록되었다.—옮긴이
15_ "當時只道是尋常"(납란성덕納蘭性德, 「완계사浣溪沙」)—옮긴이
16_ "向西風回首, 百事堪哀"(납란성덕, 「심원춘沁園春」)—옮긴이
17_ 현존재此在는 하이데거의 Dasein, Being-there의 개념에 해당된다.—옮긴이
18_ "道在倫常日用之中"
19_ 리쩌허우가 말하는 하이데거의 '정'은, '기분Stimmung(혹은 정조, 정서)'으로

번역되는 개념이다. 그리고 리쩌허우가 말한 하이데거의 '본래적인 정'은, '근본기분Grundstimmung(혹은 근본정조, 근본정서)'으로 변역되는 개념이다. 하이데거는 존재의 소리가 인간에게 전해지는 통로를 '근본기분'으로 보았는데, 여러 기분 가운데 특히 '불안'이야말로 현존재로 하여금 자신의 본래적인 가능성을 향한 결단으로 몰아가는 근본기분이라고 했다. 하이데거에 의하면, 자신의 존재에 대해 염려하는 존재자인 현존재의 존재 양식이 바로 실존이고, 그것이 바로 인간의 존재론적 불안의 근거이기도 하다.―옮긴이

20_ 하이데거의 친나치 전력을 두고 하는 말이다. 하이데거는 프라이부르크 대학 총장으로 선출된 1933년 5월 나치에 입당한 뒤 총장 취임사에서 나치 지지 연설을 한 것을 비롯해 그 이후에도 지속적으로 친나치적 행태를 보였다.―옮긴이

21_ "只見得箇大渾淪底的道理, 至於精細節目, 則未必知."(『주자어류朱子語類』, 1029쪽, 중화서국中華書局)

22_ 비트겐슈타인에게 신은 삶의 의미라고 할 수 있다. 그에게 신을 믿는다는 것은 삶의 의미가 있음을 믿는 것이었다. 리쩌허우가 인생의 의미 문제와 관련하여 언급한, 비트겐슈타인의 "그 유명한 말"이 무엇인지 본문에 명시되어 있지 않아서 확실히 알 수는 없으나 아마도 다음의 말들에 해당되는 내용일 것이다. "삶의 의미, 즉 세계의 의미를 우리는 신이라고 부른다." "기도한다는 것은 삶의 의미에 관해서 생각한다는 것이다." "신을 믿는다는 것은 삶의 의미에 대한 질문을 이해한다는 것을 의미한다." "신을 믿는다는 것은 삶이 의미를 가지고 있다는 것을 보는 것을 의미한다." "나는 왜 우리가 여기에 있는지 잘 모른다. 하지만 나는 우리가 단지 즐기기 위해서 여기에 있는 게 아니라는 것은 확신한다."―옮긴이

23_「철학탐심록」―옮긴이

24_ 밀란 쿤데라米蘭·昆德拉,『만남相遇』, 상하이역문譯文출판사, 2010.8.

25_ '원原-소설, 카를로스 푸엔테스의 생일에 부치는 공개 편지'의 일부다. 본문에 해당되는 한국어 번역본을 참고로 덧붙인다. "흥미로운 점은 현대시를 창안한 사람들이 반反-시를 하겠다고 주장하지 않았다는 것이야. 오히려 반대로, 보들레르 이후 시적 모더니즘은 시의 본질에, 시의 가장 깊은 특성에 근본적으로 다가가기를 열망했어. 그런 의미에서 나는 현대 소설을 반-소설이 아니라 원原-소설이라고 상상했어."(밀란 쿤데라, 한용택 옮김,『만남』, 116쪽, 민음사, 2012)―옮긴이

26_ '내보내기 주의遂去主義'는 지셴린季羨林(1911~2009)이 사용한 용어다. 지셴린

은 루쉰魯迅의 '가져오기 주의拿來主義'와 대비되는 개념으로 '내보내기 주의送去主義'를 주장했다. 중국 문화의 정화를 서양으로 내보냄으로써 국제주의 의무를 다하자는 것이다. 이에 대한 자세한 내용은 다음 글을 참조.「우리는 '내보내기 주의'를 받들어 시행해야 한다我們要奉行'送去主義'」(『열세심어閱世心語』, 산시陝西사범대학출판사, 2007) 사실 왕웨촨王岳川(1955~)은 『서법문화정신書法文化精神』(베이징대학출판사, 2008)에서 지셴린이 사용한 '내보내기 주의'라는 용어 대신 '수출주의'라는 용어를 사용할 것을 주장했다. 내가 주동적으로 내보내도 남이 원하지 않는 것은 나에게도 불리하기 때문에 중성적인 단어인 '수출주의'를 쓰는 것이 좋다고 하면서, 이를 '문화상의 지속 가능한 발전'의 문제로 보았다. 베이징 대학 교수인 왕웨촨은 중국 학술문화의 세계화라는 사명을 자임하고 있는 인물이다.─옮긴이

27_ 「천궁에서 난동을 부리다大鬧天宮」는 『서유기西遊記』 제5회에 나오는 이야기로, 손오공이 천궁에서 난동을 부리는 내용이다.─옮긴이

28_ "30년은 강 동쪽에, 30년은 강 서쪽에三十年河東, 三十年河西"는 세상사의 변화무쌍함을 비유하는 말이다. 여기서 강은 '황하黃河'를 가리키는데, 역사적으로 황하의 물길은 여러 번 바뀌었다. 그에 따라 황하 동쪽에 있던 게 어느새 황하 서쪽에 있게 되는 것이다. 지셴린은 세계 문화의 주도권이 서양 문화에서 동양 문화로 넘어오게 되는 것을 비유하는 데 이 표현을 썼다. 그는 1988년 7월의 강연 원고「문화교류에서 서역의 지위西域在文化交流中的地位」에서 동양 문화와 서양 문화의 관계를 두고 "30년은 강 동쪽에, 30년은 강 서쪽에"라는 표현을 썼다. 그는 세계 문화를 동서 양대 문화 체계로 구분한 뒤 이 양자 관계가 끊임없이 변화했음을 강조하면서, 오늘날 서양 문화가 궁지에 이르렀고 동양 문화로 이를 바로잡아야 할 시기가 임박했다고 했다. 또한「21세기: 동양 문화의 시대21世紀: 東方文化的時代」(『문회보』, 1991.3.10)에서는 21세기에는 서양 문화가 동양 문화에 점차 자리를 내줄 것이라고 했다.─옮긴이

29_ 정확히 말하자면 '외재적 자연의 인간화'다. 리쩌허우는 자연의 인간화를 외재적 자연의 인간화와 내재적 자연의 인간화로 나누어 설명했다. 외재적 자연은 인간을 둘러싼 주위 환경을 가리키고, 내재적 자연은 인간의 신체기관을 가리킨다.─옮긴이

30_ "發乎情, 止乎禮義"(『시경』「모시서毛詩序」)─옮긴이

31_ "從心所欲不踰矩"(『논어』「위정爲政」)─옮긴이

32_ 앞에서 말한 정 본체, 역사 본체(도구-사회 본체, 심리-정감 본체), 도度의 본

체성을 가리킨다.―옮긴이

33_ 1980년에 인민출판사에서는 인도주의 관련 논문집을 준비하면서 왕뤄수이 王若水(1926~2002)에게 원고를 의뢰했고, 이때 그가 쓴 글이「인간은 마르크스주의의 출발점이다人是馬克思主義的出發點」이다. 1981년에 해당 논문집이 출판될 때 왕뤄수이의 이 글을 서명으로 삼았다. 왕뤄수이는 중국의 마르크스주의가 모든 것을 계급이라는 틀에 국한시키는 것에 반대하면서 이 글을 통해 마르크스주의의 인도주의를 강조했다.―옮긴이

34_ 1984년 1월 3일 후차오무胡喬木(1912~1992)는「인도주의와 소외 문제에 관해關於人道主義和異化問題」라는 강연을 했고, 이 강연문이『이론월간理論月刊』『홍기』『인민일보』등에 실렸다. 이 글 마지막에서 그는 자신의 관점에 동의하지 않는 이들이 논쟁에 참여하길 환영한다고 밝혔다. 중국공산당에서 최고의 권위를 가진 이론가인 후차오무에게 아무도 감히 도전장을 내밀지 못했으나, 오직 한 사람 왕뤄수이가 나서서 외로운 싸움을 시작했다. 왕뤄수이는「인도주의 문제에 대한 나의 견해我對人道主義問題的看法」라는 글을 필두로, 후차오무와 지속적인 논쟁을 펼쳐나가면서 사회주의의 소외 문제와 마르크스주의의 인도주의를 강조했다. 결국 그는 1987년에 출당되었는데, 자산계급의 자유화를 고취하고 사회주의에도 소외가 있음을 선양하며 자산계급의 인도주의 관점을 선양했다는 죄목이었다. 출당 이후에도 왕뤄수이는 꺾이지 않고 자신의 주장을 펼쳐나갔다. 1995년의 글「나의 마르크스주의관我的馬克思主義觀」에서 마침내 그는 공산주의 이상은 도달할 수 없는 유토피아이고 마르크스의 경제학설은 이미 한물갔다면서, 마르크스주의 가운데 가장 가치 있는 것은 그것의 철학이되 변증 유물주의가 아닌 '실천적 유인주의唯人主義'라고 단언했다. 그는 실천적 유인주의야말로 권력과 돈으로 인한 소외의 사회에서 독립적 인격을 지키며 자아를 잃지 않고 인간의 가치를 놓치지 않게 해준다고 강조했다.―옮긴이

35_ 칸트의 '선험이성'을, 역사의 누적을 통해 변화한 '경험으로' 바꾸는 것이다.

36_ 하이데거의 공空의 이론을 실實의 이론으로 바꿔야 한다. 즉 현실의 인생, 일상의 인생을 채워넣는 것이다.

37_ "언어는 존재의 집이다" "존재가 사고하는" 언어는 하이데거의 개념이다. 언어가 존재의 집이라는 것은, 모든 사물은 언어를 통해서만 자신의 존재를 드러낼 수 있다. 즉 모든 사물이 언어를 통하지 않고는 존재에 이르지 못한다는 말이다. 존재가 사고하는 언어는, 인간이 사고하는 것이 아니라 존재가 사고하며 존재의 사고가 인간을 통해 나타난다는 하이데거의 존재론과 관련된 개념이다.

"태초에 말씀이 있었다"는 『구약』 창세기에 나오는 구절이다. 리쩌허우는 '언어'를 특징으로 하는 서양 철학을, '심리'를 특징으로 하는 중국 철학 및 자신의 '정본체'와 대척점에서 바라보고 있다.—옮긴이

38_ 원서에는 '양지良知'라고 나와 있으나, 본문의 맥락에서는 중국 전통의 양지가 아닌 프랑스어 봉상스bon sens(good sense)에 해당되는 개념을 표현하기 위한 용어이므로 오해를 피하기 위해 '양식'으로 옮겼다. 프랑스 계몽철학자인 엘베시우스(1715~1771)는 『정신론』(1758)에서 천재·상상·능력·취미·양식 등에 대해 논했으며, 모든 정신활동의 근원은 감각에 있다고 보았다. 그는 로크의 인식론과 콩디야크의 감각론을 발전시켜서 공리주의 윤리학을 전개했다.—옮긴이

39_ 이 단락 및 다음 단락에서 '다른 한쪽'에 해당되는 내용이 리쩌허우가 강조하는 철학에 관한 것이다. 여기서 리쩌허우는 자신의 철학을 엘베시우스, 심리주의, 정감주의 순으로 비교 설명하고 있다.—옮긴이

5장 한자와 역사 경험

1_ 한어병음화漢語拼音化, 즉 알파벳 자모를 이용해서 중국어 음성을 표기하는 것을 말한다. 여기서 리쩌허우가 반대하는 한어병음화는 음성기호로 한자를 '완전히' 대체하는 것을 가리킨다. 참고로 덧붙이자면, 현재 중국어의 발음 표기에 관한 규칙인 '한어병음 방안方案'은 1955년부터 1957년에 이르는 문자개혁 기간의 연구를 통해 제정되어 1958년 2월 11일에 전인대全人代의 비준을 거쳐 공포된 것이다.—옮긴이

2_ 그러나 결코 복사는 아니다.

3_ "無名, 天地之始, 有名, 萬物之母."

4_ 홍타오洪濤, 『본원과 사변本原與事變』, 상하이인민출판사, 2009.1.

5_ 고고학자 장중페이張忠培의 의견에 따른 것이다.

6_ 양생養生 문제를 둘러싼 상수向秀와 혜강嵇康의 논쟁을 가리킨다. 먼저 혜강이 「양생론養生論」에서, 세상 사람들이 오래 살지 못하는 원인은 좋아하는 것에만 빠져 심신을 괴롭히기 때문이라고 지적하면서 양생을 위해서는 마음을 고요히 하고 양약良藥을 복식해야 한다고 주장했다. 이에 상수가 「난양생론難養生論」을 써서 인간의 기호와 욕구를 억제하는 것은 하늘의 이치와 본성을 거스르는 삶이며 양생법으로 타고난 수명을 연장할 수 없다고 반박했다. 그러자 혜강은 「답난양생론答難養生論」에서, 양생에 있어서 중요한 것은 오난五難을 극복하는 것이라고 주장했다. 오난이란 명예와 이익을 저버리지 못함, 기쁨과 화냄을 없애지

못함, 가무와 여자를 멀리하지 못함, 맛있는 음식을 절제하지 못함, 신경을 너무 써서 정신이 허해지고 흩어짐이다. 본문에서 리쩌허우가 인용한 상수의 말은 「난양생론」에 나오는 구절이다.─옮긴이

7_ "有生則有情, 稱情則自然. 若絶而外之, 則與無生同, 何貴於有生哉!"

8_ 바로 앞에서는 음악이라는 단어를 쓰는데, 여기서는 '악樂'을 음악으로 풀지 않고 원문 그대로 '악'이라 옮긴 이유는 이 글자 자체에 음악이라는 뜻과 즐거움이라는 의미가 모두 들어 있기 때문이다. 리쩌허우가 악이 정이기도 하다고 말한 것은 바로 이런 의미에서다. 리쩌허우는 『미의 역정』에서 음악과 정서의 관계를 강조하면서 『순자』 「악론樂論」에 나오는 다음 구절을 인용하기도 했다. "음악樂이란 즐거움樂으로, 인간이라면 누구나 가지고 있는 감정이다. 따라서 인간에게 음악이 없을 수 없다夫樂者, 樂也, 人情之所必不免也. 故人不能無樂.─옮긴이

9_ "神人以和" 『상서尙書』 「순전舜典」에 나오는 다음 구절을 인용한 것이다. "팔음이 조화를 이루어 질서를 잃음이 없어야 신과 사람이 조화롭게 된다八音克諧, 無相奪倫, 神人以和."─옮긴이

10_ 리쩌허우, 『리쩌허우 근년 문답록李澤厚近年答問錄』, 톈진天津사회과학출판사, 2006.

11_ 「마르크스의 이론 및 기타에 관하여關於馬克思的理論及其他」를 가리킨다. 이 글은 「중국에서의 마르크스주의에 대해 다시 말하다再談馬克思主義在中國」의 제2부와 제3부에 해당된다. 전체 글은 『중국에서의 마르크스주의馬克思主義在中國』(홍콩: 밍바오明報출판사, 2006)에 수록되어 있다. 리쩌허우는 이 글을 쓰게 된 동기가, 마르크스주의의 시비득실 및 계승할 점과 버려야 점을 실사구시적으로 분석하는 것이 중국의 오늘과 미래에 직접적으로 관련되어 있기 때문이라고 밝혔다.─옮긴이

12_ 마르크스는 사회주의 또는 공산주의의 낮은 단계에서는 '노동에 따른 분배'가 이루어지고, 높은 단계에서는 '필요에 따른 분배'가 이루어진다고 보았다.─옮긴이

13_ 리쩌허우가 1979년 『비판철학의 비판』에서 "칸트로 돌아가자"고 한 것은 헤겔의 총체·이성·필연으로부터 칸트의 개체·감성·우연으로 돌아가자는 것이었다. 또한 사회에서 심리로 돌아가자는 것이었다. 그리고 2008년 『비판철학의 비판』 제6판에서는, 포스트모던과 신좌파에서 강조하는 특수성과 현대성으로부터 칸트의 보편성과 이상성으로 돌아가자는 의미를 더했다. 즉 칸트가 말한 보편가치를 강조한 것이다.─옮긴이

14_ 리쩌허우, 「인식론 답문認識論答問」, 『중국 문화中國文化』, 2012년 제1기.—옮긴이

15_ 「옌푸를 논하다論嚴復」(『역사연구』, 1977년 제2기)를 참조하라. 이 글은 『중국 근대사상사론』에도 수록되어 있다. 이 글의 '경험론과 그 귀결'에 나오는 "옌푸가 인식론과 논리학을 이토록 중요시했다"라는 문장의 주에서 리쩌허우는 옌푸가 기氣라는 단어를 둘러싼 중국 전통 철학 개념의 부정확한 정의를 비판적으로 꼬집었음을 언급했다. 옌푸는 윌리엄 스탠리 제번스의 『논리학에 대한 입문 강의Elementary Lessons in Logic』(1909)의 번역서인 『명학천설名學淺說』에서, '기'가 무엇인지 정의하지 못하는 것은 자신이 모르는 것을 '기'라고 한 것이며, 이런 식으로 사물을 지칭하고 이치를 설명하는 것은 잠꼬대와 같다고 했다.—옮긴이

16_ 1957년 4월 11일에 마오쩌둥이 인민대학 철학과의 왕팡밍王方名과 황순지黃順基 등을 접견했는데, 이는 논리학계에서 대단한 일로 받아들여졌고 논리 이론의 연구가 활발해지는 계기가 되었다.—옮긴이

17_ 리쩌허우가 철학인류학이 인간을 동물성으로 귀결했다고 말한 것은, 주지주의에 반대하는 철학적 인간학의 입장이 행위와 신체를 중시하는 것과 관련 있다고 여겨진다.—옮긴이

18_ 1958년 양셴전楊獻珍(1896~1992)은 대약진운동에서 이루어진 과장의 근원이 사유를 존재로 여긴 데 있다고 보고, 주관주의를 비판하면서 '사유와 존재의 동일성'이라는 명제에 반대했다. 이후 아이스치艾思奇(1911~1966)를 필두로 한 이들이 양셴전과 논쟁을 펼쳤다. 양셴전은 사유와 존재의 동일성은 유심주의 명제라고 여겼고, 반대편은 그것이 변증법적 명제라고 여겼다. 왕뤄수이는 인식론에서의 유물주의와 변증법을 선전하기 위해서 1963년 7월 『인민일보』에 「탁자의 철학桌子的哲學」을 발표했고 이 글로 마오쩌둥의 칭찬을 받았다. 이 글은 탁자와 탁자라는 관념 가운데 어느 것이 먼저이고 어느 것이 나중인지, 즉 존재와 사유의 관계를 다뤘다. 이후 '탁자의 철학'에 관한 토론이 사회로 확산되었다. 그리고 캉성康生(그의 뒤에는 실질적으로 마오쩌둥이 있었다)의 지시 아래 양셴전에 대한 정치적 공격이 이루어졌다.—옮긴이

19_ 1793년에 칸트는 친구에게 쓴 편지에서 말하길, 자신이 지금까지 끝낸 연구가 "우리는 무엇을 알 수 있는가, 우리는 무엇을 할 것인가, 우리는 무엇을 믿을 수 있는가"이며 이제 남은 문제는 "인간이란 무엇인가"라고 했다.—옮긴이

20_ 『인간학Anthropologie』(1798)을 가리킨다.—옮긴이

21_ 칸트의 인간학 강의는 1772~1973년의 겨울 학기부터 시작해서 1796년까지

계속되었다. 대중적인 강의였기 때문에 인기가 대단했다.―옮긴이

6장 『홍루몽』과 '낙감문화'

1_ 리쩌허우, 「심미형이상학審美形而上學」(2006), 『인류학역사본체론人類學歷史本體論』, 톈진사회과학출판사, 2008.―옮긴이

2_ "故壘蕭蕭芦荻秋." 유우석劉禹錫(772~842)이 육조六朝 때 군사 요새였던 서새산이 황폐해진 모습을 보며, 서진西晉이 오吳나라를 멸망시킨 역사를 회고하면서 쓴 「서새산 회고西塞山懷古」라는 시에 나오는 구절이다.―옮긴이

3_ 『임멘 호수』는 사라져버린 어린 시절의 행복을 그린 소설이다. 이 소설의 작자인 테오도르 슈토름(1817~1888)은 독일 문학사상 가장 뛰어난 중편소설 작가로 평가받는다. 그는 일상생활의 긍정적인 가치를 그려내는 것을 목표로 삼았던 독일의 시적 사실주의의 대표자다.―옮긴이

4_ 현재 통행되는 120회본 『홍루몽紅樓夢』은 앞의 80회까지는 조설근曹雪芹이 지은 것이고, 뒤의 40회는 고악高顎과 정위원程偉元이 수정·가공한 것이다. 전반부 80회와 후반부 40회의 작자가 한 사람이 아니기 때문에, 후반부 40회가 조설근의 원래 구상에 부합하는 것인지, 조설근이 구상한 원래의 줄거리 전개와 인물의 운명이 어떻게 전개되었을 것인지에 대한 문제가 발생한다. 이처럼 80회 이후에 해당되는 원래 원고의 내용을 탐색하는 연구가 바로 '탐일探佚(산실된 것을 찾다)'이다. 『홍루몽』에는 '잃어버린 세계'가 숨어 있는데 이것을 탐색하는 것이 바로 홍학紅學의 하나인 탐일학探佚學의 임무인 것이다. 저우루창周汝昌(1918~2012)은 탐일학의 선구자다.―옮긴이

5_ 120회본 『홍루몽』에서는 가보옥賈寶玉과 설보채薛寶釵가 결혼하는 날 평소에 병약했던 임대옥林黛玉이 울적해하다가 죽는 것으로 나온다.―옮긴이

6_ 가원춘賈元春은 가정賈政과 왕王부인 사이에서 태어난 맏딸로 가보옥의 누나다. 궁녀로 선발되어 입궁한 뒤 현덕비賢德妃에 봉해진다. 가원춘으로 인해 가씨 가문은 최고의 영화를 누리지만, 결국 그녀의 요절과 더불어 가씨 가문의 운명도 점차 기울어간다.―옮긴이

7_ "因麒麟伏白首雙星" 『홍루몽』 31회의 제목인 "부채를 찢으며 천금 같은 웃음을 짓고, 기린에 백수 쌍성이 감춰져 있다撕扇子作千金一笑, 因麒麟伏白首雙星"에 나오는 구절이다. 사상운史湘雲은 늘 작은 금기린을 차고 다녔다. 한편 가보옥은 장도사張道士로부터 큰 금기린을 얻는데, 그걸 사상운에게 주려고 했으나 그만 잊어버렸다가 공교롭게도 사상운의 손에 들어간다. 백수白首는 부부로 맺어지는 것

을 의미하고, 쌍성雙星은 견우성과 직녀성을 가리킨다. 따라서 31회의 이 내용은 가보옥이 사상운과 부부로 맺어질 것임을 의미하는 복선이라는 게 저우루창의 주장이다.―옮긴이

8_ 지연재脂硯齋는 『홍루몽』의 초기 사본(80회본)에 평어를 단 인물로, 지연재의 평어를 '지평脂評' 혹은 '지비脂批'라고 하며 지연재의 평어가 달린 초기 사본을 '지본脂本'이라고 한다. 그런데 지연재가 구체적으로 누구인지에 대해서는 작자 조설근이라는 설과 작품에 나오는 사상운이라는 설 등 아직까지 일치된 견해가 없다.―옮긴이

9_ 만한전석滿漢全席은 만주족과 한족의 음식을 종합한 대형 연회로 청나라 궁정에서 기원했다.―옮긴이

10_ 지비脂批에는 "천설이 옥신묘에 간다茜雪至獄神廟"는 구절이 나오는데, 저우루창은 이에 근거해서 80회 이후 이야기에 가부賈府가 몰락한 뒤 천설이 옥신묘로 가서 가보옥을 위로하고 돕는 내용이 나온다고 보았다.―옮긴이

11_ 『홍루몽』에는 두 명의 보옥이 나오는데, 가보옥賈寶玉과 견보옥甄寶玉이다. 견보옥은 가보옥과 생년월일도 같고 생김새도 같다. 『홍루몽』에서 가보옥은 전생에 신영시자神瑛侍者였다고 말해지는데, 저우루창은 진짜 신영시자의 화신은 가보옥이 아닌 견보옥이라고 주장했다. 두 사람의 성씨인 가賈(자)와 견甄(전)은 각각 가假(자)와 진眞(전)을 의미한다.(괄호는 중국어 발음)―옮긴이

12_ 조설근(1715~1763)은 난징南京에서 출생해 권문세가의 자제로 풍족한 어린 시절을 보냈다. 그의 조부는 강희제康熙帝의 두터운 신임을 받았던 인물인데, 옹정제雍正帝가 즉위한 뒤에 조설근의 집안은 가산을 몰수당하고, 조설근이 열세 살이 될 때 베이징으로 이사하게 된다. 그 뒤 1743년(건륭 8)에 집안이 완전히 몰락한 뒤 조설근은 베이징 교외의 샹산香山으로 이사해 『홍루몽』을 집필하기 시작했다. 이러한 조설근의 집안 배경을 근거로, 후스胡適를 비롯한 많은 연구자가 『홍루몽』을 조설근의 자전적 소설로 여겼다.―옮긴이

13_ "一人得道, 鷄犬飛昇." 한 사람이 득세하면 관련 있는 이들이 모두 덕을 보게 되는 것을 비유하는 말이다. 왕충王充의 『논형論衡』 「도허道虛」에, 한漢나라 때 회남왕淮南王 유안劉安이 득도하자 집안의 가축들까지 하늘로 올라가게 되어 개가 하늘에서 짖고 닭이 구름에서 울었다는 내용이 나온다.―옮긴이

14_ 류쉬위안劉緖源, 「사상가의 지·정·의思想者的知情意」, 『독서』, 2010년 제10기.―옮긴이

15_ 후펑胡風(1902~1985)을 반혁명 집단의 괴수로 몰아서 다수의 연관 문인들

을 숙청한 '후펑 사건'을 두고 하는 말이다. 후펑은 문학의 정치적 도구화를 핵심으로 하는 마오쩌둥의 옌안延安문예강화(1942)에 반대했는데, 이로 인해 중화인민공화국 수립 이후 당권파들이 후펑의 문예사상을 본격적으로 비판하기 시작했다. 급기야 1955년에는 수우舒蕪(1922~2009)가 후펑과 개인적으로 주고받은 편지를 당에 제출했는데, 이것이 교묘하게 편집되어 『인민일보』에 공개되어 후펑을 비판하는 핵심 자료로 이용되었다. 결국 이로 인해 후펑은 반혁명 집단의 괴수로 몰려 25년의 옥살이를 했고, 1979년에야 복권되었다. 수우는 일찍이 1940년대에 후펑의 지지를 받아 문단에서 두각을 나타냈기 때문에 후풍 사건 이후 배신자의 딱지를 달게 되었다.─옮긴이

16_ 1937년 7·7 사변 이후 1938년 4월 9일, 일본은 베이핑北平(베이징)에서 '중국 문화 갱생 건설 좌담회'를 열었는데 저우쭤런周作人(1885~1967)이 여기에 참석해 연설했다. 이 소식이 신문에 보도되자 18명의 작가가 공개서한을 발표하며 저우쭤런에게 베이핑을 떠나 남쪽으로 올 것을 요구했다. 하지만 결국 저우쭤런은 베이핑에 계속 머물렀다. 1942년 12월에 저우쭤런은 화베이華北 중화민국 신민新民 청소년단 중앙통감부 부통감이 되었고, 부통감의 신분으로 일본식 군복을 입고 일본식 모자를 쓴 채로 정통감正統監 왕이탕王揖唐을 수행해 톈안문天安門의 '청소년단' 훈련의 분열식分列式을 사열했다.─옮긴이

17_ 저우쭤런의 산문 중에 「차를 마시다喝茶」가 있고, 작품집 중에 『담용집談龍集』『담호집談虎集』이 있다. 본문에 나오는 리쩌허우의 말의 의미는 저우쭤런의 모든 글이 위선덩어리라는 것이다.─옮긴이

18_ 후란청胡蘭成(1906~1981)은 저우쭤런과 더불어서 중국에서 가장 유명한 친일 작가였다. 항일전쟁 시기에 선전부 부부장을 맡았던 후란청은 매국노로 평가 받는 인물이다. 그런데 장아이링張愛玲(1920~1995)은 1944년에 후란청과 결혼했다. 리쩌허우는 이에 대한 불만을 토로한 것이다.─옮긴이

7장 '정 본체'가 기독교 정신과 대면하다

1_ "王侯將相, 寧有種乎?"(『사기』 「진섭세가陳涉世家」) 진시황이 죽은 이듬해(209)에 진승陳勝은 변방 수비를 위해 징발된 이들을 이끌고 가던 도중에 큰비를 만나서 기일 안에 도착할 수 없게 되자 오광吳廣과 함께 반란을 감행했다. 기한 안에 도착하지 못하면 어차피 사형이었기 때문이다. 그는 "왕후장상의 씨가 어찌 따로 있겠는가!"라는 말로 농민들을 선동하며 진나라에 반기를 들었다. 순식간에 세력을 확보한 진승은 스스로 왕이라 칭하며 나라이름을 '장초張楚'라고 했다.─

옮긴이

2_ "彼可取而代也."(『사기』「항우본기項羽本紀」) 항우가 진시황의 행렬을 지켜보며 한 말이다.—옮긴이

3_ "天視自我民視, 天聽自我民聽."(『상서』「태서泰誓」)—옮긴이

4_ 호구戶口는 일종의 호적 내지 주민등록에 해당되는데, 호구가 없으면 신분증을 가질 수 없고 진학·취업·결혼도 할 수 없다. 호구의 종류는 여러 가지로, 호구의 분류에 따라 관리 방식이 다르다. 특히 도시 호구에 속하면 각종 생활과 복지 면에서 농촌 호구보다 월등히 좋은 혜택을 받는다.—옮긴이

5_ '마오에 대한 세 가지 충성三忠於'과 '네 가지 무한四無限'은 문화대혁명 시기에 나온 정치 용어로, 마오쩌둥에 대한 개인 숭배 및 마오쩌둥 사상에 대한 충성을 강조한 것이다. '마오에 대한 세 가지 충성'은 마오에게 충성하고, 마오의 사상에 충성하고, 마오의 무산계급 혁명 노선에 충성하는 것이다. '네 가지 무한'은 마오에 대한 무한한 사랑, 무한한 신앙, 무한한 숭배, 무한한 충성이다.—옮긴이

6_ 사실과 다른 내용이다. 2005년 통계청 자료에 따르면, 한국의 전체 종교 인구 가운데 기독교 신자가 18.3퍼센트이고 천주교 신자가 10.9퍼센트다. 둘을 합해도 30퍼센트에 미치지 않는다.—옮긴이

7_ 「용포를 때리다打龍袍」는 소설 『삼협오의三俠五義』의 내용에서 나온 경극京劇 레퍼토리 가운데 하나다. 극 중에 인종仁宗의 어머니가 인종을 질책하며 포증包拯에게 명해 인종을 때리도록 하자, 포증이 인종의 용포를 벗게 해서 용포를 때리는 이야기가 나온다.—옮긴이

8_ 프란시스 콜린스(1950~)는 1993년 인간게놈프로젝트를 이끌어 2003년에 31억 개의 유전자 서열을 해독해 인간의 유전자 지도를 완성한 과학자다. 2013년에는 버락 오바마 미국 대통령이 인간 두뇌의 비밀을 밝혀낼 '두뇌 지도 프로젝트' 계획을 발표했는데, 현재 미국 국립보건원장으로 있는 콜린스가 이 프로젝트에서도 주도적 역할을 맡고 있다. 그의 대표작 『신의 언어Language of God』(2007)는 과학과 종교를 통합하기 위한 길을 탐색한 저서다.—옮긴이

8장 인성능력·인성정감·선악관념

1_ 존 롤스(1921~2002)는 '포괄적인 도덕 교설comprehensive moral doctrine'과 '정치적 정의관political conception of justice'을 구분했는데, 이는 그의 정치적 자유주의를 이해하는 관건이다. 포괄적 교설이란 철학·가치관·형이상학 등을 말한다. 주요 종교와 철학적 도덕 이론 역시 포괄적 교설 가운데 하나다. 『정치적 자유주

의Political Liberalism』(1993)에서 롤스는 종교적·철학적·도덕적 신념이 상이한 다원주의 사회에서 '중첩적 합의'의 가능성을 제시하며 정의의 원칙을 도출해냈다. 롤스는 정의의 원칙을 철학적 진리나 종교적·도덕적 신념으로부터 도출해내는 과거 방식을 피한다. 대신 그는 자신의 정의관을, 철학적·종교적·도덕적 신념을 달리하는 사회의 제반 집단이 실천적 이성을 통해 지지하는 중첩적인 합의로 여겼다. 이는 정치적 다원주의로 자연스럽게 연결된다. 그가 말하는 중첩적 합의는 현대의 헌법적 민주주의 정치의 원리다. 즉 중첩적 합의란, 다양한 입장과 세계관과 이념 등을 가진 시민들을 공론의 장에 모아놓고 이들의 의견을 충분히 수렴하고 최대한의 공약수를 찾아내 합의를 도출해내는 작업이다. 이러한 다원주의적 요소를 추구하려면 사상의 자유가 필요하며 이는 곧 양심과 언론의 자유로 이어진다. 또한 롤스는 양심을 사회적으로 공론화하기 위한 결사의 자유를 중요시했다. 리쩌허우는 종교적 요소를 배제한 롤스의 중첩적인 합의 개념에 대해, 이것이 사회적 도덕과 종교적 도덕을 구분해야 한다는 자신의 주장과 비슷하다고 했지만 더 근본적으로 보자면 두 사람의 차이는 매우 크다. 롤스가 주장한 중첩적 합의는 무엇보다도 자유와 민주를 바탕으로 한다. 그런데 리쩌허우는 중국 현대화의 '4가지 순서'를, 경제 발전 → 개인의 자유 → 사회 정의 → 정치 민주화 순으로 보았다. 한편 롤스가 생각한 사회의 우선순위는 자유, 사회 정의, 경제 성장이다.—옮긴이

2_ 출처를 찾지 못했다. 앞뒤 맥락을 통해 볼 때, 리쩌허우가 실러의 말을 인용한 까닭은 도덕문제에 있어서 이성과 감정을 어떻게 조화시킬 것인가의 문제를 제기하기 위해서라고 생각된다. 즉 감정 없는 도덕적 당위에 대한 보충 설명이 필요했다고 본다. 칸트는 도덕주체의 의지를 실천이성의 측면에서만 파악하고 도덕감정은 배제함으로써, 도덕 주체가 개인의 어떠한 성향도 없이 그저 정언명령의 형태로 나타나는 도덕적 지침의 의무에 복종하는 존재가 되도록 하는 결과를 초래했다. 실러는 칸트 윤리학의 이러한 난제를 발견하고 이를 해결하기 위해 칸트의 감정과 이성이라는 이원적 윤리학의 틀을 타파하고 의무에 대한 애호라는 개념을 제기했다. 또한 정언명령에 따른 도덕 행위의 '결과'를 전혀 고려하지 않는 칸트의 입장과 달리, 실러는 도덕 행위에 따른 결과까지도 염두에 두어야 한다는 입장이다. 따라서 "선의로 타인을 도와주었는데 도리어 부도덕이고, 악의로 타인을 도와주었는데 도리어 도덕"이라는 실러의 말은, 도덕주체의 성향 및 도덕 행위의 결과라는 측면을 고려하지 않은 칸트를 비판한 내용으로 이해해야 할 듯하다.—옮긴이

3_ "雖有性, 心弗取不出."
4_ 류옌옌柳延延, 「대도시, 낯선 사람들이 모이는 곳大城市, 陌生人相聚之地」, 『문회보』, 2010.10.9.—옮긴이

9장 문장에서 추구하는 것과 그 밖의 것들
1_ 1980~1990년대에 출현한 '문화 산문'은 '학자 산문'이라고도 한다. 인문과학 및 사회과학 연구자들이 제재를 선택하고 글을 쓰는 데 있어서 뚜렷한 문화의식과 이성적 사고와 인문적 정감을 드러낸 산문을 가리킨다. 사색적 지성으로 충만하면서도 문화에 대한 관심과 개인적 느낌까지 충분히 담아냄으로써 이성과 정감을 결합한 것이 문화 산문의 주요 특징이다.—옮긴이
2_ 「미육으로 종교를 대신하다以美育代宗教」, 『화하미학華夏美學』 제6장 '근대를 향해 나아가다'에 속한 글이다.—옮긴이
3_ "文章千古事, 得失寸心知."(두보杜甫, 「우제偶題」)—옮긴이
4_ "滿招損, 謙受益."
5_ 러시아 소설가 니콜라이 고골(1809~1852)은 『죽은 혼』의 속편인 제2부를 쓰면서 긍정적인 인물을 묘사하고자 했다. 그런데 긍정적 인물은 생명력을 잃어가고 부정적인 인물만 힘차게 묘사되자, 이를 신이 자신으로부터 인간 구원의 목소리를 거두어간 증거라고 생각한 그는 절망에 빠진다. 그는 기도와 단식에 몰두하고 순례를 떠나기도 했지만, 결국 10년을 들여 쓴 제2부 원고를 불태우고 열흘 뒤 거의 미친 상태에서 생을 마감했다.—옮긴이
6_ "十年磨一劍" 가도賈島의 「검객劍客」이라는 시에 나오는 구절로, 여러 해 동안 고생을 견디며 애를 써서 연마하는 것을 비유한다.—옮긴이
7_ 체코 출신의 유대계 독일어 작가인 프란츠 카프카(1883~1924)의 생전에 발표된 작품은 단편 일부에 불과했으며 그나마도 거의 팔리지 않았다. 그는 아직 출간되지 않았던 카프카 3부작, 즉 『심판』 『성』 『아메리카』를 친구인 브로트에게 맡기며 불태워달라는 유언을 남겼다. 그런데 브로트가 이것을 출판함으로써 카프카는 사후에 세계적 명성을 얻게 되었다. 2011년에는 단편소설·일기·서신 등 카프카의 미공개 유고 목록이 공개되기도 했다.—옮긴이
8_ 『영산靈山』(한국어 번역본 제목은 『영혼의 산』)의 작품 구상에서 탈고까지가 7년이지, 탈고 후 7년이 지난 뒤 출판된 것은 아니다. 2000년 노벨문학상 수상작인 『영산』은 가오싱젠高行健(1940~)이 1982년 여름 베이징에서 착수해, 그가 정치 난민으로 프랑스에 망명한 이듬해인 1989년 9월 파리에서 탈고한 작품이다. 중

국어본으로 발표된 것은 1990년이다.―옮긴이

9_ "學而優則仕"『논어』「자장子張」에 나오는 구절로, 다음 두 가지로 해석할 수 있다. "배워서 뛰어나면 벼슬을 한다." "배우고 여유가 있으면 벼슬을 한다." 본문의 맥락을 고려해 전자로 옮겼다.―옮긴이

10_ 두 책의 저자인 제럴드 에덜먼(1929~)은 1972년 노벨 생리의학상을 수상한 생화학자로, 뇌 연구의 권위자다. 참고로『하늘보다 넓다』의 한국어판 제목은『뇌는 하늘보다 넓다』이다.―옮긴이

11_ "人心不同, 各如其面."(『좌전左傳』양공襄公 31년)―옮긴이

12_ 일획一畫은 석도石濤(1642~약 1707) 화론의 핵심 개념이자『화어록畵語錄』전편을 관통하는 사상이다. 석도는『화어록』「일획」에서 "일획은 모든 유有의 근본이고 만상萬象의 뿌리"이며, "일획의 법을 세운다는 것은 무법無法에서 유법有法이 생기는 것이고, 유법으로 여러 법을 관통하는 것"이라고 했다. 또한 "그림은 마음을 따르는 것"이고 "일획의 법이 서면 만물이 드러난다"고 했다.「산천山川」에서는 "일획으로 헤아리면 천지의 화육化育에 참여할 수 있다"고 하면서 "나는 이 일획으로 산천의 형신形神을 꿰뚫을 수 있다"고 했다. 석도의 일획은 대자연에 대한 깨달음에서 나온 것으로, 천도天道와 화도畵道를 연결하여 천인합일天人合一에 이르게 해주는 창작 법칙이라고 할 수 있다.―옮긴이

13_ "爲往聖繼絶學" 북송北宋의 철학자 장재張載(1020~1078)가 한 말이다. 그는 "천지를 위해 마음을 세우고, 백성을 위해 명을 세우고, 지나간 성인을 위해 끊어진 학문을 잇고, 만세를 위해 태평을 연다爲天地立心, 爲生民立命, 爲往聖繼絶學, 爲萬世開太平"고 했다. 펑유란은『중국 철학사』마지막 부분에서 이 구절을 인용했다.―옮긴이

14_『부생논학浮生論學』, 화샤華夏출판사, 2002. 리쩌허우와 천밍陳明의 2001년 대담록이다.―옮긴이

15_ 하이네는 칸트에 대해 말하길, 칸트는 글로 쓸 만한 생활을 한 적이 없기 때문에 그의 생활을 글로 쓴다는 것은 대단히 어려운 일이라고 했다. 하이네에 따르면, 칸트는 교회에 걸린 커다란 시계와 비교할 때 어느 편이 더 규칙적인지 분간하기 어려울 정도로, 아침에 일어나면 차 마시고 책 읽고 글 쓰고 강의하고 밥 먹고 산책하는 생활을 정해진 시간에 따라 규칙적으로 되풀이하는 삶을 살았다.―옮긴이

제2부 팔순의 리쩌허우: 적막한 선지자

1_ 작자의 동의를 거쳐 2010년에 간행물에 발표된 리쩌허우 선생과의 담화록을 부록으로 덧붙인다. 원래 면모를 유지하기 위해 일부 중복되는 내용을 수정하지 않고 그대로 실었으니 독자의 양해를 구한다. 여기에 속한 다섯 편의 글 가운데 앞의 세 편은 '팔순의 리쩌허우: 적막한 선지자八十李澤厚: 寂寞的先知'라는 제목 아래 『남방인물주간南方人物週刊』 제20기(2010.6.14)에 게재되었다.―편집자 주

1장 시대와 그 시대의 리쩌허우 _ 『남방인물주간』 편집부

2_ 『남방인물주간』 편집부, 「시대와 그 시대의 리쩌허우時代和它的李澤厚」.
3_ 펑쉐펑馮雪峰(1903~1976)의 회고에 따르면, 루쉰魯迅(1881~1936)은 1936년에 중국의 4세대에 걸친 지식인의 삶을 반영한 장편소설을 쓸 계획이었다고 한다. 제1대는 장타이옌章太炎(1869~1936) 세대, 제2대는 루쉰 자신의 세대, 제3대는 취추바이瞿秋白(1899~1935) 세대, 제4대는 그 당시 청년 세대다. 루쉰의 다양한 작품 가운데 유일하게 장편소설이 없는데, 루쉰은 4세대 지식인에 관한 장편소설 외에도 양귀비楊貴妃에 관한 장편소설과 홍군紅軍에 관한 장편소설을 쓰고자 했으나 결국 쓰지 못했다.―옮긴이
4_ 리쩌허우가 말한 중국 근현대의 6세대는 『중국현대사상사론』 후기에 따르자면 신해辛亥, 오사五四, 대혁명, 삼팔식三八式, 해방, 홍위병 세대다. 여기서 대혁명 세대는 북벌 세대를 가리키고, 삼팔식 세대는 항전 세대를 가리킨다. 『중국근대사상사론』 「루쉰 사상의 발전에 대한 약론略論魯迅思想的發展」에서도 6세대에 대해 간략히 논한 바 있다.―옮긴이
5_ 리쩌허우, 『나 자신의 길을 간다』.―옮긴이
6_ 리쩌허우, 「네 가지 '붐' 이후는四個'熱'潮之後?」, 『원도原道』 제7집, 2000. 학술지 『원도』는 제8집부터 『신원도新原道』로 명칭을 바꾸어서 간행되고 있다. 본문에서 말한 최근 20~30년이란, 1980년부터 현재까지를 가리킨다. 최근 20~30년 사이의 네 가지 붐이란, 1980년대 초의 미학열, 1980년대 중기와 말기의 문화열, 1990년대 초 이후의 국학열, 1990년대 중기 이후 지금까지의 서학열이다. 리쩌허우는 지금의 자유파와 신좌파 역시 서학열의 자장 속에 있다고 보았다.―옮긴이
7_ 리쩌허우, 「비방도 찬양도 하지 않고, 좌도 우도 아니다不誹不揚, 非左非右」 (1997). 『세기신몽世紀新夢』(안후이安徽문예출판사, 1998)에 수록되어 있다. 이 글은 『미의 역정』의 독일어판 번역자인 카를 하인츠 폴Karl-Heinz Pohl의 저서가 『카

를 하인츠 폴 문집『松山文集』이라는 제목으로 중국에 출판되면서 리쩌허우가 쓴 서문이다. "비방도 찬양도 하지 않는다"는 것은, 찰스 테일러가 『진정성의 윤리 The Ethics of Authenticity』에서 서구 근대성에 대하여 지양해야 할 두 가지 태도로 언급한 지나친 비관주의자로서의 독설가knockers와 과도한 긍정주의자로서의 열렬한 지지자booster와 관련된 것이다. 그리고 "좌도 우도 아니다"는 앤서니 기든스의 『좌파와 우파를 넘어서Beyond Left and Right』와 관련된 것이다. 리쩌허우는 이상의 태도가 동서고금을 하나로 녹여낸 새로운 길을 열 수 있는 방법이라고 보았다. 그리고 이를 통해서만이 유학이 기독교·이슬람교와 공존하고 조화롭게 공존하는 지구촌을 만들 수 있으며, 파편화라는 포스트모더니즘의 심각한 도전에 맞설 수 있다고 했다.—옮긴이

8_ "앞으로도 돌아올 것이다"부터 "훨씬 중요하다"까지의 문장은 다음 글에 실렸던 내용이다. 「리쩌허우: 현실에 관심을 기울이는 학자李澤厚: 關心現實的學者」, 『싼롄 생활주간三聯生活週刊』, 2009.10.9.—옮긴이

9_ 『역사본체론』의 서문에 나오는 말이다.—옮긴이

2장 적막한 사상가

1_ 웨이이衛毅, 「적막한 사상가寂寞思想者」.

2_ 〈초녀超女〉는 〈초급여성超級女聲, Super Girl〉의 준말이다. 〈초급여성〉은 후난湖南 위성 TV가 여성을 대상으로 대중가수를 선발하는 공개 오디션 프로그램으로, 2004년부터 해마다 한 번씩 치러지고 있다. 본문에서 '초녀'는 이 프로그램에서 인기가 있었던 여성을 가리킨다.—옮긴이

3_ 저우비창周筆暢(1985~)은 2005년도 〈초급여성〉에서 2위를 차지했다.—옮긴이

4_ 『외침吶喊』의 자서(1922.12.3)에 나오는 말이다.—옮긴이

5_ 리쩌허우는 1948년에 고등학교를 졸업했는데, 그가 대학에 진학하거나 직장에 들어가지 않은 상태에서 1949년에 어머니가 돌아가셨다. 참고로 덧붙이자면, 리쩌허우가 베이징 대학에 입학한 것은 1950년이다.—옮긴이

6_ 후난성립 제1중학湖南省立第一中學은 1912년에 세워진 후난성 최초의 공립 중고등학교다. 현재 학교 명칭은 '후난성 창사시長沙市 제1중학'이다. 마오쩌둥도 1912년에 이 학교에 입학했는데, 관리가 지나치게 엄격해서 결국 한 학기 뒤에 이곳을 떠나 후난 제1사범학교로 들어갔다.—옮긴이

7_ 본문에서 말한 문서란 『부생논학』(105쪽)에 따르면 마오쩌둥의 글과 공산당을 선전하는 문서를 가리킨다. 본문에서 말하고 있는 시기는 국공내전(1945~1949)

이 벌어지던 때였다. 리쩌허우는 이 시기에 사상적으로 공산당에 경도되었다. 이때 그는 공산당에 입당할 기회가 있었는데, 어머니의 상을 치르러 갔다가 돌아온 뒤에 조직과 연락이 끊겼고 결국 입당하지 못했다. 분문에서 매듭짓지 못한 일이란 이를 일컫는다.—옮긴이

8_ 1952년 중국에서는 소련 모델을 그대로 따른 대학교의 학과 구조조정이 전국적으로 이뤄졌다. 이때 많은 대학의 인문·사회학과들이 통폐합되었다.—옮긴이

9_ 1949년 10월 1일 중화인민공화국이 성립되고 같은 달 5일에 펑유란은 마오쩌둥에게 편지를 써서 과거 자신의 봉건철학을 스스로 비판하며 사상을 개조하겠다고 다짐했다. 그리고 1950년에는 한동안 농촌으로 가서 토지개혁운동에 참가했다. 그 뒤 1952년에는 전국적인 대학교 학과 구조조정으로 인해 베이징 대학 철학과로 가게 되었는데, 4급 교수로 있으면서 강의를 개설하지 못했다. 이는 1951년부터 1952년까지 전개된 '지식인 사상개조운동'과도 관련 있다. 본문에서 말한 '운동원'은 바로 사상개조운동의 대상자였다는 의미다. 이 기간에 펑유란은 자신의 과거 저작이 모두 무가치하다고 자아비판하며 자신의 저서에 마르크스주의를 반영할 것을 다짐해야 했다.—옮긴이

10_ 린지위任繼愈(1916~2009)는 리쩌허우의 경제 사정이 열악하다는 것을 알고 자신을 도와 원고를 베껴 쓰게 하고, 매번 5위안에서 10위안을 주었다. 베껴 쓸 원고가 없어지자 그냥 도와주기도 했다.—옮긴이

11_ 미학 대토론은 1956년부터 1962년까지 이어졌다. 이때 형성된 미학의 3대 유파는 주광첸朱光潛(1897~1986)을 대표로 하는 주객관 통일론, 차이이蔡儀(1906~1992)를 대표로 하는 객관론, 리쩌허우를 대표하는 객관사회론이다.—옮긴이

12_ 부인이 소속된 기관의 숙사에서 살았다. 리쩌허우의 부인은 석탄공업부의 문화예술 홍보단 무용수였다.

13_ 오칠 간부학교五七幹校는 문화대혁명 기간에 마오쩌둥의 '오칠지시五七指示'를 관철시키기 위해서 간부·과학기술자·대학교수 등을 농촌으로 하방시켜 노동하면서 재교육을 받도록 한 곳이다.—옮긴이

14_ "少年高曠豪舉之士, 多樂慕之, 後學如狂."(심찬沈瓚, 『근사총잔近事叢殘』)—옮긴이

15_ "高山仰止" 『시경』 「거할車舝」에 "높은 산을 우러러보며, 큰길을 걸어간다高山仰止, 景行行止"는 구절이 나온다. 사마천은 『사기』 「공자세가孔子世家」에서 이 구절을 인용해 공자를 찬미하면서, "비록 그에 도달하지는 못하지만 마음으로 동경한다雖不能至, 然心向往之"고 했다. 여기서 높은 산은 고상한 도덕을 의미하고, 큰

길은 광명정대한 행동을 의미한다.—옮긴이

16_ 자오팅양趙汀陽(1961~)은『천하체계: 세계제도 철학도론天下體系:世界制度哲學導論』(장쑤교육江蘇教育출판사, 2005)에서 고대 중국의 천하 관념을 재조명해 '천하체계'라는 개념을 제시했다. 중국이 천하의 중심이던 시기의 역사적 경험을 오늘날의 대안적 세계질서 모델로 보편화하고자 하는 그의 사상은 중국의 길을 강조한 리쩌허우의 영향을 받았다고 여겨진다.—옮긴이

17_ 우중차오吳忠超는 스티븐 호킹의 학생이었고,『시간의 역사時間簡史』(A Brief History Of Time)를 중국어로 번역했다.

18_ 류짜이푸는 리쩌허우가 하이데거의 격정과 칼 포퍼의 냉정을 모두 갖추었음을 말하고자 한 것이다. 『혁명과 고별하다告別革命』의 서문「이성의 눈으로 중국을 보다用理性的眼睛看中國」에서 류짜이푸는 중국을 바라보는 리쩌허우의 생각을 소개하며, 리쩌허우의 다음 말을 인용한 바 있다. "중국에 부족한 것은, '네가 맞고 내가 틀릴 수 있으니 우리 함께 노력해서 진리에 접근하자'는 칼 포퍼의 이성정신이지, '나만 맞고 너희 모두는 안 된다'는 비이성적 태도가 아니다."(『인민일보』, 1989.4.8) 칼 포퍼(1902~1994)는 비판적 합리주의를 주장하며, 비판을 수용하고 진리의 독점을 거부하는 열린사회야말로 우리가 인간으로 남을 수 있는 유일한 길이라고 보았다.—옮긴이

19_ 덩더룽鄧德隆은, 광고마케팅 회사 트라우트앤드파트너Trout&Partners Ltd.의 중국 지점인 트라우트 중국 포지셔닝 전략 자문사特勞特中國戰略定位咨詢公司의 대표다.—옮긴이

20_ "西學爲體中學爲用, 剛日讀史柔日讀經."

3장 나는 지금 조용히 살고 있고, 또 조용히 죽어가려 한다 _ 웨이이·스위화

1_ 웨이이·스위화施雨華,「나는 지금 조용히 살고 있고, 또 조용히 죽어가려 한다我現在是靜悄悄地活着, 也準備靜悄悄地死掉」.

2_〈추쥐가 소송을 걸다秋菊打官司〉(1992)는 장이모우張藝謀 감독의 영화로, 중국 시골을 배경으로 추쥐라는 여인이 촌장의 사과를 받아내기 위해 힘겹게 소송을 벌이는 이야기를 담고 있다. 국내에는〈귀주 이야기〉라는 제목으로 개봉되었는데, '귀주'는 영문 제목 The Story Of Qiu Ju에 나오는 'Qiu Ju'를 잘못 옮긴 것이다.—옮긴이

3_ 주구청周谷城(1898~1996)의 '시대정신 회합론'을 둘러싸고 시대정신에 관한 토론이 1963년부터 1964년까지 이어졌다.『광명일보』만 하더라도 1964년 3달 동

안 토론 원고가 300편에 달했다. 대부분은 주구청의 관점을 비판하는 글이었다.─옮긴이

4_ 두 파는 조반파造反派와 보황파保皇派를 가리킨다. 한편 문화대혁명 기간에 군중 조직에 참여하지 않았던 이들을 '소요파逍遙派'라고 한다. 냉정한 방관자였던 이들은 문화대혁명이 종결된 이후에 신속히 두각을 나타냈다.─옮긴이

5_ 옌창구이閻長貴 · 왕광위王廣宇, 『문사구신집問史求信集』, 홍기紅旗출판사, 2009.6.─편집자 주

6_ 7·20 사건은 '우한武漢 사건'이라고도 하며, 1967년 7월 20일을 전후로 우한에서 발생했다. 우한에서 '공인총부工人總部'와 '백만웅사百萬雄師'라는 대중 조직의 투쟁이 날로 심화되던 가운데, 백만웅사가 자신들을 보수파라고 비판하며 공인총부를 지지한 중앙문혁소조中央文革小組 위원들을 4일 동안 감금하고 무장시위를 벌였다. 린뱌오林彪와 장칭江靑은 이것을 '반혁명 사건'으로 규정하고 이를 빌미로 우한 군부의 책임자인 천짜이다오陳再道 등을 공격했다. 그 뒤 전국에서 무력투쟁이 심화되었는데, 후베이湖北 전역에서 18만4000명의 사상자가 발생했다. 당과 정부의 기능이 마비되자 상황을 수습할 필요가 절박해진 마오쩌둥은 홍위병을 해산하고 해산된 청년들을 대규모로 농촌에 하방시켰으며 혼란을 수습하기 위해 인민해방군을 개입시켰다. 문화대혁명 초기의 이런 혼란에 대한 책임이 있는 천보다陳伯達 · 캉성康生 · 장칭은 자신들의 책임을 피하기 위해 모든 것을 왕리王力 · 관펑關鋒 · 치번위戚本禹 세 사람에게 전가했다.─옮긴이

7_ 구준顧准(1915~1974)은 1965년에 '현대 마르크스주의 연구회'라는 모임을 만들었다가 반동 단체를 조직했다는 명목으로 우파로 몰렸고 문화대혁명 기간에 박해를 받았다. 구준과 30여 년을 살아온 아내는 사회적 압력으로 인해 그와 이혼하기로 결정했지만 결국 1968년에 자살했다. 그리고 다섯 명의 자녀는 구준과의 관계를 완전히 끊었다.─옮긴이

8_ 군기권계群己權界란 '집단과 개인의 권리의 한계'라는 의미다. 옌푸는 스튜어트 밀의 『자유론On Liberty』을 『군기권계』로 번역했다. 옌푸는 '군기권계'의 의미에 대해서 이렇게 말했다. "인간이 자유를 얻는 데는 반드시 타인의 자유로써 한계를 삼아야 한다. 이 책 제목을 통해 사회와 개인 모두 각자의 '권리'가 있지만 그 권리에는 한계가 있음을 나타낸다. 저마다 자신의 자유를 행사할 권리가 있으며 그 한계는 타인의 자유를 침범하지 않는 것이다. 만약 타인의 자유를 저해한다면 사회는 그를 제재할 권리가 있다."─옮긴이

9_ 이때는 겨울이라 날이 추웠고 집 안에 머물렀다.

4장 민족주의와 포퓰리즘의 합류를 경계한다—리쩌허우와의 세 번째 만남_이중톈

1_ 이중톈易中天,「민족주의와 포퓰리즘의 합류를 경계한다警惕民族主義與民粹主義的合流」,『신경보新京報』, 2010.9.18.—편집자 주

2_ 이중톈의 글에는 "홀숫날에는 역사를 읽고 짝숫날에는 경전을 읽으라剛日讀史柔日讀經"라고 나와 있으나, 문맥상 명백한 오류이므로 "홀숫날에는 경전을 읽고 짝숫날에는 역사를 읽으라剛日讀經柔日讀史"로 고쳐서 옮겼다. 이 구절은「학문 탐구의 방법에 대하여 여러 아우들에게 보내는 편지致諸弟述求學之方法」라는 중국번曾國藩의 편지의 내용을 뒤집은 것이다. 이 편지에서 증국번은 "홀숫날에는 경전을 읽고 짝숫날에는 역사를 읽으라"고 했다. 홀숫날剛日은 간지로 날짜를 따질 때 날짜에 십간의 갑甲·병丙·무戊·경庚·임壬이 들어 있는 날을 말하고, 짝숫날柔日은 날짜에 십간의 을乙·정丁·기己·신辛·계癸가 들어 있는 날을 말한다. 증국번은 '중체서용中體西用'을 주장한 대표적 인물이다. 리쩌허우는 반대로 '서체중용西體中用'을 주장했기 때문에 펑유란이 그에게 선물로 준 대련에서 "서학을 체體로 삼고 중학을 용用으로 삼으라"는 구절에 이어 그다음 구절 역시 증국번의 주장을 뒤집어 원용한 듯하다.—옮긴이

3_ 리쩌허우와 이중톈의 세 번째 만남에서 이뤄진 이하의 대담은『신경보』의 자오지청趙繼成이 정리한 것이다.

4_ 그런데 히틀러는 투표로 집권했다.

5_『마오 주석 어록毛主席語錄』의 재판 서문(1966.12.16)에서 린뱌오가 한 말이다. 본문에 나온 '진리'라는 문구는『마오 주석 어록』에 '마오쩌둥 사상'으로 나와 있다.—옮긴이

6_ "中國可以說不"『중국은 '노No'라고 말할 수 있다中國可以說不』(한국어판 제목은『No라고 말할 수 있는 중국』)라는 책을 염두에 둔 발언이다. 이 책은 1990년대 중국의 민족주의 정서의 고양을 상징한다. 서지 사항은 다음과 같다. 쑹창宋强, 장창창張藏藏(실명은 장샤오보張小波), 차오볜喬邊, 구칭성古淸生, 탕정위湯正宇 지음, 중화궁상롄허中華工商聯合出版社, 1996.—옮긴이

7_ "中國不高興"『중국은 불쾌하다: 대시대, 대목표, 우리의 내우외환中國不高興: 大時代·大目標及我們的內憂外患』이라는 책을 염두에 둔 발언이다.『중국은 불쾌하다』의 기획자인 장샤오보는 이 책을 두고『중국은 '노라고 말할 수 있다』의 업그레이드 버전이라고 했다. 이 책은 중국의 이익을 위해 중국이 서방세계를 향해 단호한 목소리를 내야 한다고 주장하고 있다. 서지 사항은 다음과 같다. 쑹샤오쥔宋曉軍, 왕샤오둥王小東, 황지쑤黃紀蘇, 쑹창, 류양劉仰 지음, 장쑤인민출판사,

2009.—옮긴이

8_ "墨子雖獨能任, 奈天下何?" 『장자』 「천하天下」에서 장자는 묵자墨子를 비판하며, 살아서는 수고롭게 일만 하고 죽어서도 박장薄葬을 해야 하는 묵자의 도가 세상 사람들의 마음에 반하는 것이기에 세상 사람들이 감당할 수 없다고 하면서 "묵자가 비록 혼자서는 감당할 수 있다 하더라도 천하 사람들은 어찌할 것인가?"라고 했다.—옮긴이

9_ "不爲五斗米折腰"(『진서晉書』 「도잠전陶潛傳」)—옮긴이

10_ "種豆南山下"(도연명陶淵明, 「귀원전거歸園田居」 제3수)—옮긴이

11_ "知其不可而爲之" 『논어』 「헌문憲問」에 나오는 구절로 공자를 묘사한 말이다.—옮긴이

12_ 중국계 미국인 변호사이자 저명한 중국 경제 전문가인 고든 창Gordon G. Chang(장자둔章家敦)의 『중국의 몰락The Coming Collapse of China』(2001)을 가리킨다. 고든 창은 현 중국의 정치 및 경제 제도는 길어야 5년을 유지할 수 있을 뿐이고 중국의 경제는 쇠퇴하고 있으며 붕궤하기 시작했다고 보았다.—옮긴이

13_ 이중톈이 중국 붕궤론을 주장하는 이들에 대한 비판 뒤에 언급한 "기어코 코란을 불태우려는 목사"는 중국 붕궤를 추동하는 세력을 빗된 표현이다.—옮긴이

14_ 2010년에 테리 존스라는 목사가 '9·11 테러 9주년'이 되는 날에 코란을 불태우겠다고 해서 미국이 발칵 뒤집힌 일이 있었다. 공교롭게도 9·11 테러 현장에서 두 블록 거리에 모스크 건립이 추진되고 있었는데, 존스 목사는 코란 소각 계획을 철회한다면서 이슬람 지도자와 모스크를 다른 곳에 짓겠다는 합의를 이뤘다고 발표했다. 그런데 실상은 합의가 이뤄지지 않았고, 존스 목사는 자신의 계획이 취소된 것이 아니라 연기되었을 뿐이라고 했다. 2011년 3월 결국 그는 코란을 불태운 뒤 그 장면을 인터넷에 올렸고, 그 결과 아프가니스탄에서 폭동이 발생해 유엔 직원과 미군 병사 등 20여 명이 목숨을 잃었다. 2012년에 그는 코란뿐 아니라 모하메드의 초상까지 소각했다. 리쩌허우의 말에는 2010년까지의 상황만 반영된 것이다.—옮긴이

15_ 한한韓寒(1982~)은 바링허우80後를 대표하는 작가이자 카레이서이자 가수다. 1999년 첫 장편소설 『삼중문三重門』으로 베스트셀러 기록을 세웠다. 2005년에 개설한 블로그 방문자 수는 2013년 5억을 넘어섰다. 그의 산문과 소설은 늘 광범위한 주목과 논쟁을 불러일으킨다. 2010년 『타임즈』가 선정한 세계에서 가장 영향력 있는 100명의 인물 중 한 명이기도 하다.—옮긴이

16_ 천원첸陳文茜(1958~)은 타이완의 정객이자 언론가다. 『양쯔만보揚子晚報』의

기자가 그녀에게 한한을 어떻게 생각하는지 묻자, 평가할 가치가 없으며 무식하고 천박하다고 비난한 적이 있다. 한편 한한은 홍콩의 도서 전시회에 방문했을 때 그녀의 비난에 대한 의사를 표명하길, 자신은 천원첸의 프로그램을 즐겨 보며 여자와는 논쟁하지 않겠으니 말하고 싶은 대로 말하라고 했다.―옮긴이
17_ 상산하향上山下鄕은 1960~1970년대 문화대혁명 기간에 지식청년은 농촌으로 가서 재교육을 받으라는 마오쩌둥의 지시에 따라서, 지식청년이 도시를 떠나 농촌에 살면서 노동과 정치운동에 참여했던 것을 가리킨다.―옮긴이

5장 개량은 투항이 아니다, 계몽의 완성은 아직 한참 멀었다_샤오싼짜
1_ 샤오싼짜蕭三匝, 「개량은 투항이 아니다, 계몽의 완성은 아직 한참 멀었다改良不是投降, 啓蒙遠未完成」, 『남방주말南方週末』, 2010.11.4.―편집자 주
2_ 창장長江실업 회장인 리자청李嘉城(1928~)을 가리킨다. 리자청은 홍콩에서 '재물의 신' 또는 '초인超人(슈퍼맨)'으로 불린다. 홍콩에서 1달러를 쓰면 5센트는 그의 주머니에 들어간다는 말이 있을 정도로 홍콩의 경제를 좌우하고 있다. 미국 경제전문지인 포브스가 발표한 '2013년 억만장자' 순위에 따르면 그의 재산은 세계 8위, 중화권에서는 1위다.―옮긴이
3_ 리쩌카이李澤楷(리처드 리, 1966~)는 리자청의 둘째 아들로 '소초인小超人(리틀 슈퍼맨)'으로 불린다.―옮긴이
4_ 『인하이광·린위성 서신록殷海光·林毓生書信錄』. 1960년대 백색 테러의 분위기가 타이완을 뒤덮고 있을 때, 인하이광(1919~1969)은 타이완 대학 교수로 있었고, 린위성은 미국에서 공부하고 있었다. 사제관계인 두 사람은 권위적 폭정과 사회의 폐단을 치료할 처방을 희망하며 멀리 떨어진 곳에서 서신을 주고받으면서 정치·문화·수신·학문 등에 대해 허심탄회한 이야기를 나누었다.―옮긴이
5_ 류쥔닝劉軍寧, 「중국, 너에겐 한바탕의 문예부흥이 필요하다中國, 你需要一場文藝復興」, 『남방주말』, 2006.12.7.―옮긴이
6_ 본문에 나오는 권귀權貴자본주의를 정실자본주의로 옮겼다. 정실자본주의 Crony Capitalism란 권력과 자본이 유착해 사회의 부를 독점하는 것을 말한다. 중국에서는 권귀자본주의, 규벌裙帶자본주의, 관계자본주의, 붕당자본주의, 친구 密友자본주의라고도 한다.―옮긴이
7_ 사실 이건 마르크스 이론이다.
8_ 나폴레옹 3세 통치기간의 프랑스 정부 체제를 프랑스 제2제국(1852~1870) 또는 프랑스 제2제정이라고 한다. 이 시기에 나폴레옹 3세는 철도·운하·항만의 건

설 사업을 일으켜 실업자를 흡수하고 공업과 농업의 발전을 촉진시켰다. 또한 대규모의 기술개발을 후원하고 발명가들을 지원했다. 파리를 근대적으로 재건한 파리 개조사업도 이 시기에 있었던 일이다. 1860년 이후 그는 독재를 완화하며 체제를 자유화했다. 정치범을 석방하고 반대 언론을 허용했으며, 1870년 마침내 정치체제를 입헌군주제로 전환했다.—옮긴이

9_ "有機事者必有機心."(『장자』「천지天地」) 공자의 제자 자공子貢이 길을 걷다가 밭에 물을 주고 있는 노인을 만났는데, 물동이를 직접 안고 우물 속으로 들어가 물을 긷는 것이었다. 자공이 그 노인에게 두레박 만드는 법을 가르쳐 주자 노인이 그에게 한 말 가운데, "기교한 도구機械가 있으면 기교한 일事이 있게 마련이고, 기교한 일이 있으면 기교한 마음機心 있게 마련이다"라는 내용이 나온다.—옮긴이

10_ 남순강화南巡講話를 가리킨다. 1992년 초 덩샤오핑鄧小平은 우창武昌·선전深圳·주하이珠海·상하이 등지를 시찰하면서 일련의 중요한 강화를 했는데, 이를 남순강화라고 한다. 남순강화에서 덩샤오핑은 개혁을 심화하고 발전을 가속화해야 할 필요성과 중요성을 거듭 천명했다.—옮긴이

11_ 『강감이지록綱鑒易知錄』은 청나라 학자 오승권吳乘權이 편집한 중국 통사 독본으로, 강희康熙 50년(1711)에 처음 간행되었다. 신화시대인 반고盤古의 천지개벽부터 명나라 멸망까지의 중요한 역사 사건과 인물에 대한 기록이 간략하게 정리되어 있다.—옮긴이

12_ 『국사구문國史舊聞』(중화서국中華書局)은 천덩위안陳登原(1900~1975)이 편찬한 역사서로, 총4권으로 이루어져 있다. 1권은 삼국과 위진남북조魏晉南北朝 시기의 역사, 2권은 당唐·송宋·요遼·금金·원元의 역사, 3권은 명明·청淸의 역사, 4권은 근대의 역사다.—옮긴이

리쩌허우 저서 목록

『문외집門外集』, 장강문예출판사, 1957.
『캉유웨이·담사동 사상 연구康有爲譚嗣同思想硏究』, 상하이인민출판사, 1958.
『비판철학의 비판批判哲學的批判』, 인민출판사, 1979.
『중국근대사상사론中國近代思想史論』, 인민출판사, 1979.
『미학논집美學論集』, 상하이문예출판사, 1980.
『미의 역정美的歷程』, 문물출판사, 1981.
『중국미학사中國美學史』, 중국사회과학출판사, 1984. (류강지劉綱紀와의 공저)
『중국고대사상사론中國古代思想史論』, 인민출판사, 1985.
『나 자신의 길을 간다走我自己的路』, 베이징싼렌서점, 1986.
『중국현대사상사론中國現代思想史論』, 동방東方출판사, 1987.
『화하미학華夏美學』, 홍콩싼렌서점, 1988.
『미학사강美學四講』, 홍콩싼렌서점, 1989.

『리쩌허우 십년집李澤厚十年集(1979~1989)』, 안후이문예출판사, 1994.

『**혁명과 고별하다**告別革命』, 홍콩천지도서공사, 1996. (류짜이푸와의 공저)

『논어금독論語今讀』, 안후이문예출판사, 1998.

『세기신몽世紀新夢』, 안후이문예출판사, 1998.

『파재신설波齋新說』, 홍콩천지도서공사, 1999.

『**기묘오설**己卯五說』, 중국뎬잉電影출판사, 1999. (『파재신설』과 같은 책)

『부생론학浮生論學』, 화샤출판사, 2002. (천밍과의 대담록)

『역사본체론歷史本體論』, 베이징싼롄서점, 2002.

『실용이성과 낙감문화實用理性與樂感文化』, 베이징싼롄서점, 2005.

『리쩌허우 근년 문답록李澤厚近年答問錄』, 톈진사회과학출판사, 2006.

『인류학역사본체론人類學歷史本體論』, 톈진사회과학출판사, 2008.

『윤리학강요倫理學綱要』, 인민일보출판사, 2010.

『철학강요哲學綱要』, 베이징대학출판사, 2011.

『중국 철학이 등장할 때가 되었는가?該中國哲學登場了?』, 상하이역문출판사, 2011. (류쉬위안과의 대담록)

『중국 철학은 어떻게 등장하는가?中國哲學如何登場?』, 상하이역문출판사, 2012. (류쉬위안과의 대담록)

강조 표시 된 것은 국내에서 번역 출간된 저서다. 그중에서 『혁명과 고별하다』는 『고별혁명』, 『기묘오설』은 『학설』이라는 제목으로 출간되었다.

옮긴이의 말

파재破災를 꿈꾸는
파재波齋에서의 철학

　파재波齋, 리쩌허우가 2010년 11월 13일에 이 책의 서문을 마무리 지은 이곳은 다름 아닌 그의 집이다. 그는 미국 콜로라도 볼더에 있는 자신의 집을 '파재'라고 불렀다. 파波는 파급波及, 즉 '영향이 다른 곳에 미치다'라는 의미다. 그리고 재齋는 집이나 방의 이름에 쓰이는 글자다. 그런데『파재신설波齋新說』서문에서 리쩌허우는 파재의 재齋는 재災(재앙)의 의미를 빗댄 것이라고 밝히고 있다. 성문에 불이 나서 연못의 물고기한테까지 재앙이 미치자殃災 멀리 달아났기 때문에 자신의 집을 '파재波齋'라고 부르게 되었다고 한다. 이는 북제北齊 두필杜弼의「격량문檄梁文」에 나오는 다음 구절을 원용한 것이다. "성문에 불이 나니 연못의 물고기한테까지 재앙이 미친다城門失火, 殃及池魚." 성문에 불이 나면 불을 끄기 위해서 해자의 물을 전부 사용하는 바람에 해자에서 살던 물고기도 죽게 마련, 그래서 이 구절은 무고하게 연루되어 화를 당하게 될 때를 비유하는 말로 쓰인다. 결국 리쩌허우의 집 '파재'는 자신에게 미친 재앙을 피해 멀리 달아난 물고기가 사는 집이라는 의미다.

1992년, 리쩌허우는 재앙을 피해 멀리 달아나는 물고기가 되어 중국을 떠나 미국으로 가게 된다. 정통 좌파와 반전통을 부르짖는 급진 청년들의 양면 공격에 시달리다가 결국 그렇게 떠나기로 선택한 것이다. 그가 비판받았던 주요 내용은 서체중용西體中用, 주체성, 구망救亡이 계몽을 압도했다는 주장에 대한 것이었다. "한쪽에서는 그를 '자유'라고 힐문하고, 다른 한쪽에서는 그를 '보수'라고 힐문했다." 리쩌허우의 회고에 의하면, 당시 그를 비판하는 글이 다른 사람들을 비판하는 글을 전부 합한 것보다도 많았다고 한다. 『비판철학의 비판』 『중국근대사상사론』 『미학논집』 『미의 역정』 『중국고대사상사론』 『나 자신의 길을 간다』 『중국현대사상사론』 『화하미학』 『미학사강』 등 1970년대 말부터 1980년대 말까지 그가 내놓은 저서는 미학열과 문화열이 한창이던 중국을 뜨겁게 달구었다. 책에 나오는 표현을 빌리자면, "1978년 이후, 문화대혁명의 금욕주의로부터 필사적으로 벗어나고자 했던 중국인은 청바지·선글라스·립스틱의 유혹에 직면하기 시작했다. 그들은 자신의 욕망의 충동에 대한 이론적 지지가 필요했다. 미학은 이때 사상 해방의 조력자가 되었다. 미를 인식하고 추구하는 과정 속에서 사람들은 한동안 잃어버렸던 자아의 가치를 되찾았다." 그런데 그는 1980년대 문화열의 중심에 있으면서도 '반전통' 문화열에는 찬성하지 않았다. 류짜이푸의 평가처럼 리쩌허우는 하이데거의 격정과 칼 포퍼의 이성, 그 사이의 균형을 항상 염두에 두었던 듯하다. 리쩌허우의 개념을 빌리자면 그것은 바로 '도度(딱 알맞음)'이다.

'도'를 추구했기에 아이러니하게도 리쩌허우는 주류와 어긋났다.

현대화가 미국화라고 여기는 자유파와도 어긋나고, 전통 만세를 부르짖는 국학파와도 어긋나고, 신유가 및 신국학과 동맹을 맺어서 민족주의를 부르짖는 신좌파와도 어긋났다. 하지만 달리 보자면, 리쩌허우는 자신의 주체적 시각을 통해 자유파가 추구하는 보편 가치, 국학파가 추구하는 전통, 신좌파가 추구하는 중국의 길과 거리를 두면서 나름대로 그것들과 소통하는 것인지도 모른다. 이에 대해 그 자신은 이렇게 말한다. "저는 그 무엇과도 접속하지 않습니다. 누가 뭐라고 하든 여전히 제 방식대로 하는 거죠. 전통에 반대하면서도 전통을 옹호하고, 서양을 배우면서도 서양을 비판합니다. 나이가 벌써 팔순이에요. 앞날이 얼마 남지도 않았으니, 남들이 비웃고 욕해도 대꾸하지 않으렵니다. 그렇다고 그들이 나를 어쩌겠어요?"

그렇다, 리쩌허우는 벌써 팔순이 넘었다. 어느덧 그는 한물간 인물로 평가받게 되었다. 21세기로 접어든 시점에 내놓은 『역사본체론』(2002) 서문에서 그는 스스로를 "지난 세기의 중국인"이라고 했다. 전문화된 철학만이 남고 사상가는 사라진 이 시대에, 여전히 사상가이고자 하는 그는 이렇게 말한다. "제 미래에 대해서는 낙관하지 않아요. 하지만 중국과 인류의 미래에 대해서는 비교적 낙관합니다. 이건 아마도 저의 역사 본체론 철학에, 이미 한물갔다고 여겨지는 칸트로부터 마르크스에 이르는 계몽정신 및 중국 전통의 낙관정신이 여전히 간직되어 있는 것과 관련이 있겠지요. 비록 지금의 중국에서는 시류에 매우 뒤처지는 것이겠지만 저는 그 어떤 부끄러움도 느끼지 않는답니다."

중국을 떠나 미국으로 간 리쩌허우는 『세기신몽』 『기묘오설』 『역사본체론』『실용이성과 낙감문화』『인류학역사본체론』『철학강요』 등을 꾸준히 내놓으며 독자적인 사상 체계를 세웠다. 이는 중국 전통으로 마르크스와 칸트와 하이데거를 녹여내는 과정이었다. 여기서 중국 전통의 핵심은 이理와 어우러져 욕欲을 조절하는 '정情'이며, 리쩌허우가 실천철학으로 내놓은 핵심 개념은 바로 '정 본체'다. 리쩌허우와 대담을 진행한 류쉬위안이 "'정 본체'에 관한 한 편의 서정시"라고 표현한 다음 구절을 음미하다보면, 자신의 정 본체 철학이 인류를 위한 '파재破災(재앙을 깨뜨리다)'의 역할을 하길 바라는 리쩌허우의 마음이 느껴진다.

천천히 걸어요. 감상하면서 말이죠. 살아가는 건 쉽지 않아요. 인생을 음미해야죠. "그땐 그저 일상이라 여겼거늘", 사실은 전혀 평범하지 않은 거랍니다. "서쪽에서 불어오는 바람을 향해 고개를 돌리니, 모든 일이 슬프기 짝이 없다" 하더라도, 그것을 정감에 녹여내고 현존재를 충실히 해야지요. 이렇게 해야만 비로소 죽음과 싸워 이길 수 있고, '근심' '걱정' '두려움'을 극복할 수 있을 겁니다. 이렇게 해야만 "일상의 인륜 가운데 있는 도道"가 도덕적 법칙, 초월적 신, 멀리 떨어져 있는 정신, 부동의 이데아가 아니라 인간관계의 따뜻함과 기쁨의 봄날이 됩니다. 그래야만 그것은 정신이자 물질이며, 존재이자 의식이고, 진정한 삶과 생명과 인생일 겁니다. 이 우연들을 음미하고 아끼고 추억하세요. 생의 황당무계함을 슬퍼하며 즐겁게 지내세요. 자신의 정감의 생존을 소중히 여기세요. 인간은 '운명을 알 수知命' 있답니다. 인간은 기계가 아니고 동물도 아닙니다. '무'는 이곳에서 '유'가 된답니다.

재앙을 피해 달아난 물고기가 안식한 곳 파재波齋, 그곳에서 그는 인류를 위한 파재破災를 꿈꾸었다. '택후澤厚'라는 그의 이름에 담긴 의미처럼, 그의 철학은 물고기가 다시 안식을 취할 수 있는 '두터운 연못'의 역할을 할 수 있을까.

이 책을 옮긴 뜨거운 여름의 날들은, 여든을 넘긴 리쩌허우가 직접 들려주는 그의 삶과 철학에 관한 이야기에 가만히 귀 기울여보는 뜻깊은 시간이었다. 평생을 오로지 책 읽고 글 쓰는 일만 했다는 리쩌허우, "저라는 사람이 책이고 책이 바로 저라는 사람"이라고 말한 그이기에, 리쩌허우를 더 알고 싶은 독자를 위해 그의 저서 목록을 첨부한다. 『캉유웨이·담사동 사상 연구』(1958)에서 『비판철학의 비판』(1979)이 나오기까지의 20년이라는 공백이 눈에 들어오는 순간, 리쩌허우가 가슴 아파한 20년 세월이 참 원망스럽다는 생각이 든다. 대약진운동, 반우파투쟁, 문화대혁명, 이런 것이 다 무엇이기에 책 읽고 글 쓰는 자유마저 빼앗아갔단 말인가.

마지막으로, 사상계의 거목이 무려 반세기가 넘는 동안의 자신의 학술 역정을 들려주고 있는 이 책은 단순한 과거의 회상이 아니라는 점을 강조하고 싶다. 특히 책의 여러 곳에서 말하고 있는 지금의 중국에 대한 평가와 앞으로의 중국에 대한 전망은, 그 의견에 동의하는가의 여부를 떠나서 깊이 음미해볼 필요가 있다. 세계-아시아라는 공간 좌표와 현재-미래라는 시간좌표 속에서 중국이 어떠한 정체성을 지향하고 있는지를 제대로 아는 것은 우리와 결코 무관한 일이 아니기 때문이다.

2013년 10월 옮긴이

인명

| ㄱ |

가오싱젠高行健 201
가오얼타이高爾泰 41
간린甘霖 43
거밍중葛名中 28
거바오취안戈寶權 102
고골 201
공자 21, 23, 74~75, 86, 92~93, 141, 173, 242
공자진龔自珍 90
괴테 61
구양수歐陽修 197
구제강顧頡剛 102
구준顧准 67, 75, 253
구훙밍辜鴻銘 172
굴원屈原 85

| ㄴ |

나폴레옹 3세 200
노자 21, 142, 255
니체 16~19, 27, 61, 92, 176

| ㄷ |

다윈 143, 148~149, 256
다이허우잉戴厚英 135
담사동譚嗣同 36~39, 150
덩더룽鄧德隆 234~235

덩리쥔鄧麗君 213
덩리췬鄧力群 89, 247, 248
덩샤오핑鄧小平 281, 302~303
데리다 19, 24~25, 140
데카르트 19, 22
도연명陶淵明 263, 279
두웨이밍杜維明 91
듀이 18

| ㄹ |

라이프니츠 22, 34
랑게 33~34
량수밍梁漱溟 97, 99, 144, 213, 244, 284
량즈쉐梁志學 60, 106
량치차오梁啓超 72, 196, 197
런화任華 121
레비나스 88
레오 스트라우스 189
레이펑雷鋒 88
롤스 183~184
루쉰魯迅 162~163, 166, 170, 201, 212~213, 220, 283, 303
룽자오쭈容肇祖 75
류강지劉綱紀 43, 64
류궈광劉國光 89
류닝劉寧 43
류모모劉某某(류샤오보) 92~93
류샤오치劉少奇 250
류샤오펑劉小楓 92, 168~169

찾아보기 349

류쉬라劉索拉 66
류쉬위안劉緒源 16, 312
류퀀닝劉軍寧 294
류짜이푸劉再復 65, 105, 140, 166, 215, 224, 230~231, 233, 235~236, 243, 262, 310
류창린劉長林 90
리선즈李愼之 75
리수타오李叔陶 219
리싱천李醒塵 43
리쩌카이李澤楷 286
리허우李厚 77
린뱌오林彪 250
린위성林毓生 98, 292, 305
린지위任繼愈 31, 84, 100~101, 222~223, 249

| ㅁ |

마르크스 18, 31~32, 53, 71, 95, 104, 107, 122, 133~135, 143, 147~149, 154~155, 164, 171, 181, 183, 191, 207, 221, 225, 236, 252, 263, 274, 291~292, 306, 311~312
마오쩌둥毛澤東 40, 151, 153, 158, 170, 173, 212, 219~220, 256~257, 261, 303, 306
마젠충馬建忠 140
막스 셸러 21
맹자 23, 93, 141, 186
먀오리톈苗力田 60
머우쭝싼牟宗三 24, 60, 96, 99, 249
묵자 279
밀란 쿤데라 130

| ㅂ |

바오쭌신包遵信 77, 92
버클리 34

베버 34, 61, 65
보즌켓 42
복희伏羲 295
비트겐슈타인 16, 18~19, 128, 140, 203

| ㅅ |

사르트르 18, 173
상수向秀 146
선유딩沈有鼎 206~207
셸링 61
소크라테스 188
수잔 랭어 33
쉬푸관徐復觀 96
슈미트 61
슝웨이熊偉 121
스테이스 34
실러 187
심찬沈瓚 227
쑨예팡孫治方 102
쑨중산孫中山 71

| ㅇ |

아리스토텔레스 34, 160, 171
아이쓰치艾思奇 30
아인슈타인 81, 205, 242
안셀무스 116
앨런 우드 154
야스퍼스 189
야오원위안姚文元 102
양보쥔楊伯峻 99
양셴전楊獻珍 102, 253
양신楊辛 43
에두아르트 베른슈타인 252
엘베시우스 135
엥겔스 16, 33, 59, 181, 252
예랑葉朗 43
예슈산葉秀山 43, 59, 87, 106, 136

옌창구이閻長貴 250
완적阮籍 150
왕궈웨이王國維 72~74, 80, 213, 241, 252
왕뤄수이王若水 134~135, 152
왕리王力 140
왕멍王蒙 38, 258
왕밍王明 75
왕샤오보王小波 151
왕쉬王朔 19
왕웨촨王岳川 131
왕위안화王元化 37, 42, 67, 69~70, 72, 206, 253, 278, 294
왕자오원王朝聞 42~43
왕주싱王玖興 60
왕짜오스王造時 34
왕쯔쑹汪子嵩 16, 100
왕타이칭王太慶 121
왕팡밍王方名 151
우나무노 114
우미吳宓 213
우제민吳介民 89
우중차오吳忠超 233
우징롄吳敬璉 297
위광위안於光遠 89, 113
위안스카이袁世凱 173
위안전민袁振民 43
위잉스余英時 262
위추위余秋雨 79
위핑보兪平伯 102
유궈언游國恩 85
이중톈易中天 108
이지李贄 227
인하이광殷海光 292, 305

| ㅈ |

자오스린趙士林 227~229, 234

자오팅양趙汀陽 228~230
장광즈張光直 149
장다이녠張岱年 75, 90
장아이링張愛玲 49, 164~166
장원톈張聞天 102
장자 200
장제스蔣介石 305~306
장지둥張之洞 289
장페이헝章培恒 77
저우라이샹周來祥 43
저우양周揚 40, 43
저우젠런周建人 30
저우쭤런周作人 62, 93, 164~166, 170
정옌證嚴 249
정융鄭湧 106, 152
정지차오鄭季翹 101~102
젠보짠翦伯贊 30
존 스튜어트 밀 254
주광첸朱光潛 40~41, 43, 223
주디朱狄 43
주허우쩌朱厚澤 90
주희朱熹 127
중징원鐘敬文 93
지셴린李羨林 132
진관타오金觀濤 92
진승陳勝 170
진시황 142
진웨린金岳霖 25~26, 102, 206
진천화陳天華 71
쭝바이화宗白華 41, 248

| ㅊ |

차오징위안曹景元 43
차이이蔡儀 40~41, 223
천두슈陳獨秀 172, 213
천라이陳來 48~50, 149
천원첸陳文茜283

천인커陳寅恪 72~74, 83, 200, 213, 252
~253
천즈陳致 24
첸무錢穆 97~99, 175
첸쉐썬錢學森 88~90
첸중수錢鍾書 73, 84, 102
추용鄒容 71
치번위戚本禹 250

| ㅋ |

카시러 120
카프카 201
칸트 18, 22, 33~34, 41~42, 45, 53~54,
60~61, 65, 68, 70, 82, 87~88, 95, 108,
129, 135, 143, 148, 152~155, 186~190,
207, 223, 226, 236, 258, 273, 291, 311~
312
캉유웨이康有爲 36~37, 84, 212, 287, 293
콜린스 177

| ㅌ |

탕융湯用彤 200
탕쥔이唐君毅 96
뎬딩田丁 43
토머스 나겔 113
티호빈스키 91
틸리 34

| ㅍ |

판쯔녠潘梓年 101
팡푸龐朴 27
펑유란馮友蘭 26, 31, 39, 77, 96, 99~100,
206, 222, 236, 244, 268, 287
펑즈馮至 102
포이어바흐 18, 34, 134~135
포퍼 233, 310
폴 가이어 153~154

푸코 19, 28, 173
프랭클린 54
플라톤 17~18, 24, 34, 129, 143, 147, 171,
263
피아제 120~121
피히테 61

| ㅎ |

하오밍젠郝銘鑒 77
하이데거 16~22, 52, 54, 61, 70, 115,
121, 127~128, 135, 137, 140~143, 164
~165, 189, 203, 233, 255, 272~273, 310
하이젠베르크 61
한유韓愈 197
한한韓寒 283
항우項羽 170
허린賀麟 34, 102
허우와이루侯外盧 74, 102
허자오우何兆武 262
허치팡何其芳 102
헤겔 18~19, 34, 42, 61, 65, 70, 87, 146,
148, 152, 183, 189, 273
혜강嵇康 146
호킹 116
황야오몐黃藥眠 40
황제黃帝 144, 295
후란청胡蘭成 166
후성胡繩 36, 77, 89
후스胡適 213
후야오방胡耀邦 90
후차오무胡喬木 89, 135, 247~248
홍이란洪毅然 43
훙첸洪謙 121
훙타오洪濤 144
흄 34, 136, 143, 186~187
히틀러 61~62, 272

단행본·잡지·신문

『강감이지록綱鑒易知錄』307
『강소江蘇』84
『고대 종교와 윤리古代宗敎與倫理』49
『고대 중국의 노래古中國的歌』87
『고전으로의 회귀返回古典』233, 243
『공자개제고孔子改制考』293
『과학의 철학科學的哲學』30
『구조주의』120
『국사구문國史舊聞』307
『궈뎬 죽간』188
『기묘오설己卯五說』48~49, 97, 196, 198, 273, 311
『남방인물주간南方人物週刊』68
『너에겐 다른 선택이 없다你別無選擇』66
『논어금독論語今讀』58, 97, 99~100, 113, 140, 234, 288
『논어신해論語新解』98
『당대정치사술론고唐代政治史述論稿』73
『대동서大同書』293
『대중철학大衆哲學』30
『독일 이데올로기』31
『리쩌허우 근년 문답록李澤厚近年答問錄』147
『리쩌허우 미학개론李澤厚美學槪論』235
『리쩌허우 십년집李澤厚十年集(1979~1989)』44, 97
『마오쩌둥 선집毛澤東選集』225
『만남』130
『맹회두猛回頭』71
『모순론矛盾論』45
『문사구신집問史求信集』250
『문사철文史哲』84~85
『문외집門外集』58, 85
『문학유산文學遺産』85
『문회보文匯報』16, 68, 191, 230
『미래 철학의 원리』34
『미래를 향해走向未來』94~95
『미의 역정美的歷程』76~79, 81~86, 91, 96, 133, 196, 199, 213, 234, 304, 310
『미학』42, 44, 77
『미학개론美學槪論』42~44
『미학논집美學論集』43, 58, 76~77, 85, 310
『미학문제토론집美學問題討論集』40
『미학사』42
『미학사강美學四講』47, 68, 96~97, 114, 123, 213, 310
『민보民報』84
『발생적 인식론 서설』120
『베이징 사회과학』95
『본원과 사변本原與事變』144
『부생논학浮生論學』207
『비판철학의 비판批判哲學的批判』37, 45, 50, 58~61, 69, 87, 96, 106~107, 119, 133, 153~155, 207, 213, 226, 310, 313
『사람아, 사람人啊, 人』135
『상징형식의 철학』120
『서방미학사西方美學史』43
『서생의기書生意氣』267
『성경』175, 289
『세기신몽世紀新夢』100, 234, 311
『소논리학』34, 152
『손자병법孫子兵法』180
『수당제도연원약론隋唐制度淵源略論稿』73
『시학』160
『신건설新建設』85
『신철학 노트新哲學手冊』31
『실용이성과 낙감문화實用理性與樂感文化』113, 121, 123, 312

찾아보기 353

『역사본체론歷史本體論』 47, 76, 100, 113, 122~123, 145, 164, 311
『역사연구』 74~75, 85, 224
『역사철학』 34
『역사철학교정歷史哲學敎程』 30
『영산靈山』 201
『우리 세대의 사랑과 두려움我們這一代人的愛和怕』 169
『위진현학논고魏晉玄學論稿』 201
『유물론의 역사』 33
『유여시 별전柳如是別傳』 73
『윤리학강요』 113, 183~184, 194
『이아爾雅』 142
『인간 오성 탐구』 34
『인간 이해력 탐구』 34
『인류학역사본체론人類學歷史本體論』 113, 236, 264, 304, 312
『인성론』 34
『인학仁學』 36
『일이당십一以當十』 43
『임멘 호수』 159
『자유론』 254
『적전론 논강積澱論論綱』 45
『전쟁과 평화』 160
『절강조浙江潮』 84
『정치적 자유주의』 183
『제2의 자연Second Nature』 204
『종의 기원』 148
『주역周易』 108, 207
『죽은 혼』 201
『중국고대사상사론中國古代思想史論』 25, 70, 86, 88, 90~96, 284, 288, 310
『중국근대사상사론中國近代思想史論』 51, 59, 69~76, 91, 92, 95~96, 107, 311
『중국 문화요의中國文化要義』 144
『중국 문화의 전망中國文化的展望』 305
『중국미학사中國美學史』 64

『중국사회과학』 75
『중국현대사상사론中國現代思想史論』 70~71, 93~96, 310
『철학강요』 194, 208, 312
『철학연구』 40, 74, 100~101, 133, 224, 247
『청동시대靑銅時代』 74
『청사고淸史稿』 219
『칸트와 헤겔의 철학을 논하다』 106
『캉유웨이·담사동 사상 연구康有爲譚嗣同思想研究』 58~59, 313
『파리 수고手稿』 32
『판단력비판』 41~42, 87
『하늘보다 넓다Wider Than the Sky』 204
『학술월간學術月刊』 85
『한성漢聲』 84
『혁명과 고별하다告別革命』 214, 230~233
『홍기紅旗』 90, 101, 245
『홍루몽紅樓夢』 25~26, 157~165
『화하미학華夏美學』 96, 124, 213, 310
『희문락견喜聞樂見』 43

논문 및 기타

「20세기 초 자산계급 혁명파 사상 논강」 71
「계몽과 구망의 이중 변주啓蒙與救亡的雙重變奏」 71, 94
「계몽의 방향啓蒙的走向」 294
「고향故鄕」 162
「공자 재평가孔子再平價」 75, 86, 92
「나의 문예사상의 반동성我的文藝思想的反動性」 40
「리쩌허우를 점검하다盤點李澤厚」 267
「마르크스와 칸트를 따라서 앞으로 나아가다循馬克思·康德前行」 153, 155
「미육美育으로 종교를 대신하다」 198
「미학의 3가지 논제美學三題議」 41~42,

102
「심미형이상학」 158, 198
「아름다운 여성 회랑美麗的女性走廊」 65
「용포를 때리다打龍袍」 175
「원도原道」 197
「은 복사에 보이는 선공과 선왕에 관한 고찰殷卜辭中所見先公先王考」 73
「이익을 취하는 자의 미학에 대해 논하다論食利者的美學」 40
「인류 기원 논강人類起源提綱」 153
「인식론 답문」 148
「중국 고대 서정시의 인민성 문제에 대하여關於中國古代抒情詩中的人民性問題」 85
「중국, 너에겐 한바탕의 문예부흥이 필요하다」 294

「중국에서의 마르크스주의馬克思主義在中國」 95
「중국에서의 마르크스주의에 대해 이야기하다試談馬克思想主義在中國」 71
「책장의 귀를 접고 밑줄을 그으며 학습하라學習折角劃線」 32
「철학 종사자가 농촌으로 가서 온몸에 진흙을 묻히다哲學工作者到農村去滾一身泥巴」 225
「철학탐심록哲學探尋錄」 126, 130, 176
「칸트 철학과 주체성 건립 논강康德哲學與建立主體性論綱」 106, 122
「혁명군革命軍」 71
「현대 신유가 약론略論現代新儒家」 71

중국 철학이 등장할 때가 되었는가?

초판 인쇄	2013년 10월 21일
초판 발행	2013년 10월 28일
지은이	리쩌허우
엮은이	류쉬위안 외
옮긴이	이유진
펴낸이	강성민
기획	노승현
편집	이은혜 박민수 이두루
마케팅	정현민
온라인 마케팅	김희숙 김상만 이원주 한수진
독자모니터링	황치영
펴낸곳	(주)글항아리	출판등록 2009년 1월 19일 제406-2009-000002호
주소	413-120 경기도 파주시 회동길 210
전자우편	bookpot@hanmail.net
전화번호	031-955-8891(마케팅) 031-955-8897(편집부)
팩스	031-955-2557
ISBN	978-89-6735-076-5 03100

글항아리는 (주)문학동네의 계열사입니다.

이 도서의 국립중앙도서관 출판시도서목록(CIP)은 서지정보유통지원시스템 홈페이지 (http://seoji.nl.go.kr)와 국가자료공동목록시스템(http://www.nl.go.kr/kolisnet)에서 이용하실 수 있습니다. (CIP제어번호 : CIP2013018575)